● 科技发展态势分析国别报告系列丛书

日本
科技创新态势分析报告

A Review of Science, Technology and Innovation Policy in Japan

日本科技创新态势分析报告课题组 ◎编著

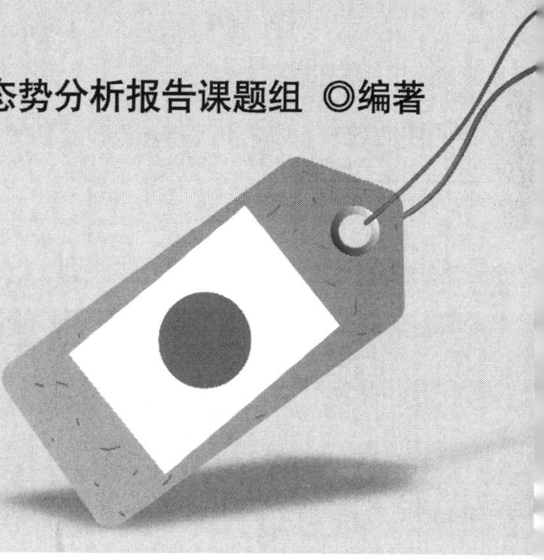

科学出版社
北京

图书在版编目（CIP）数据

日本科技创新态势分析报告／日本科技创新态势分析报告课题组编著．—北京：科学出版社，2014.7

（科技发展态势分析国别报告系列丛书）

ISBN 978-7-03-041022-1

Ⅰ．日…　Ⅱ．日…　Ⅲ．技术革新-研究报告-日本　Ⅳ．F131.343

中国版本图书馆 CIP 数据核字（2014）第 125393 号

责任编辑：邹　聪　路红磊／责任校对：郭瑞芝

责任印制：李　彤／封面设计：无极书装

科学出版社出版

北京东黄城根北街 16 号

邮政编码：100717

http://www.sciencep.com

北京凌奇印刷有限责任公司 印刷

科学出版社发行　各地新华书店经销

*

2014 年 7 月第　一　版　开本：720×1000　1/16

2022 年 2 月第五次印刷　印张：14　3/4

字数：271 000

定价：88.00 元

（如有印装质量问题，我社负责调换）

日本科技创新态势分析报告课题组

组　　长　潘教峰

副 组 长　张晓林　胡智慧（常务）

成　　员　胡智慧　张秋菊　王建芳　任　真
王　俊　熊树明　裴瑞敏　陈晓怡
陈　春　张　娟

丛书编写说明

当今世界，科技发展日新月异，经济全球化不断加快，世界主要国家都积极创新科技发展战略、改革科技发展机制、部署重大科技创新计划、加强科研基础设施建设、培养科技创新人才，以科技发展带动社会经济发展，提升各自国家在全球的国际竞争力。我国科技发展要实现自主创新、重点突破、支撑发展、引领未来，必须把握世界科技发展规律，熟悉各国科技战略和发展态势，有效利用全球科技资源，在国际科技发展中提高科技战略规划的前瞻度，掌握科技竞争合作的主动权。

为了便于大家了解世界主要国家的科技发展态势，为规划科技战略、布局科技创新、开展科技合作提供借鉴，我们组织编写了"科技发展态势分析国别报告系列丛书"，由科学出版社陆续出版发行。这套丛书将系统全面地介绍美国、英国、德国、韩国、日本、法国、俄罗斯、澳大利亚、印度、巴西、加拿大、北欧、中南欧等国家和地区的科技体制、科技发展态势、科技政策与战略、科技创新举措，分析研究各国的优势领域和科技创新的主要成功经验。

丛书的作者主要来自中国科学院发展规划局和文献情报中心，长期从事科技发展战略、科技发展态势、科技政策与机制的研究。丛书编写组在对有关国家科技发展长期跟踪的基础上，广泛调研相关国家的科技发展战略、科技机制与机构、科技产出、科技资源和科技政策，并利用科技文献数据和科技产出计量学方法等的统计计算，翔实和系统地展现了相关国家科技发展的基本态势和特色优势。

希望"科技发展态势分析国别报告系列丛书"能够为关注世界科技发展、关注我国科技创新和国际科技合作的人们提供有益的参考。

丛书主编　潘教峰

2010年4月

序

Foreword

日本是位于太平洋西侧的岛国，地下资源贫乏，石油和主要矿产资源主要依靠进口。同时，日本自然灾害频繁发生，常受到台风、地震、海啸、火山喷发、泥石流等的危害。1868年，日本政府发动“明治维新”运动，实行“文明开化”，学习西方科技文化，兴办近代教育，设立帝国学士院，积极发展科学研究。同时，日本实行“富国强兵”政策，很快走上军国主义道路，侵略亚洲邻国，在第二次世界大战中战败。

第二次世界大战结束后，日本快速恢复并发展经济生产。在这一过程中，日本充分发挥了其良好国民文化素质和原有科学技术基础的积极作用。日本政府制定相应的政策与措施，鼓励企业开发适用技术，推动经济发展。至20世纪70年代末，日本逐步成为世界经济强国和技术强国，在20世纪80年代末与20世纪90年代初期，日本经济达到高速发展的鼎盛时期。与此同时，在多个技术领域，日本成为世界领先国家。作为后发国家，日本在其发展过程中充分利用了欧美发达国家的科学技术成果，且获益匪浅，也因此招致欧美各发达国家的责难。在这一背景之下，日本必须承担更多的基础研究和应用基础研究任务，以履行其技术强国与经济强国的国际责任。同时，20世纪90年代后期，知识经济趋势在发达国家形成并深刻影响着国际经济与政治形势。相形之下，日本在探索自然规律与技术一般原理的基础研究和应用基础研究方面不能适应技术与经济发展的需求。在这样的国际局势与科技经济发展趋势之下，日本众多学者、政策专家、产业领袖与政治领袖们深刻认识到，日本必须调整科技战略与政策体系，并适时进行体制改革。

1995年起，日本调整科技战略部署，制定并实施新的科技政策体系，先后出台《科学技术基本法》，1995年、1996～2000年、2001～2005年、2006～2010年、2011～2015年“科学技术基本计划”。与此同时，日本政府推行科技体制改革，调整科技行政管理体制，实施国立研究所与大学的独立法人化。与第二次世界大战后至1995年这一时期的情况相比，目前日本科技战略部署、科技政策体系与科技体制都发生了巨大的变化。

在面向知识经济的世界潮流之中，中日两国均开始调整本国科技战略部署与政策体系，进行科技体制改革。目前，我国制订了中长期科技发展规划，我们需要认真研究、借鉴日本在新时期的做法。这便是本书的写作目的。

中国科学院文献情报中心编写的《日本科技创新态势分析报告》比较系统、全面地介绍了日本当今科技的基本情况，读者能从书中了解到日本目前的科技管理体制、科技发展战略、科技水平和优势领域、重大科技发展战略与计划、主要的科技管理部门、科技机构、大学和企业研发机构、日本科技创新活动的最新动向，以及日本国际科技合作政策和中日双边合作的有关情况，内容翔实，时效性强。

此外，为了提高分析的准确性、科学性，本书还利用美国科学信息研究所（ISI）的科学引文索引（SCI）、基本科学指标（ESI）等数据库，以及自主开发的科学文献分析系统软件平台技术，从文献计量学的角度对日本的SCI产出、主要研究机构、科研人员、优势领域等方面进行统计分析。本书所收集的统计数据均为2010～2012年能够统计到的数据。

潘教峰同志负责丛书规划、内容体系设计、内容研究指导和审查统稿；张晓林同志协助进行内容体系设计、负责研究工作的组织和各阶段的研究与编写指导；胡智慧同志负责研究与编写的具体组织。本书共分八章，第一章由胡智慧撰稿，第二章由胡智慧、陈春、张娟撰稿，第三章由张秋菊、王俊、任真、王建芳撰稿，第四章由裴瑞敏、胡智慧撰稿，第五章由王建芳撰稿，第六章由熊树明撰稿，第七章由胡智慧、王俊撰稿，第八章由陈晓怡、胡智慧撰稿。全书由张晓林、胡智慧统稿。

在本书编写过程中，我们参考了国内外专家和学者的大量研究资料与文献，中国科学院国际合作局邱华盛副局长、陈维平研究员曾为我们答疑解惑，此外，科学出版社邹聪编辑也对本书的出版提供了耐心细致的帮助，在此一并向他们表示诚挚的谢意！

我们衷心希望本书能够成为读者了解日本科技基本情况的实用指南，为分析和研究日本的科技政策与战略提供参考，为发展和加强中日两国的科技交流与合作发挥桥梁和纽带作用，对中国科学院的宏观决策和我国的创新型国家建设提供借鉴。

日本科技创新态势分析报告课题组
2014年5月

目 录 Contents

第一章 绪 论

第二次世界大战后，日本的科学技术在短短的几十年中得到了飞速发展。在战败的废墟上，日本从一个科技落后的国家一跃成为世界科技强国，取得了举世瞩目的成就。

20 世纪 80 年代以来，日本政府为了继续巩固其世界经济大国的地位，依据国际国内经济形势的变化，开始重新调整其科技发展战略，提出了“科技立国”的战略。这标志着日本第二次世界大战后长期以来所推行的引进、消化、模仿这一“吸收型”科技战略时代的结束，开始步入以高科技带动经济增长的时代。90 年代日本受泡沫经济后遗症的影响，经济长期不景气，始终在低谷徘徊。与此同时，国际上却没有因日本经济不景气而停止科学技术竞争，相反科技竞争愈演愈烈。为了追赶“知识经济”时代的步伐，缩短与美国的差距，在 21 世纪科技竞争中占据优势，日本政府又进一步丰富和发展了“科技立国”战略，提出了“科学技术创造立国”的新口号，强调日本要彻底告别“模仿与改良的时代”。在 1995 年 11 月通过的《科学技术基本法》的基础上，日本政府又于 1996 年 7 月提出了“科学技术基本计划”，其内容包括增加科技投入、强化人才培养和加强独创性的基础研究等新措施。进入 21 世纪，日本政府积极调整科技政策，大力加强基础研究，不断加大科研经费的投入，重视科技人才培养，扶植以企业创新为主体的技术创新活动，不断推进科技体制改革。通过实施科技创新立国发展战略，截至 2012 年，先后有 19 人获得诺贝尔奖。日本作为世界科技强国之一，在生物技术、医疗及诊断仪器设备、高性能计算机、半导体、新材料、超导、数字图像技术和光电子技术等领域具有较强的优势。

科技投入是科技发展的物质基础和根本保证，也是反映科技发展动态和科技水平的一个重要指标。日本的科技投入一直保持慎重、平稳、发展的态势。20 世纪 90 年代以来，日本经济虽然在低谷徘徊，停滞不前，但日本政府没有减少对科技的总投入，反而连年持续增加。根据文部科学省 2012 年发表的科学技术指标，日本科技投入总量及其占 GDP 比例总体上都呈现上升趋势。1990 年，日本科技经费已占 GDP 的 2.7%；2000 年，日本科技经费占 GDP 的 3.12%（同年，美国为 2.65%、德国为 2.3%、法国为 2.17%、英国为 1.87%）。2010 年，日本研发经费 17.1 万亿日元；科研经费 4.2 万亿元，占 GDP 的 3.6%。日本的科技投入占 GDP 比例自 1990 年开始超过美国后，十多年来一直在世界发达国家中居于首位，说明日本在经济陷于衰退的这十多年中，仍一直重视对科技研发的投入。

科技的进步，源于高科技人才的技术创造。日本为保持世界经济强国的地位，一直以来非常重视对高科技、高素质人才的培养。根据 2010 年日本总务省统计局公布的科技数据，日本的科研人员 1980 年为 30.3 万人，1990 年为 48.4 万人，1994 年为 55.8 万人，2010 年为 66 万人。研究人员质量的提高则可以从以下有关科研成果的数字反映出来：对美欧的技术出口不断增加，特别是 20 世纪 80 年代中期以来，高技术产品的出口额在主要西方国家中所占比例从 1965 年的 7.2%（在主要西方国家中最低）增长到 1983 年的 21.0 %（在主要西方国家中最高），其后一直保持在第一位。高技术产品中有 90% 的产品在技术水平和研发能力方面已赶上和超过美国。如半导体激光技术、太阳能发电技术等都在美国之上。

在国外登记的专利中，日本的比例不断提高，如日本人在美国登记的专利占外国人登记专利的比例已从 1965 年的 1.5% 增加到 1992 年的 22.5%。2010 年专利数量将近 200 万件，居世界第二位（专利数量排名依次为美国、日本、韩国）。在高技术产业中，日本的航空和航天技术、医药品和精密仪器相对落后，而在办公自动化机械和电子计算机、电子产品和通信器材三种产品上具有优势。在经济合作与发展组织（OECD）高技术产品的出口额中，日本一直处于第一的地位。

和西方发达资本主义国家相比，日本的基础研究比较薄弱，但却在稳步加快研究步伐。1988 年的《产业技术白皮书》指出，对 48 种基础技术产品比较的结果都落在美国后面。从基础研究的经费增长看，日本与西方发达国家相比也很低。据统计，在过去 10 年里，日本的基础研究费占全部研发费的比率只增长了 13%～14%，低于美国（15%）、法国（20%）、德国（20%）。日本的基础研究比较落后这一点早在 20 世纪 70 年代就已引起了日本各界的不安。80 年代后，日本政府对基础研究的重大意义有更深刻的认识，加大了对基础研究的投入，同时采取有效措施，从资金、人才、组织等各方面加快了基础研究的步伐。

自 20 世纪 80 年代以来，日本每年发表的科学论文数量都在稳步增加。在 1982 年全世界 41.3 万篇科学论文中，日本占 6.8%，不仅不及美国

(36.6%)，也不及德国（8.2%）和英国（8.8%）。而到1992年，日本在全世界56.5万篇科学论文中，已占到9.1%，超过了德国（8.1%）和英国(9.0%)，成为仅次于美国的第二科学论文大国。2011年，日本SCI论文数量排第五位（前四位为美国、中国、德国、英国），在化学、临床医学等领域发表的论文数量较多，在物理学、化学、材料科学等优势领域的论文高频被引比例较高，计算机、数学、环境、地球科学领域高频被引比例较低。2011年，在国际合作论文中，日本占25.6%，在法国（54%）、德国（48.9%）、英国（48.9%）、美国（30.1%）之后，排名第五。

为提高综合竞争力，日本政府从1995年开始积极推进科技体制改革，推出了一系列重大举措，包括改革科学技术行政体制、强化政府对科技工作的管理，并推进科技成果转移转化、健全知识产权保护体制、开展国际科技合作与交流等。日本是世界发达国家，又是我国近邻。虽然政治、经济制度不同，但两国选择的现代化道路却有一定的相似之处，都经历了从发展经济到科技强国的历程，将发展科技作为立国之本。因此，有必要认真分析、研究日本科技创新立国发展的政策、体制、措施，从中得到有益启示。本书不仅在国家层面从以上各角度详细分析了日本的科技发展态势，还重点分析了技术转移、国际科技合作、近期主要政策和创新活动等，希望能够为我国相关科研机构和大学等提供参考和借鉴。

第二章
科技体制

一、科技发展简史

日本是世界科技强国，更是经济强国。其经济在第二次世界大战后凋敝的境况下能够快速起飞，与其科技发展战略和政策的不断调整，以及适应时代和发展的需求不无关系。

第二次世界大战后，日本经济的快速腾飞依赖于其“后发优势”，即日本通过引进、吸收、消化、利用和发展其他发达国家已有的技术而不是自主开发，集中力量实现技术产业化，并以此推动了经济增长。

根据日本科技政策史研究会的研究，日本的“外国技术引进”时期是在第二次世界大战后的1945~1959年。日本用于购买国外专利的投入在1951年为24亿多日元，到1959年激增至近223亿日元。由于日本的技术引进以企业为主体，以市场为导向，以培育自主创新能力为目的，所以引进的过程并非单纯性的技术引进，而是技术引进与吸收、消化和改进相结合。20世纪60年代，随着日本在引进过程中技术能力的成长和实行开放性经济体制所带来的自由化程度加大，日本逐渐过渡到以提高国际竞争力为目标的“确立自主技术”时期。这一时期虽然技术引进的数量继续增长，但本国科研投入也大幅度增加，1969年比1960年增加了5倍，占国民收入总额的比例也达到了1.9%。反映在技术贸易方面的变化是，日本的技术引进额和研发经费的比例持续下降，到1971年已降至10%，而技术出口额则逐年攀升，1971年技术出口收入与引进支出之比上升为1∶8[①]。随着日本技术自主创新能力不断增强，到了20世纪70~80年代，日本已从50~60年代的技术引进依赖型转向了转移促进型和技术发展型，并在制造业、医疗卫生、能源开发与环境保护等领域进一步发挥其技术优势，不仅大大提高了本

①井上启次郎．1989. 日本科学技术政策史．邱华盛，等译．北京：中国科学技术出版社：112-114

国人民的生活质量，而且其经济强国的地位继续加强，对国际社会的影响力日趋加大。1986 年日本的国民生产总值占世界的 11.9%，国外资产总额为 180 亿美元，成为世界最大的债权国。尽管科学技术在日本的经济增长中起到了重要作用，但长期以来日本不重视基础研究，只对商业目的的科技活动感兴趣。日本科技投入的主体是产业界而非政府，这成为第二次世界大战后日本科技政策与体制同其他发达国家的主要区别，也因此受到国际社会广泛批评。

伴随日本经济实力的增强，其经济发展中蕴藏着的危机因素也日见彰显。自 20 世纪 80 年代后期起，日本的经济强国地位和世界科技的突飞猛进对其以技术引进为主的科技政策与体制构成越来越严峻的挑战。随着日本与美国等西方国家的贸易摩擦日益加深，发达国家纷纷要求日本在经济领域向世界开放市场，改变国际贸易的不平衡状况。同时，在对经济发展具有最重要的基础性意义的科学技术领域，国际社会也对日本有了更高的期望值。要求日本认识到发达国家对发展科学技术负有的重大责任，要将科学研究特别是基础研究的成果视为国际社会的公共财富，并且要求作为经济强国的日本必须改变在科技发展中“搭便车”的一贯做法，必须对包括知识进步在内的人类进步做出与其经济和科技实力相称的贡献。

经历了 40 多年的经济持续增长后，20 世纪 80 年代末，日本经济开始进入了持续低迷的“平成不况”时期，所谓“产业空洞化”等深层次的结构性问题凸显出来，“仅通过传统的宏观政策来和经济周期相抗衡，已经无法解决问题”①，科学技术成为人们期待中复兴日本经济的关键。但是，改革前的日本科技体制与政策已远不能适应新的需要，必须进行重大改革。

如前所述，第二次世界大战后日本科技政策和体制中最为人诟病的是对基础科学重视不够。尽管日本全国的研发支出与 GDP 之比自 20 世纪 80 年代后期以来一直高于美国、德国、法国、意大利等主要 OECD 国家，但政府对科技的投入一直处于较低的水平。日本科技体制改革前一年（1994 年）的数据显示，日本政府研发支出占 GDP 的比例仅为 0.62%（自然科学为 0.53%），而美国为 0.91%，德国为 0.95%，法国为 1.10%，英国为 0.67%；1994 年日本平均每个研究人员的研发支出为 2120 万日元，而美国 1993 年就达 3150 万日元、英国为 2810 万日元，德国在 1991 年已达 3150 万日元、法国为 3710 万日元；1994 年日本平均每个研究人员只有 0.13 个辅助

①井上启次郎．1989．日本科学技术政策史．邱华盛，等译．北京：中国科学技术出版社：156-160

人员，而德国和法国是1.1个，英国是1.2个；日本国立大学49%的研究设施和科学技术厅与通商产业省所属实验室29%的研发设备运行都已超过了20年，这些实验室82%的活动设备都已超过了服役期。受到行政管理体制等因素的影响，日本科技体制中的另一大问题是，不同部门（大学、政府实验室和私营公司等）间、不同研究领域间的研究人员难以合作，影响了科技创新及科技对经济推动作用的发挥。此外，由于终身雇佣和年功序列等日本特有制度及缺乏竞争机制等，日本的科研缺乏活力，不利于青年科学家的成长，科学研究领域对许多年轻人的吸引力不够，严重影响了科学事业的健康持续发展，这些都对日本科技创新形成障碍。市场导向的科研虽然对经济发展有着直接作用，但基础研究的缺失与不足势必造成科技创新的巨大阻力，而基础研究需要政府更多的投入，科技体制改革更需要政府来进行，日本必须大幅度增加政府对研发的投入，同时建立灵活高效的科技管理体制，才有可能实现新的科学和技术突破。

曾任日本内阁科学技术政策担当大臣的尾身幸次先生于1995年向众议院陈述《科学技术基本法》提案的理由时指出，日本从发达国家引进先进技术的时代已经结束，今后，必须向新的科学技术领域推进，最大限度地发挥创造性以开拓未来；与此同时，日本为了解决自然资源匮乏、人口急剧老龄化、产业空洞化、经济自由化和全球化所带来的经济竞争加剧等问题，必须发展独创性的、尖端的科学技术，开创新的产业。一位日本资深科学家也表述了同样的观点：“战后日本的产业政策是要在技术上赶上西方，当时的科技战略是为促进产业发展而从美国和其他西方国家引进科学和技术，通过技术转移和工程技术进步，日本如今已跻身于世界经济强国之列。”于是，“不能再从别人那里照搬什么了，因为你已经站在了前沿。你必须在科学上有独创，有自己的技术突破。……否则，日本的产业将不会创造新的奇迹”①。总之，无论是科技管理者还是科学家都明确认识到日本科技政策与体制改革的必要性与重要性，必须在第二次世界大战后以引进为主转向以基础科学推动为主，实现科学技术的全面进步。21世纪的日本已步入“科技创新立国”的新时代。

自20世纪80年代初开始，日本已开始意识到对基础研究的忽视可能会影响到国家经济社会与科技的可持续发展。文部省、通商产业省、科学技术厅等政府机构和部门为推动科学技术，尤其是基础研究的发展，也曾陆续制

①井上启次郎．1989．日本科学技术政策史．邱华盛，等译．北京：中国科学技术出版社：1-2

定和实施了一些带有改革色彩的政策措施。1983 年，在日本科学技术会议属下成立了政策委员会，以加强科学技术会议贯彻科学技术政策的职能。1986 年 3 月，日本内阁以科学技术会议的第 12 号报告为基础，提出了“科学技术政策大纲”。日本内阁就科学技术政策正式作出决议，这在历史上还是第一次。1992 年内阁办公室的科学技术会议还提出了政府将研发经费增加一倍的建议。

20 世纪 90 年代中期，日本的政治体制发生了重大的变革，科技体制随之而变化。随着自民党相继在国会的参众两院失去多数席位，1993 年自民党结束了一党执政的历史，被迫与其他政党一起组建新政府。自民党为了重新获得公众的信任，在国会积极致力于新的立法建议，时任国会科学技术委员会委员长的自民党议员尾身幸次一向极力主张日本发展基础研究，向国会提出《科学技术基本法》的提案①。

日本政治体制改革经历了一个过程。中央政府行政管理体制改革自 1996 年开始酝酿，1997 年 12 月正式提出，到 1999 年才开始实施，改革的核心是削减中央政府各部门的权力，通过精简机构达到降低政府的运行成本及提高效率的目的。在国会的批准下启动了一系列改革法案，包括改革内阁体制、合并政府机构与部门、改革国立大学和国家实验室等，这些政策措施对日本科技体制产生了深远影响。政治体制改革成为深化科技体制各个的契机，为日本第二次世界大战后科技体制的重构提供了条件。

“科学技术创新立国”战略是日本“贸易立国”和“技术立国”科技战略的发展与延伸，是具有划时代意义的举措，标志着日本科技政策进入到重视基础研究和强调创新的新阶段②。

进入 21 世纪，在“科学技术创新立国”的战略目标下，面向 21 世纪的社会、经济和科技发展需求，日本在科技领域推出了一系列重大举措，不仅加大了对科技的投入，而且进一步加快了科技体制改革的步伐，提出了科技体制改革的若干意见，相继出台了一系列科技体制改革的重要举措，基本形成了日本面向 21 世纪的科技体制的基本框架。其特点是：将知识创造的重点落实到人才培养上，加强产学官的结合，确立民间企业在国家创新体系中的主体地位，以及推进知识产权战略。其中 2001 年是科

①龚旭 . 2003. 构建经济强国的科技创新体制——日本科技体制改革的政策解析 . 中国科技论坛，(6)：32-36

②节艳丽，杨舰 . 2003. 新时期日本科技政策的转型 . 科学学研究，(6)：611-614

学技术政策形成与实施体制改革的转折点。在这一年，成立了综合科学技术会议，启动了第二期“科学技术基本计划”。在推进科技体制改革中的进程中，日本政府主要采取了以下几项举措。

(1) 改革研发体制。战后日本的科技开发体制，是民间企业主导型体制，即以民间企业为主体，企业、研究机构、大学各有侧重，各级独立性较强的科技开发体制。这种体制即有适应市场需要、便于科研生产化、有竞争力、有利于提高经济效益等有利之处，也存在着轻视基础研究、缺乏独创性、开发领域狭窄、忽视社会效益等弊端。日本在总结“失去的10年”的经验教训时认识到，20世纪90年代，日本经济与美国经济发展出现巨大的反差，主要原因之一是高科技的研发远远落后于美国。其主要原因在于企业急功近利，重视新产品的应用研究开发，忽视基础科研，企业在中长期超前高科技的基础研究开发上远落后于欧美国家。同时，尽管有许多大学在基础科研方面有了长足的进步，但由于政策和决策失误，高科技成果没有转化为生产力。日本对传统的研发体制进行了改革，重视大学和研究机构的科技成果转化，对大学在国家发展战略中的作用有了一个再认识和重新评价。在日本政府所进行的经济改革和企业21世纪发展战略中，都把恢复和加强产官学科研开发体制作为重点，重点分配科研经费，重点配置大学科研开发人力资源，在继续强化官学结合、产学结合科研协作体制的基础上，由大学重点做长远性基础研究，把大学作为基础科研的主要基地。

(2) 改革产学官体制。主要包括：建立国立大学合作研究中心，创办促进科研成果转化的中介机构；在大学和科研机构比较集中的地方建“高科技市场”，在大学设立经政府批准的“技术转让机构”；建立“科技城”；以科研机构和大学为依托，与集聚产业上下游关联的企业相互依存并形成有机联系，使大学和科研机构的基础研究成果和应用研究成果迅速地实现产业化。

(3) 促进地区科技振兴。主要包括：各地区建立科技振兴政策审议会，及时制定各自地区的科技政策和具体措施，推进地方的科技振兴与科技创新；发挥地方的优势和传统，建设一批独具特色的研究开发基地；以地方大学为中心，结合地方经济社会发展的重大课题和实际需要，推进产官学合作，共同推进研发；迅速向社会特别是中小企业转移研发成果，努力开拓新事业，制造新产品。

(4) 充实科技人才培养措施。主要包括：改革教育制度；吸引国外优秀科技人才和完善相关制度等。

（5）建立社会和科研活动的沟通渠道。主要包括：培养全民科学意识；促进科研活动与社会的沟通；建立科研人员的伦理道德规范等。

（6）强化促进科技发展的基础。主要包括：改善科技基础条件平台；扩大助理研究人员队伍；改进知识产权体系；促进学术团体的活动等。

这一次科技体制改革，在科技管理体系方面的内容主要包括：废止科学技术会议，成立综合科学技术会议；合并科学技术厅、文部科学技术厅、文部省，成立文部科学省。

二、科技立法

《科学技术基本法》是1995年11月15日实施的法律，是日本的科技政策基本框架，涉及自然科学与工程领域，也是日本面向21世纪实现“科学技术创造立国”，强力推进科技振兴的纲领性法律。

《科学技术基本法》以立法的形式规定了日本的科技发展战略，明确了科技发展战略的具体目的，即“综合地、有计划地推动振兴科学技术的有关措施，从而提高我国的科学技术水平，为我国经济社会的发展和国民福祉的提升、世界的科学技术进步及人类社会的可持续发展做出贡献”①。该法提出在政府的支持和引导下加强科技发展的规划，确保研发经费的投入，并从人才、信息、基础设施等方面营造良好的环境，为新战略的实施提供了法律和政治保证。作为日本第一部有关科学技术的根本大法，《科学技术基本法》强调的是“科学技术创造立国”，意味着由过去的追赶、赶超、模仿向创新、领先的重大转移。

《科学技术基本法》的重要内容是以法律的形式推动“科学技术基本计划”（五年期计划）的实施。该法第二章提出“政府应当制订有关科学技术振兴的基本计划”，并要求“政府必须致力于每年度在国家财政允许的范围内采取必要的措施，将所需经费列入预算，使其得到顺利的实施”。

《科学技术基本法》拉开了半个世纪以来再度重建日本科技体制的序幕。随后，依此法进行了科技体制的根本性改革，制定和实施了第一期（1996～2000财年）和第二期（2001～2005财年）“科学技术基本计划”，以及政府在科技投入、科技政策和科研机构和体系结构等方面的一系列重大变革，不

①综合科学技术会议. 1995. 科学技术基本法. http://crds.jst.go.jp/CRC/chinese/law/basic.html [1995-11-29]

仅对日本的科技、教育等相关领域产生了重大而深远的影响，而且震动了整个国际科技界。有人将这两次基本计划的制订与相应改革看成是日本科技史上“第三次最重要的变革”，与明治维新和第二次世界大战后日本现代科技体制的建立相提并论。

《科学技术基本法》有四个要点：第一，发挥研究人员的创造性，协同发展基础研究、应用研究及产品开发，实现科学技术与社会及自然的协调，振兴科学技术；第二，规定了在科学技术振兴方面国家及地方公共团体的责任；第三，规定了为全面地、有计划地推进科学技术振兴政策的实施，在经过综合科学技术会议的讨论之后，政府必须制订科学技术基本规划；第四，规定了为创建一个良好的研发环境，国家必须制定与实施相关政策。

《科学技术基本法》开宗明义地说明该法旨在提高日本的科学技术水平。第九条规定政府应当每五年制订一次推动科学技术发展的基本计划。基本计划应包括政府促进研发（基础研究、应用研究、开发研究及技术开发）发展的综合性和系统性方针，包括研究设施的装备、研发信息集成的促进、研发环境建设等相关政策。为了切实保障基本计划的实施，政府应在每年度国家财政允许的范围内，采取必要措施从经费预算上予以保证。日本政府的四期“科学技术基本计划”（1996～2000 年、2001～2005 年、2006～2010 年、2011～2015 年）及政府科技投入的大幅度增长、科技政策形成机制和科技体制等方面的一系列改革，都直接源于该基本法。

三、科技行政管理机构

日本采取的是集中协调型的科技体制，其科学技术政策的决策机构是国会和内阁；科学技术的领导和咨询机构主要有综合科学技术会议、文部科学省；独立行政法人是国家关键技术的核心部门。其中综合科学技术会议是强化首相和内阁职能的重要一环，它直接影响到内阁的一些重要政策的出台。

在 2001 年政府机构改革以前，日本政府的最高科技审议机构是科学技术会议，日本政府的科技发展规划、重大科技战略和计划一般都是由其回答总理大臣咨询的方式提出，权限有限。主管科技活动的通商产业省、文部省和科学技术厅各有其责，职能不同，一定程度上还存在竞争关系，非常不利于科研机构之间的合作。2001 年，日本实施内阁改革，设立法律地位高于各政府部门的内阁办公室，以及相应的智囊机构（称为“会议”），负责科学技术的是综合科学技术会议。内阁办公室内设科学技术政策担当大臣。法律上，综合科学技术会议由内阁总理大臣领导，实际上由科学技术政策担当大臣具体负责，其规模、组织、权威和职能，以及所能发挥的作用远远超过科学技术会议。与此同时，行政体制改革也开始实施，原各司其职的文部省和科学技术厅被合并，形成文部科学省，以打破隔阂、推进合作、促进产官学联合，日本科学技术管理部门组织结构如图2-1所示。

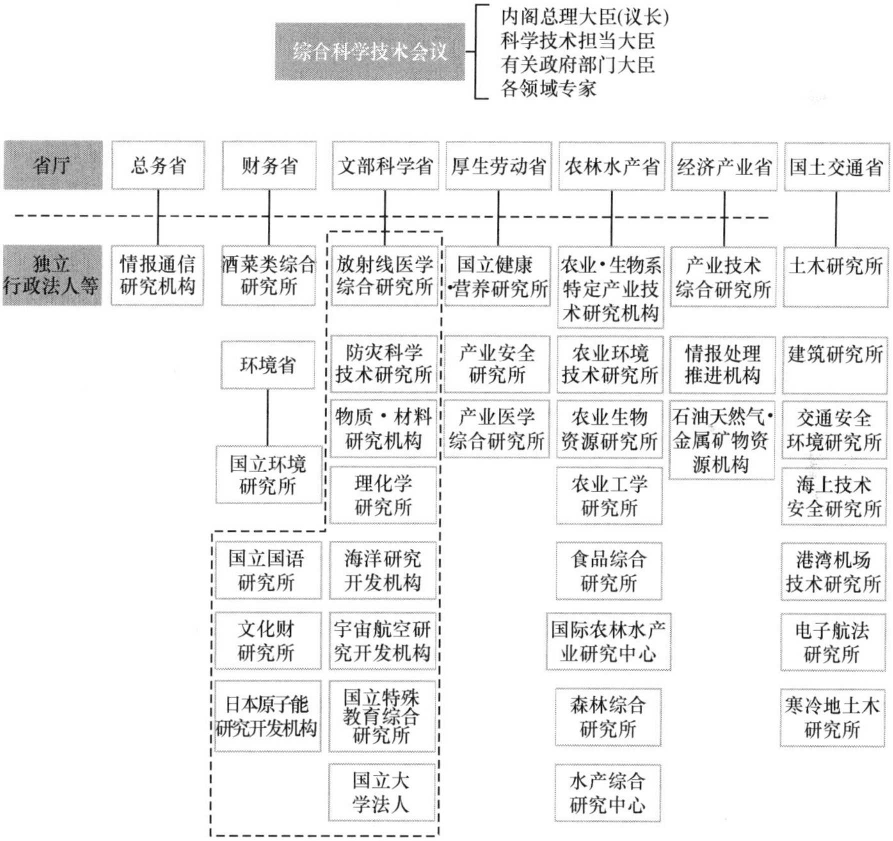

图 2-1　日本科学技术管理部门组织结构图

资料来源：総合科学技術会議. 2010. 総合科学技術会議のバンフレット. http://www.cao.go.jp/cstp/panhu/18index.html[2010-05-04]

（一）综合科学技术会议

为全面地、有计划地实施科学技术等方面的措施，日本于2001年1月成立综合科学技术会议，如图2-2所示。综合科学技术会议的前身是科学技术会议，它从1959年设立到改组前的43年，对日本科技政策的制定和实施发挥了重要作用。但由于科学技术会议每年只开1~2次会，又没有专门的日常事务管理部门，对科技政策的计划、立案、实施等过程缺乏有效的控制机制，加之各部门之间的行政壁垒，始终无法建立一个综合性的科技政策形成系统。根据机构改革的要求，日本取消了原来的科学技术会议，在内阁新设综合科学技术会议，并赋予它更大的权力，使其成为名副其实的科技行政的“指挥塔”。它既是首相的咨询机构，也是科技政策最高决策机构。

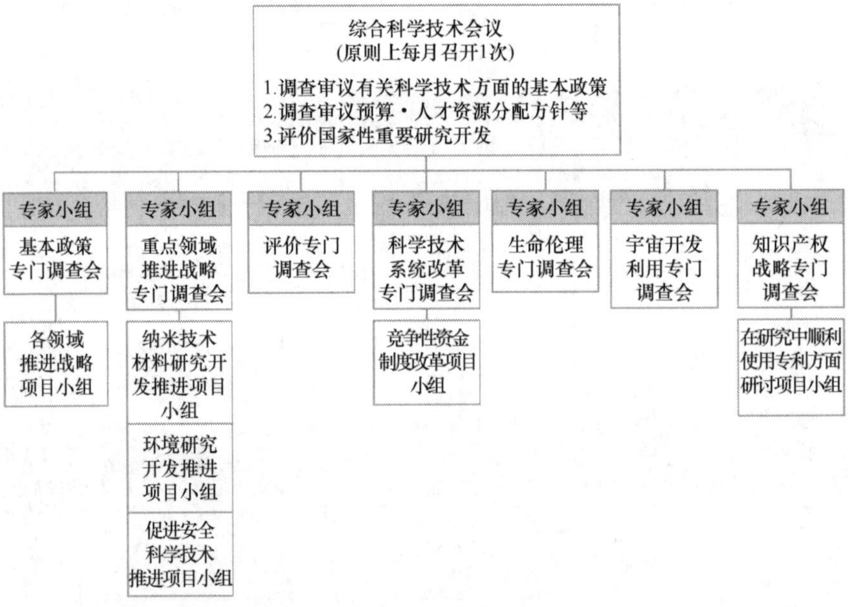

图2-2　综合科学技术会议组织图

综合科学技术会议自2001年1月设置以来，议长内阁总理大臣亲自出席，原则上每月召开1次（截至2010年3月月底共计召开65次）

资料来源：《科学技术白皮书》（2006年版）

综合科学技术会议与其前身科学技术会议相比有下列进步：①扩大了所管辖的部门和领域。不仅涉及振兴科学技术的综合计划及政策，而且对人才、预算等科技资源配置的方针，国家级的重要研发项目的评价等进行审议和咨询；②增加了成员的构成。从10名会议议员增加到14名，专职议员从

2 名增加到 4 名，并且设置了人文、社会科学专业和产业界的专家；③配置了专门的组织机构，即建立了大约 70 人专属综合科学技术会议的事务局，其中 40 人来自各行政部门，其他 30 人来自日本产业界、国立大学和国立科研机构。

综合科学技术会议从 2001 年 4 月开始运作，下设了 5 个分会组织：①重点领域发展战略调查会（主要是对生命科学、信息通信、环境、能源、纳米技术材料等重点领域的资源配置、实施战略等进行调查、研讨）；②评价调查会（主要对重要的研发项目进行评价，并制定评价的方法和规则等）；③科学技术体制改革调查会（主要进行研发系统的改革，提高产业科技竞争力）；④生命伦理调查会（主要对人类的胚胎干细胞的使用方针、特定胚胎的处理等生命科学领域的发展问题进行研讨）；⑤日本学术会议运行机制的调查会。综合科学技术会议的设立，无疑增强了政府对科学技术政策形成与实施机制的调控能力①。

综合科学技术会议由内阁总理大臣担任议长，由科学技术政策推进担当大臣及具有相关经验的成员等 14 人组成。综合科学技术会议以宏观政策为工作重点，研究和决策科技发展的大政方针，决定国家的重大研究领域。它从比各省更高一层的角度制定综合性的科技政策，并可以对各省厅进行协调，根据总理大臣的咨询，调查审议实现科技振兴的基本政策、有关科技预算和人才等资源分配方针的重要事项。可以说，综合科学技术会议是强化首相和内阁职能的重要一环，它直接影响到内阁的一些重要政策的出台，担当科学技术“指挥塔”的角色。

会议下设专门调查会，向综合科学技术会议提出和建议各领域的研究战略和方针等，这对日本开展科学研究有着重要影响。至今，已先后成立了七个专门调查会，分别是：重点领域推进战略调查会、评价调查会（对研究总费用超过 10 亿日元的项进行先期调查与讨论）、科学技术系统改革调查会、生命科学伦理调查会、学术会议调查会、宇宙开发利用调查会、知识产权战略调查会。

（二）文部科学省

2001 年 1 月 6 日，主管教育、文化、体育的文部省与主管科技的科学技术厅合并，成立文部科学省，2001 年 4 月 1 日起逐步推行国立科研机构独立行政法人制度的改革。文部科学省包括 8 个局和 1 个负责联合国教科文组织

①総合科学技術会議 . 2010. 総合科学技術会議の概要 . http://www8. cao. go. jp/cstp/gaiyo/index. html［2010-11-29］

活动的机构，截至2012年，机关人数达2204人①。其有关科技管理的职责是：根据政府确定的科技综合战略和方针，制订各省厅统一实施的科技政策，制订和推进、调整研发计划，确保学术和科学技术研究的协调和综合性，培养和确保具有独创性的研究人员，搞好研究的环境条件，推进尖端的技术开发。科学技术厅的6个局级部门合并后保留科技学术政策局、科技振兴局、研究开发局来承担主管科技的工作；原子能局、原子能安全局转入内阁府管理，继续执行原职能。

（三）科技审议机构

日本政府的科技审议机构分为三种：一是隶属于总理大臣的咨询机构；二是隶属于各省厅的科技审议机构；三是隶属于各科研机构的运营和管理委员会。其中，对日本政府的科技政策、规划及发展方向影响最大且最具权威性的是综合科学技术会议。科学技术振兴的基本政策、重大科技计划、有关科技预算和人才等资源分配方针均采取向综合科学技术会议提出咨询的方式进行，而一般性的科技计划由各部门的技术审议会议制订②。

（四）科研资助机构

日本主要有三家科研资助机构，其中绝大多数资助针对高校和学术研究机构的科学家，但部分项目也会面向博士后人才和企业研究人员。

1. 日本科学技术振兴机构

日本科学技术振兴机构（Japan Science & Technology Agency，JST）的前身是日本科学技术振兴事业团，2003年10月更为现名，是独立行政法人机构。它作为日本国家“科学技术基本计划”的主要实施机构，旨在实现科技立国的目标。JST以技术创新为目标，致力于推进从基础研究到企业应用研究的全面研发和技术转移；同时开展科普活动、支持科技情报流通等工作，为日本的科技振兴及夯实科技基础服务。JST主要科研资助项目包括：遗传进化科技核心研究（CREST）、胚胎学先驱科技研究（PRESTO）、高新技术探索性研究（ERATO）、国际合作研究计划（ICORP）等③。

---

①文部科学省.2013. 文部科学省の組織. http://www. mext. go. jp/b_menu/hakusho/html/hpab201301/1338525_026. pdf[2013-04-20]

②総合科学技術会議.2013. 総合科学技術会議のパンフレット. http://www. cao. go. jp/cstp/panhu/cover. pdf[2013-04-22]

③日本科学技術振興機構.2013. 日本科学技術振興機構概要. http://www. jst. go. jp/pr/intro/outline. pdf[2013-05-09]

2. 日本学术振兴会

日本学术振兴会（Japan Society for the Promotion of Science，JSPS）是文部科学省科研补助金项目“kakenhib”（日本最具竞争性的科研资助项目）的执行机构，其主要任务是全力资助萌芽研究领域及青年科学家的科研项目。此外，JSPS还负责执行影响范围更为广泛的文部科学省“全球卓越研究中心项目”（G-COE）和其他研究，并积极发展国际联合研究。

3. 新能源产业技术综合开发机构

新能源产业技术综合开发机构（New Energy and Industrial Technology Development Organization，NEDO）致力于资助日本国内工业技术、能源与环境等领域的基础科学研究，帮助科研人员实现技术成果转化，并负责项目规划、管理及项目后期评价。

NEDO成立于1980年，创办初衷是开发能够替代石油的新能源技术。1988年，其将业务范围扩大到产业技术的研发。2003年，NEDO成为独立行政法人，为日本及世界产业技术和能源环境技术的发展而实施研发工作。其基本任务是组织实施产业技术研发项目，负责新能源节能领域的研发/普及及产业技术领域的研发（提供研究经费、组织和管理研发项目）。

NEDO的主要业务内容包括：第一，推动先进技术的研究和开发（包括产业技术、新能源技术、节能技术及环境技术）；第二，负责新能源及节能技术的推广和普及；第三，实施国际合作项目。其本部位于日本川崎市，分别在北京、曼谷、雅加达、华盛顿、巴黎设有海外事务所。

四、国家创新系统各单元

（一）主要的公共研究机构

1. 概况

日本公共研究机构包括国立、公立和民间非营利研究机构及独立行政法人机构。其主要目标是研发新的具有较强公有性质的技术资源，他们是科技成果的创造者。

日本在第三期“科学技术基本计划”中进一步明确了公共研究机构的职责，即以实现政策目标为使命，开展提高与科技相关的基础、先导研究，研究开展重要的研发工作。加强与大学及产业界的合作，最大限度地挖掘创新潜能，尽可能地将研究成果高效地回馈于社会①。独立行政法人制度的最显著特点是最大范围地减少了国家对独立行政法人的控制，使它们自治，但同时又严格评价它们的表现，评价的结果将反映在后续的管理工作上。为此，在该制度下，主管部长将向独立行政法人提出 3～5 年的中期目标。而独立法人将据此制定自己的中期目标，提交主管部长批准。另外，独立法人根据这些中期目标制订年度计划，将年度计划报主管部长批准，并根据年度计划开展工作。当每个工作年度和中期目标结束时，第三方评价委员会将对行政法人的表现进行评价。主管部长和独立行政法人将根据评价的结果采取相应的措施。其中独立行政法人机构承担履行国家政策的职责。制定政策计划的职能属于国家政府。

表 2-1 列出了日本从事研发的 29 个主要的独立行政法人机构。

表 2-1　日本主要的独立行政法人研究机构

机构名称	简称	机构名称	简称
冲绳科学技术研究基础整备机构	OIST	农业与食品产业技术综合研究机构	NARO
国家信息通信技术研究机构	NICT	农业生物资源研究所	NIAS
酒类综合研究所	NRIB	农业环境技术研究所	NIAES
放射线医学综合研究所	NIRS	国际农林水产产业研究中心	JIRCAS
防灾科学技术研究所	NIED	森林综合研究所	FFPRI
国家材料科学研究所	NIMS	水产综合研究中心	FRA
理化学研究所	RIKEN	产业技术综合研究所	AIST
日本海洋研究开发机构	JAMSTEC	石油天然气与金属矿物资源机构	JOGMEC
日本宇宙航空研究开发机构	JAXA	土木研究所	PWRI
国家科学博物馆	NMNS	建筑研究所	BRI
日本原子能研究开发机构	JAEA	交通安全环境研究所	NTSEL
国家健康与营养研究所	NIHN	海上技术安全研究所	NMRI
劳动安全卫生综合研究所	JNIOSH	港湾机场技术研究所	PARI
医药基础研究所	NIBIO	电子导航研究所	ENRI
国立环境研究所	NIES		

①日本内閣府. 2009. 独立行政法人、国立大学法人などの科学技術関係活動（平成 21 事業年度）に関する所見について. http://www.cao.go.jp/cstp/budget/trimatome.html［2011-12-28］

2009 年总收入最多的是日本宇宙航空研究开发机构，为 2462 亿日元；第二是理化学研究所，为 1179 亿日元；产业技术综合研究所排名第三，为 1144 亿日元。如果从总收入的增长幅度来看，理化学研究所的增长幅度最大，其次是国际农林水产业研究中心和国立科学博物馆，如图 2-3 所示。

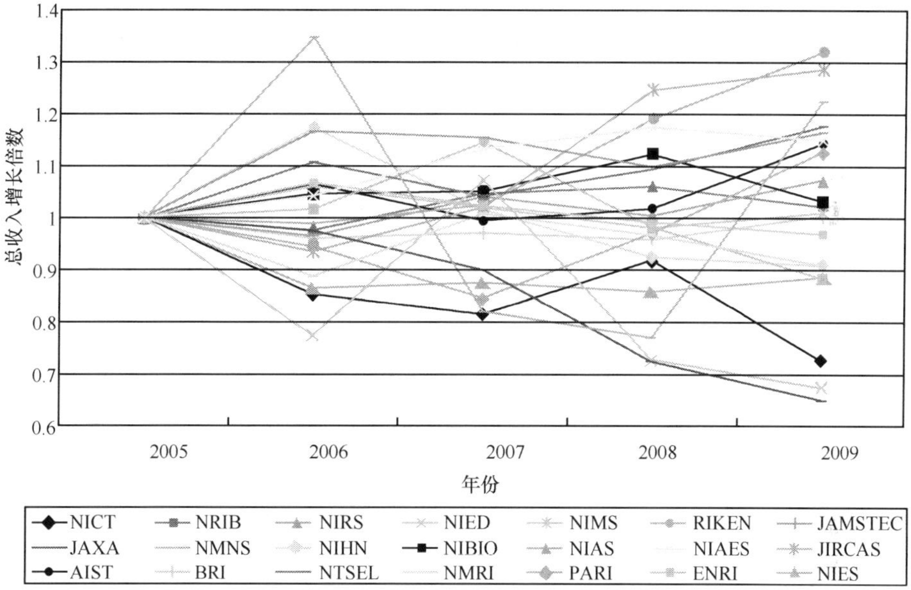

图 2-3　2005～2009 年 21 个主要独立行政法人机构的总收入增长倍数

2005 年，独立行政法人机构中有 22 个从事研发，这 22 个独立行政法人机构的在职人员数量从 2005 年的 21 617 人增长为 2009 年的 22 867 人，涨幅为 5.8%。兼职人员数量从 2005 年的 7200 人增加到 2009 年的 9191 人。在职人员数量增长最多的是日本海洋研究开发机构。37 岁以下的青年研究人员在职人数从 2005 年的 3889 人下降到 2009 年的 3785 人，减少了 2.7%。青年研究人员在职人数最多的是理化学研究所，有 1001 人；其次是产业技术综合研究所和日本宇宙航空研究开发机构，分别为 894 人和 491 人。理化学研究所的青年研究人员数量占总在职人员数量的比率也较多，为 51%；其次是物质与材料研究机构和医药基础研究所，均为 46%。

2. 文部科学省下属研究机构

1）日本原子能研究开发机构

日本原子能研究开发机构（Japan Atomic Energy Agency，JAEA）成立于

2005年10月，由日本原子能研究所（Japan Atomic Energy Research Institute，JAERI）和日本核循环发展研究所（Japan Nuclear Cycle Development Institute，JNC）合并而成①。其主要任务是在确保安全的前提下，以解决日本能源的稳定保障、地球环境问题及创造出新的科学技术和产业为目的，综合、有计划并高效地进行原子能的研发，同时通过普及研究成果提高人类社会福利和国民生活水平②。

JAEA现有研发部门9个，分别是安全研究中心、先端基础研究中心、原子能基础工学研究部、量子束应用研究部、聚变研究开发部、下一代原子能系统研究开发部、核燃料循环技术开发部、废弃物处理研究开发部、核废料回收推进部③。截至2010年3月31日，JAEA的在职人员共有3955人，比2008年减少了123人；平均年龄为44.1岁，2008年平均年龄为43.8岁。

2011年JAEA的预算为2302.93亿日元。其中政府提供经费2272.74亿日元，占总经费的98.69%，包括运营费补助金、设施装备补助金、国际热核聚变试验堆研究开发补助金、特定尖端大型研究设施装备费和运营补助金等。JAEA2005～2009年度经费预算如表2-2所示。

表2-2　JAEA2005～2009年度经费预算　（单位：亿日元）

项目	2005年	2006年	2007年	2008年	2009年
总预算	948.31	2003.94	2060.31	1998.52	2081.53
运营费	767.47	1618.38	1632.24	1686.97	1691.11
设备费	60.03	268.54	233.73	128.27	103.88

资料来源：JAEA. 2011. JAEA 2009 年度事業報告書 . http://www.jaea.go.jp/02/2_13.shtml [2011-04-14]

在2009年JAEA公开的研发成果中，研究报告292项，学术期刊中刊登的论文有1169篇，其他论文2853篇。研发成果公开发表将通过下一周的《JAEA研发成果发表业绩快报》在整个机构内公布。2009年共向国内和国外申请专利167项，因自动弃权和期满放弃的专利有125项，新授权专利有

①日本原子力研究開発機構 . 2011. JAEA 沿革 . http://www.jaea.go.jp/01/1_4.shtml [2011-08-17]

②日本原子力研究開発機構 . 2011. JAEAの経営理念について. http://www.jaea.go.jp/01/1_13.shtml [2011-08-17]

③日本原子力研究開発機構 . 2011. JAEA 研究開発の紹介 . http://www.jaea.go.jp/03/3_0.shtml [2011-08-17]

115 项，2009 年年末专利保有 1083 项①。

2）日本海洋研究开发机构

日本海洋研究开发机构（Japan Agency Marine-Earth Science and Technology，JAMSTEC）的前身是成立于 1971 年 10 月的海洋科学技术中心，于 2004 年 4 月正式更名为日本海洋研究开发机构。JAMSTEC 的主要职能是：通过观测研究、预测研究、技术开发等基础研究开发手段，科学地解释地球环境变化机理；降低地震、海啸等自然灾害对人类的损害程度，确保人类可持续发展和安全舒心地生活；负责研究成果的科学普及与启发活动；致力于社会经济发展和知识传播。JAMSTEC 总部设立在神奈川县横须贺市，下设横滨研究所、Mutsu 研究所、高知岩芯研究所、国际海洋环境情报中心和东京事务所②。JAMSTEC 2004 ~ 2010 年的经费预算与人员数如表 2-3 所示。

表 2-3　2004 ~ 2010 年 JAMSTEC 的经费预算与人员数

年份	2004	2005	2006	2007	2008	2009	2010
预算/亿日元	405	417	401	419	434	457	431
人员数/人（不含任期制）	331	331	330	329	327	326	325

资料来源：JAMSTEC 组织概要 . http://www.jamstec.go.jp/j/about/outline/index.html [2012-03-05]

JAMSTEC 2009 ~ 2014 年的第二期中期目标中设定了地球环境变化研究、地球内部动力学研究、海洋和极区生物圈研究、海洋基础技术开发等重点研发领域。在保护知识产权的前提下，通过公开发表、会议交流、网络等多种形式为社会积极提供和发布研发成果。为推动海洋科学技术的发展，JAMSTEC 还向全球开放深海探查系统、研究船、超高速并列计算机系统“地球模拟器”及地球深部探查船“地球号”，同时还为青年研究人员和研究生提供研究场所，培养高端海洋科学技术人才③。

3）日本宇宙航空研究开发机构

日本宇宙航空研究开发机构（Japan Aerospace Exploration Agency，JAXA）成立于 2003 年 10 月，由宇宙科学研究所、航空宇宙技术研究所及宇宙开发事

①日本原子力研究開発機構 . 2011. JAEA 2009 年度事業報告書 . http://www.jaea.go.jp/02/2_13.shtml [2012-06-18]

②日本海洋研究開発機構 . 2011. JAMSTEC 組織概要 . http://www.jamstec.go.jp/j/about/outline/index.html [2012-10-20]

③日本海洋研究開発機構 . 2011. JAMSTEC 中期目標第 2 期：平成 21 年 4 月 1 日 ~ 平成 26 年 3 月 31 日 . http://www.jamstec.go.jp/j/about/project/pdf/mokuhyo2009.pdf [2012-03-17]

业团三个机构合并组建而成。本部设在东京都调布市，为调布航空宇宙中心，下设东京事务所大手街分室、筑波宇宙中心、相模园区、种子岛宇宙中心（大型卫星发射地和综合指令中心位于此）、内之浦宇宙空间观测站、地球观测中心、角田宇宙中心、能代火箭实验场、大树航空宇宙实验场、臼田宇宙空间观测站、勝浦宇宙通信站、增田宇宙通信站、冲绳宇宙通信站、小笠原跟踪站、关西卫星办公室，并在华盛顿、休斯敦、巴黎、曼谷、莫斯科设有海外事务所①。

2008 年，JAXA 在第二期中期计划中明确提出了 5 年内的行动目标：卫星观测全球变暖和气候变化，监测灾区情况，提高定位信息准确性和便利性的位置观测；创造出宇宙科学研究领域世界级的研究成果；通过宇宙探测不断满足人类知识需求并扩大人类的活动领域；完成日本“希望号”实验舱的利用和物资补充，着实推动国际宇宙空间站计划；通过宇宙输送系统的持续发展，确保具备在必要时可以独自在宇宙中存在的能力；通过航空科技的研发解决来自社会各方需求的问题；推动与产业界、相关机构及大学间的合作②。

JAXA 2009 年在职员工 2121 人，比 2008 年减少 31 人，平均年龄 42. 6 岁③。2005 ~ 2009 年 JAXA 收入总预算及主要项目的收入预算情况如表 2-4 表示。

表 2-4　2005 ~ 2009 年 JAXA 收入总预算及主要项目的收入预算情况　（单位：亿日元）

年份	2005	2006	2007	2008	2009
收入总预算	2253. 48	2272. 40	2276. 32	2398. 56	2542. 74
运营费	1314. 11	1382. 93	1288. 26	1302. 27	1434. 14
设备费	84. 94	86. 02	80. 36	63. 88	80. 74
国际宇宙空间站开发费	332. 27	263. 21	332. 75	343. 56	356. 71
地球观测卫星开发费	35. 55	68. 86	136. 71	165. 36	168. 81

资料来源：《JAXA 2009 年度事业报告书》

①日本宇宙航空研究開発機構 . 2011. JAXA 事業所・施設 . http://www. jaxa. jp/about/centers/index_j. html [2012-03-17]

②日本宇宙航空研究開発機構 . 2011. JAXA 理事長挨拶：日本の宇宙航空研究開発の更なる発展 . http://www. jaxa. jp/about/president/index_j. html [2012-03-17]

③日本宇宙航空研究開発機構 . 2011. JAXA 平成 21 年度事業報告書 . http://www. jaxa. jp/about/finance/21fy-finance_j. html [2011-10-24]

4）国家材料科学研究所

国家材料科学研究所（National Institute for Material Science，NIMS）于2001年4月由金属材料技术研究所和无机材质研究所合并而成。其创建目的是：通过开展物质材料科学基础研究及基础研发工作提高物质材料学科的科学技术水平。主要研究领域包括环境、能源与资源材料领域，纳米尺度材料领域，以及物质和材料领域中共同的尖端技术领域①。在研究生培养方面，NIMS没有设立研究生院，但是研究人员可以担任大学研究生院的客座教师，通过NIMS各研究所最前沿的研究和联合培养制度指导研究生取得学位。截至2009年4月1日，建立联合培养关系的有早稻田大学、东京理科大学、东京工业大学、北海道大学等24所大学②。

2009年，NIMS收入总决算为220亿日元，其中，事业运营费150亿日元，各种补助金16亿日元，设备费4亿日元，自创收入5亿日元，委托事业收入29亿日元，2008年剩余经费16亿日元③。截至2011年4月1日，NIMS共有职员1432人，如表2-5所示。

表2-5 NIMS在职人员数 （单位：人）

项目		人数	外籍人员	女性
理事会		6	0	0
定年制人员	研究人员	385	30	26
	技术人员	45	1	3
	事务人员	89	0	15
	小计	519	31	44
职业工作人员	研究人员	19	7	3
	技术人员	0	0	0
	事务人员	1	0	1
	小计	20	7	4
任期制人员		887	240	380
合计		1432	278	428

资料来源：日本国家材料科学研究所，http://www.nims.go.jp/nims/profile.html［2011-04-01］

①日本物質・材料研究機構.2011. 独立行政法人物質・材料研究機構の概要情報.http://www.nims.go.jp/nims/profile.html［2011-10-24］

②日本物質・材料研究機構.2011. 独立行政法人物質・材料研究機構若者育成/大学院制度. http://www.nims.go.jp/hr-development/junior-researcher.html［2011-10-24］

③日本物質・材料研究機構.2011. 独立行政法人物質・材料研究機構財務に関する情報. http://www.nims.go.jp/nims/disclosure/finance.html［2011-10-24］

5）理化学研究所

理化学研究所（Institute of Physical and Chemical Research，RIKEN）是日本唯一一家自然科学综合研究所。RIKEN 成立于 1917 年，至今已有 90 多年的历史。该研究所的发展经历了财团法人理化研究所（1917～1948 年）、株式会社科学研究所（1948～1858 年）、特殊法人理化学研究所（1958～2003 年）和独立行政法人理化学研究所（2003 年至今）四个主要阶段。研究领域除物理和化学学科外，还包括生物学、工学、医学、生命科学、材料科学、纳米科学、情报科学等，从事着从基础研究到应用开发等广泛领域的研究活动。

2003 年，野依良治理事长提出了 RIKEN 发展目标：①看得见的 RIKEN。提高一般社会对 RIKEN 的认知度，研究人员面向社会宣传科学技术的重要性。②在科学技术史上继续辉煌的 RIKEN。RIKEN 的研究精神要继承和发展，重视研究质量，强化知识产权并贡献于社会和产业。③充分调动科研人员积极性的 RIKEN。自由创意，独自的问题设定，培养有为人才。④对世界和社会发挥作用的 RIKEN。与产业和社会融合合作，支持文明社会的科学技术。⑤对人类文明和文化做出贡献的 RIKEN。提高 RIKEN 自身的文化度，重视研究质量，做到人文社会科学方面的信息传递。新时期 RIKEN 的使命是：实施最尖端的自然科学研究，并通过不同学科的战略性整合开发新的前沿研究领域，给科学界建立最好的基础研究设施并提供充分使用这些设施的机会，设立新的科学技术研究系统，并培养年轻的研究人员，把研究成果还原给社会①。

理化学研究所大部分经费来自政府。2009 年 RIKEN 的预算经费是 1046.93 亿日元，其中大型设备的运行与维护的经费预算占有很大比例。在研究领域的分配方面，脑科学研究和加速器科学研究的经费预算较多，分别为 90 亿日元和 38 亿日元。2009 年有在职人员 3187 人，其中研究系列任期制人员有 2348 人，研究系列定年制人员有 362 人，行政系列任期制人员有 228 人，行政系列定年制人员有 249 人②。

为了促进大学研究成果向民间企业转移，RIKEN 建立了知识产权项目管理中心，加强对知识产权的保护，如图 2-4 所示。

---

①RIKEN. 2010. 独立行政法人理化学研究所概要 . http://www.riken.jp/r-world/riken/outline/index.html［2011-04-18］

②RIKEN. 2010. RIKEN2009-10アニュアルレポート. http://www.riken.jp/r-world/info/release/pamphlet/annu_repo/pdf/2009-10.pdf［2011-07-16］

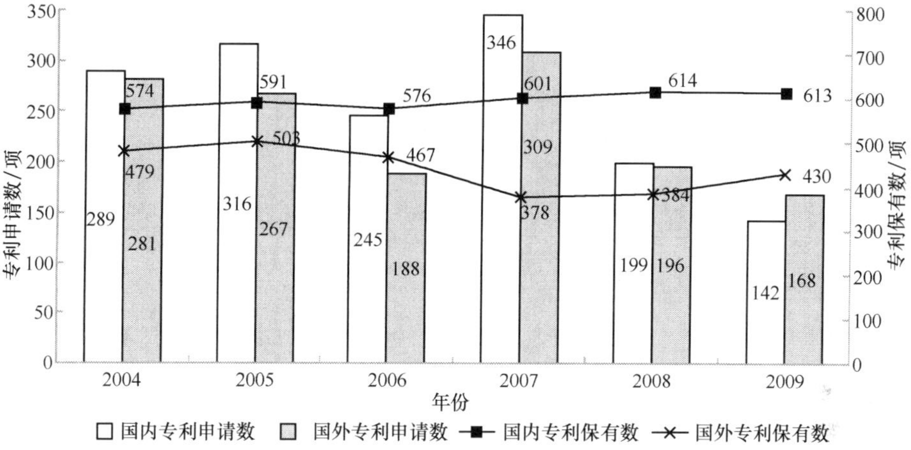

图 2-4　2004～2009 年 RIKEN 专利申请与保有分布图

资料来源：RIKEN 2009～2010 年报

为了把研究成果广泛向社会推广，RIKEN 积极进行把以专利权为代表的知识产权向产业界进行技术转移的努力，如图 2-5 所示。

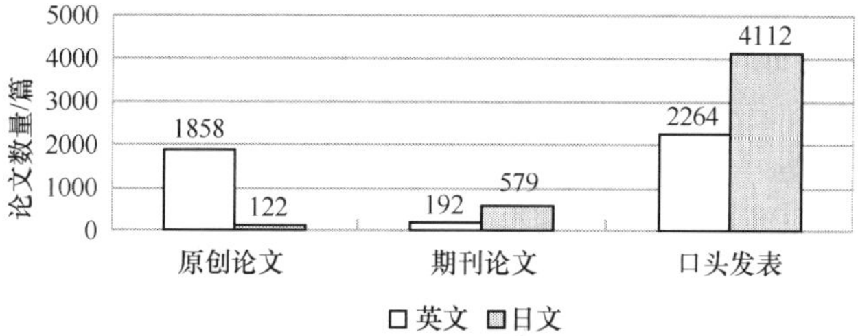

图 2-5　2009 年 RIKEN 研究成果发表情况

资料来源：RIKEN 2009～2010 年报

科学论文是 RIKEN 做出成就的客观标准。根据 ESI 统计，RIKEN 近十年被引论文频次高于日本平均论文被引频次，如表 2-6 所示。

表 2-6　2000～2010 年 RIKEN 论文被引用情况

研究领域	RIKEN 论文被引用数/篇	RIKEN 论文篇均被引频次	日本国内论文篇均被引频次
分子生物学与遗传学	63 638	34.57	22.14
生物学与生物化学	48 050	20.58	13.99

续表

研究领域	RIKEN 论文被引用数/篇	RIKEN 论文篇均被引频次	日本国内论文篇均被引频次
物理	48 565	10.92	8.60
化学	22 697	10.84	10.77
神经科学与行为学	23 155	21.50	13.97
植物与动物学	24 339	27.26	7.26
临床医学	19 772	22.81	10.19
免疫学	13 622	43.80	22.65
工程	5 743	5.16	3.77
微生物学	4 773	11.28	11.59
材料科学	3 072	8.68	6.50

数据来源：ESI，2000 年 1 ~ 2 月

3. 经济产业省下属研究机构

产业技术综合研究所（National Institute of Advanced Industrial Science and Technology，AIST）是经济产业省下属研究机构，它成立于 2001 年 4 月 1 日，由通商产业省工业技术院所属的 15 个国立研究所并入组建而成，最早可以追溯到成立于 1882 年的农商务省地质调查所①。它承担着环境与能源、生命科学、信息通信与电子、纳米技术、材料与制造、标准与测量及地质学等领域产业技术及创新所需关键技术的重要科研任务，对日本的经济发展起到了重要的推动作用。

AIST 本部设立在东京和筑波，除筑波中心外，AIST 还设立了各具研究特色的北海道研究中心、东北研究中心、临海副都心研究中心、中部研究中心、关西研究中心、中国研究中心、四国研究中心及九州研究中心等 8 个研究中心，总占地面积 240.54 公顷。2009 年 8 月的统计数据显示，在职人员约有 3066 人，研究系列人员有 2365 人，事务人员有 690 名，平均年龄 44.4 岁。2010 年，AIST 收入总预算 807.99 亿日元，其中事业运营费 614.07 亿日元，设备费 13.21 亿日元，委托收入 141.54 亿日元，其他收入 39.17 亿日元②。

①日本産業技術総合研究所 . 2011. 産総研の沿革 . http://www.aist.go.jp/aist_j/information/history/history.html［2011-08-20］

②日本産業技術総合研究所 . 2011. 産総研の概要 . http://www.aist.go.jp/aist_j/outline/affairs/index.html［2011-10-15］

通过与产业界、大学、行政机构的有机合作，AIST 正从研发走向创新发展。其战略研究重点主要是环境与能源技术领域的洁净能源创新计划，与高质量医疗服务和老龄化社会相对应的生命创新计划，支撑国民安居乐业的知识基础完善与推进计划，以及强化国家产业竞争力、开拓未来社会的尖端技术开发计划。

为了加强产学官合作，AIST 在第三期计划中制定了新的战略合作制度。主要有：①资金提供型共同研究。研究经费主要由企业提供，2008 年共有 2750 项研究项目，其中与企业开展的共同研究项目有 1530 项，这其中资金提供型的项目有 730 项。②研究设备提供型共同研究。企业向 ASTI 提供必要的设备开展共同研究。③人才移籍型共同研究。企业研究人员可以暂时将关系转入 ASTI，与 ASTI 科研人员开展共同研究①。

4. 总务省下属研究机构

国家信息通信技术研究机构（National Institution of Information and Communication Technology，NICT）成立于 2004 年 4 月，是由成立于 1896 年 10 月的通信研究所（Communications Research Laboratory，CRL）和成立于 1979 年 8 月的日本电信发展机构（Telecommuni-cations Advancement Organization of Japan，TAO）合并而成②。其主要职能是通过信息通信技术的研发解决老龄化社会、医疗和教育、全球变暖等从日常生活到全球范围内的各种问题，推动网络基础技术、通用通信基础技术、未来信息通信基础技术及电磁传感基础技术的研发。同时，在强化产学官合作和国际合作的过程中，为信息通信产业的发展和人才培养做出应有的贡献③。

NICT 本部设立在东京都小金井市，本部有光网研究所、网络安全研究所和电磁测量研究所三个研究所，还下设了无线网络研究所、未来信息通信技术研究所、能用通信研究所、测试平台研究开发推进中心、鹿岛宇宙技术中心、北陆 StarBED 技术中心、冲绳电磁技术中心等研究所和技术中心④。截至 2010 年 4 月 1 日，有在职人员 443 人。

根据 2010 年决策报告，NICT 2004 ~ 2009 年总预算如表 2-7 所示。

---

①日本情報通信研究機構 . 2011. 産業技術総合研究所第 3 期中期計画 . http://www.aist.go.jp/aist_j/outline/middle_plan3/middle_plan3_1.html [2011-10-15]

②日本情報通信研究機構 . 2011. 情報通信研究機構の沿革 . http://www.nict.go.jp/about/history.html [2011-10-15]

③日本情報通信研究機構 . 2011. 情報通信研究機構の理事長挨拶 . http://www.nict.go.jp/about/greetings.html [2011-10-15]

④日本情報通信研究機構 . 2011. 情報通信研究機構の所在地のご案内 . http://www.nict.go.jp/about/location.html [2011-10-15]

表 2-7　2004～2009 年 NICT 收入总预算　（单位：兆日元）

类目	2004 年	2005 年	2006 年	2007 年	2008 年	2009 年
基本事业费	38 334	38 108	36 964	36 266	35 330	34 200
设备费	73	456	453	60	58	60
政府拨款	10 400	10 300	7 200	6 500	4 200	2 600
贷款回收金	1 152	893	587	300	171	140
信息通信技术开发补助金	2 348	1 358	1 208	959	736	713
业务收入	741	652	394	448	383	446
事业委托收入	8 744	7 945	6 090	4 359	5 815	5 208
其他	3 313	724	1 274	757	745	949
总预算	65 105	60 436	54 170	49 649	47 438	44 316

资料来源：《NICT 年度决算报告书》（2010 年）

5. 日本环境部下属研究机构

国立环境研究所（National Institute for Environmental Studies，NIES）是日本环境部下属研究机构，它的前身是成立于 1974 年的国立公害研究所，1990 年经全面改组后更名为国立环境研究所①。设有地球环境研究中心、资源循环与废物研究中心、环境风险研究中心、地域环境研究中心、生物与生态系统环境研究中心、环境健康研究中心、社会环境系统研究中心及环境测量研究中心等主要部门②。作为日本环境研究的核心机构，NIES 不仅在环境研究方面发挥着引领作用，而且在环境政策制定方面也发挥着非常重要的作用。

据 2011 年 4 月的统计数据，NIES 现有在职人员 252 人，其中，理事会成员 5 人，研究合作部门 2 人，研究实施部门 190 人，企划、管理与信息部门 55 人。

NIES 科学研究硕果累累，又成为在环境科学研究方面处于世界领先水平的研究所，如表 2-8 所示。

表 2-8　2000～2009 年国立环境研究所成果发表情况（单位：篇）

年份	正式发表			非正式发表		
	日文	英文	合计	日文	英文	合计
2000	253	246	499	619	292	911
2001	227	310	537	756	185	941

①国立環境研究所 . 2011. 国立環境研究所の沿革 . http://www. nies. go. jp/gaiyo/enkaku/index. html [2011-12-08]

②国立環境研究所 . 2011. 国立環境研究所の組織 . http://www. nies. go. jp/gaiyo/sosiki/index. html [2011-12-08]

续表

年份	正式发表			非正式发表		
	日文	英文	合计	日文	英文	合计
2002	289	271	560	773	184	957
2003	345	287	632	955	198	1153
2004	278	318	596	882	239	1121
2005	301	273	574	885	260	1145
2006	257	330	587	852	262	1114
2007	279	286	565	811	305	1116
2008	276	343	619	917	321	1238
2009	303	396	699	1097	352	1449

资料来源：国立环境研究所 2009 年度年报 . http://www. nies. go. jp/gaiyo/enkaku/index. html [2011-04-09]

（二）主要的大学研究机构

1. 概况

日本的大学作为高等教育机构不但承担着教育和培养研究人才的使命，而且还作为研究机构在日本的国家创新体系中发挥着十分重要的作用。日本大学的一个特点是大学附设研究所。日本大学在研发活动性质上是基础研究的最主要的承担者。截至 2010 年 5 月 1 日，日本共有国立大学 86 所（其中包含 4 所研究生院大学），公立大学 95 所，私立大学 597 所，总计 778 所①。

大学作为学术中心，主要负责传授广泛的知识，针对不同学科领域进行专业教育与研究，培养学识丰富、思维灵活的人才。

2009 年日本大学研究经费总投入为 35 498 亿日元，比上一年增加 3%。具体如表 2-9 所示。

表 2-9　日本大学研究经费投入情况

项目	项目	研究经费/亿日元	与上一年相比/%	占比/%
按大学类型分	国立大学	15 510	8.2	43.7
	公立大学	1 849	-1.6	5.2
	私立大学	18 139	-0.5	51.1

①文部科学省 . 2010. 教育白皮书 . http://www. mext. go. jp/a_ menu/koutou/shinkou/main5_ a3. htm [2010-12-10]

续表

项目	项目	研究经费/亿日元	与上一年相比/%	占比/%
按学科领域分	自然科学	22 893	5.1	64.5
	人文社科	8 593	-1.4	24.2
	其他领域	4 012	1.4	11.3
总额/亿日元		35 498	3.0	100.0

资料来源：总务省 2010 科学技術研究調査結果の概要. http://www.stat.go.jp/data/kagaku/2010/pdf/22ke_gai.pdf [2010-12-10]

日本各大学投入自然科学领域的研究经费一直都在增加，基础研究经费的比重更是超过50%①，总务省2010年调查报告显示日本大学自然科学领域的研究经费的使用情况如表2-10所示。

表2-10 2005～2009年日本大学自然科学领域的研究经费使用情况

（单位：亿日元）

年份	基础研究	应用研究	开发研究	总额
2005	11 677	7 594	1 926	21 197
2006	11 542	7 639	1 856	21 037
2007	11 719	7 749	1 897	21 365
2008	11 692	7 881	1 965	21 538
2009	12 254	8 308	2 097	22 659

资料来源：总务省 2010 科学技術研究調査結果の概要. http://www.stat.go.jp/data/kagaku/2010/pdf/22ke_gai.pdf [2010-12-10]

英国高等教育研究机构教育与就业组织和《泰晤士报高等教育特刊》从2004年开始联合推出年度全球大学排名，根据2010年排名结果，日本有10所大学进入前200强，其中东京大学和京都大学分列第24位和第25位。根据THE-Qs全球大学排名可以看出，东京大学、京都大学、大阪大学和东京工业大学牢牢占据了日本前四强的宝座，虽然东京大学一直高居榜首，但排名却呈现出逐年下滑的趋势，而京都大学的排名则相当稳定。筑波大学成为近两年来的“黑马”。《泰晤士报高等教育特刊》发布的日本大学全球排名情况如表2-11所示。

①总务省. 2010. 科学技術研究調査結果の概要. http://www.stat.go.jp/data/kagaku/2010/pdf/22ke_gai.pdf [2010-12-10]

表 2-11 2004~2010 年日本大学全球排名

年份	2010	2009	2008	2007	2006	2005	2004
东京大学	24	22	19	17	19	16	12
京都大学	25	25	25	25	29	31	29
大阪大学	49	43	44	46	70	105	69
东京工业大学	60	55	61	90	118	99	51
名古屋大学	91	92	120	112	128	129	167
东北大学	102	97	112	102	168	136	153
九州大学	153	155	158	136	128		
筑波大学	172	174					
北海道大学	175	171	174	151	133	157	
早稻田大学	182	148	180	180	158		
庆应义塾大学		142		161	120		
神户大学			199	197	181	172	
广岛大学						147	
昭和大学						198	

资料来源：《泰晤士报高等教育特刊》(2010 年)

根据文部科学省的统计，2010 年日本科研经费合计投入约 1878.86 亿日元，其中国立大学 1266.13 亿日元，占 67.4%；公立大学 91.68 亿日元，占 4.9%；私立大学 288.55 亿日元，占 15.4%；其他机构 232.51 亿日元，占 12.4%。国立大学占据了绝对优势，东京大学、京都大学、大阪大学和东北大学更是遥遥领先于其他大学，这四家大学的科研经费总额在国立大学科研经费总额中的占比超过 45%。私立大学中排名最靠前的庆应义塾大学和早稻田大学也未能跻身十强，2010 年日本科研经费居前 30 位的大学如表 2-12 所示。

表 2-12 2010 年日本科研经费居前 30 位的大学 (单位：亿日元)

排名	大学	直接经费	间接经费	总经费
1	东京大学	177.76	49.28	227.04
2	京都大学	106.57	28.34	134.91

续表

排名	大学	直接经费	间接经费	总经费
3	大阪大学	85.67	22.98	108.65
4	东北大学	81.04	22.31	103.35
5	名古屋大学	49.34	12.87	62.21
6	九州大学	48.01	13.31	61.32
7	北海道大学	46.72	12.59	59.31
8	东京工业大学	39.43	10.58	50.01
9	理化学研究所	31.83	8.66	40.49
10	筑波大学	25.57	6.90	32.47
11	庆应义塾大学	23.72	6.76	30.48
12	神户大学	19.67	5.54	25.21
13	广岛大学	19.00	5.39	24.39
14	早稻田大学	17.42	4.90	22.32
15	岗山大学	16.84	4.87	21.71
16	东京医科齿科大学	15.43	4.15	19.58
17	千叶大学	14.69	4.03	18.72
18	熊本大学	12.44	3.52	15.96
19	金泽大学	11.78	3.30	15.08
20	产业技术综合研究所	10.16	2.88	13.04
21	新潟大学	9.27	2.68	11.95
22	长崎大学	9.21	2.60	11.81
23	德岛大学	9.35	2.38	11.73
24	爱媛大学	9.00	2.60	11.60
25	奈良先端科技大学研究生院	9.12	2.20	11.32
26	首都大学东京	8.75	2.33	11.08
27	东京农工大学	8.16	2.29	10.45
28	物质材料研究机构	7.34	2.05	9.39
29	基础生物学研究所	7.29	2.07	9.36
30	一桥大学	7.09	2.11	9.20

资料来源：文部科学省. 2010. 科学研究費補助金の配分について. http://www.mext.go.jp/a_menu/shinkou/hojyo/1302515.htm[2010-07-27]

2. 东京大学

东京大学是日本创办的第一所国立大学，也是亚洲创办最早的大学之一，被公认为日本和亚洲最高学府。它的前身是明治时期创办的东京开成学校和东京医学校。1877 年上述两校合并成立东京大学，并设立了文学、法学、理学、医学四个学部。目前，东京大学已成为拥有 10 个学部、15 个研究生院、11 个研究所及其他多个附属机构的综合性大学。截至 2010 年 5 月 1 日，东京大学共有教职员工 7586 人（其中包括 1282 名教授和 394 名外籍教员），本科生 14 333 人（包括 267 名外国留学生），硕士研究生 6752 人（包括 807 名外国留学生），博士研究生 6141 人（包括 1259 名外国留学生）①。

1986 年，亚洲一些大学校长和行政管理人员投票评选 10 所世界著名大学时，东京大学作为亚洲唯一代表入选。作为日本代表性的大学，东京大学为近现代日本的发展做出了巨大的贡献，并为社会各界培养了大量的领军人才。政界是典型，东京大学被称为"官僚的温床"，日本首相大部分出自东京大学。此外，包括川端康成、根岸英一在内的 7 位诺贝尔奖获得者也出自东京大学，获奖领域涵盖化学、物理、文学等。2009 年，新任东京大学校长的滨田纯一提出了"FOREST2015 行动方案"，旨在将东京大学建设成为日本最领先的大学，开展卓越的科研教育活动，以担负起日本与世界的未来②。

3. 京都大学

京都大学于 1897 年正式创立，最早可追溯至 1869 年创办的大阪舍密局和大阪洋学校。1897 年初建时只是一个理工科分科大学，学生仅 47 人。目前，京都大学已成为拥有 10 个学部、17 个研究生院、14 个研究所、27 个其他教育研究中心和机构的综合性大学。截至 2010 年 5 月 1 日，京都大学共有教职员工 5424 人（其中包括 1014 名教授和 189 名外籍教员），本科生 13 473 人（包括 143 名外国留学生），硕士研究生 4761 人（包括 381 名外国留学生），博士研究生 3707 人（包括 638 名外国留学生）③。

京都大学是亚洲最有成就的以科研为主的大学之一，不同于以培养治国人才为主的东京大学，京都大学以培养科学家见长，被誉为"科学家的摇篮"。京都大学共出了 7 名诺贝尔奖得主，囊括了诺贝尔三大科学奖，其中 4 人获物理学奖、2 人获化学奖，1 人获生理学/医学奖。其中汤川秀树是日本第一位诺贝尔奖得主。此外，京都大学还有 2 人曾获被称为"数学界诺贝尔奖"的菲尔兹奖，4 人曾获医学界仅次于诺贝尔奖的拉斯克奖，而获日本文化勋章和日本科学院奖及其他奖励的人员更是数不胜数。近

①东京大学 . 2010. 东京大学の概要 . http://www. u-tokyo. ac. jp/gen03/pdf/gaiyo-j-2010_d. pdf [2010-04-06]

②东京大学 . 2010. 行動シナリオ FOREST 2015，http://www. u-tokyo. ac. jp/scenario/ [2010-05-24]

③京都大学 . 2010. 京都大学の概要 . http://www. kyoto-u. ac. jp/ja/profile/intro/data [2010-05-12]

年，京都大学又在干细胞研究上获得了突破性进展，由山中伸弥教授领导的研究小组成功培育出诱导多能干（iPS）细胞，这一发现被《自然》和《科学》杂志分别评为2007年第一和第二大科学进展。基于已有的良好基础，京都大学于2010年4月建立了iPS细胞研究所，旨在为再生医学的理论及其应用做出有影响的贡献，这也是世界上第一个投入iPS细胞研究的研究所①。

4. 东北大学

东北大学建校于1907年，是继东京大学、京都大学之后日本第三所国立大学。东北大学位于日本东北地区最大城市仙台市，是北日本地区规模最大的大学，现拥有10个学部、17个研究生院、5个研究所、12个教育研究中心与机构及其他多个组织。截至2010年5月1日，东北大学共有教职员工5826人（其中包括832名教授），本科生10 997人（包括133名外国留学生），硕士研究生4402人（包括464名外国留学生），博士研究生2734人（包括501名外国留学生）②。

1913年，东北大学不屈服于当时政府的压力，在日本国立大学里首次批准了3名女学生入校，以此向社会展示了其秉持的“开放门户”这一坚定不移的理念，并成为日本第一所实现男女合校的大学。此外，东北大学还吸引了已在国际学界积累了丰富经验的年轻学者作为教授前来任教，并将研究人员创造出的独创性研究成果用于对学生的教育，培养了其“研究第一主义”的精神。

东北大学自建校以来，高举“研究第一”“开放门户”的理念，致力于世界最高水平的研究和教育，培育了众多优秀人才。2002年诺贝尔化学奖得主之一的田中耕一就是东北大学1983届的毕业生③。根据汤森路透科技集团最新发布的2010年日本科研机构排名，东北大学的材料科学研究位居日本第一、世界第三④。而始自1916年的金属材料研究所更是举世闻名，其是该校5个研究所中最早设立的，即将迎来100岁的生日。有2位诺贝尔奖得主都曾担任该所的客座教授。2009年，金属材料研究所被确认为日本材料科学

①京都大学 . 2010. 京都大学の概要 . http://www. kyoto-u. ac. jp/ja/issue/ku_profile/documents/2010/gaiyo10_0_2. pdf [2010-04-06]

②東北大学 . 2010. 東北大学の概要 . http://www. bureau. tohoku. ac. jp/koho/pub/gaiyou/gaiyou2010/pdf/gaiyo2010. pdf [2010-05-08]

③東北大学 . 2010. 東北大学の概要 . http://www. tohoku. ac. jp/japanese/ [2010-05-08]

④日本東北大学金属材料研究所 . 2010. Top 20 Japanese Research Institutions For All Fields 2000-2010. http://science. thomsonreuters. jp/media/Press/releases/ESI2011_ranking_EN. pdf [2010-05-08]

共同研究基地，制定了新框架，将进一步促进物质与材料研究。

（三）主要的企业研究机构

1. 概况

在日本，企业尤其是大型企业是研发活动的主要参与者和组织者。日本研发活动的费用主要由企业来负担。根据总务省于2010年12月10日发布的《2010年科学技术研究调查》和统计数据显示，日本拥有研究机构的企业共14 003家，相关从业人员达61.7万人①。

2009年，日本企业研发经费总投入为119 838亿日元，占研究经费整体的69.5%，但比2008年大为减少，减少幅度达12.1%。其中资本100亿日元以上的企业研发经费为87 735亿日元，占比73.2%，资本10亿～100亿日元的企业研发经费为21 762亿日元，占比18.2%，而资本1亿日元以下的企业研发经费总额占比不足10%②。日本近年的研究经费投入的具体情况如表2-13和表2-14所示。

表2-13　日本2005～2009年研究经费投入情况

（单位：亿日元）

年份	企业	大学	非营利团体公共机构	总额
2005	127 458	34 074	16 920	178 452
2006	133 274	33 824	17 553	184 651
2007	138 304	34 237	16 897	189 438
2008	136 345	34 450	17 206	188 001
2009	119 838	35 498	17 121	172 457

表2-14　2005～2009年各类日本企业研究经费投入情况

（单位：亿日元）

企业类型	资本金	2005年	2006年	2007年	2008年	2009年
大企业	100亿日元以上	91 037	95 837	101 177	100 252	87 735
	10亿～100亿日元	22 827	23 940	25 416	25 256	21 762

---

①总务省.2010. 平成22年科学技術研究調査結果の概要.http://www.stat.go.jp/data/kagaku/2010/pdf/22ke_gai.pdf［2010-12-10］

②总务省.2010. 平成22年科学技術研究調査.http://www.e-stat.go.jp/SG1/estat/List.do? bid=000001028692&cycode=0［2010-12-10］

续表

企业类型	资本金	2005 年	2006 年	2007 年	2008 年	2009 年
中坚企业	1 亿～10 亿日元	8 021	8 113	7 297	6 908	6 574
中小企业	1000 万～1 亿日元	5 388	5 216	4 140	3 722	3 534
特殊法人、独立行政法人		186	167	275	207	234
总额		127 459	133 273	138 305	136 345	119 839

从产业来看，传统制造业仍是日本经济的命脉。2009 年制造业研发经费为 104 386 亿日元，占比高达 87.1%；学术研究、专业技术服务业和信息通信业分别以 7250 亿日元（6.1%）和 5311 亿日元（4.4%）的研发经费分列第二、第三位。此外，根据 2006 年制订的第三期“科学技术基本计划”，生命科学、信息通信、环境、纳米技术/材料被定为重点推进的四大领域，在 2009 年用于特殊目的的研发经费中，这四大领域就占了企业研发经费总额的 45.5%，特别是信息通信领域的研发经费达 24 287 亿日元，占比为 20.9%①。

不同于大学，日本企业长期以来都将重点放在成果可直接商业化的应用和开发研究方面，基础研究则相对薄弱。近年来，日本企业投入自然科学领域的研究经费主要集中于开发研究，比重超过 70%，其次是应用研究，而基础研究经费的比重不超过 7%②，如表 2-15 所示。

表 2-15　2005～2009 年日本企业自然科学领域的研究经费使用情况

（单位：亿日元）

年份	基础研究	应用研究	开发研究	总额
2005	8 027	24 965	94 285	127 287
2006	8 725	24 793	99 509	133 026
2007	8 791	27 738	101 407	137 936
2008	8 669	27 142	100 110	135 921
2009	8 006	24 526	86 987	119 519

2011 年 4 月 20 日，《福布斯》根据企业销售额、利润、资产和股票市值，公布了全球企业 2000 强排名，其中排名前 20 位的日本企业及其世界排名如表 2-16 表所示。

①松下电工会社. 2010. 社員に優しい会社はパナソニック電工がトップ！NICES 企業ランキング. http://www.breaking.jp/breakingnews/archives/2010/12/14/entry1506.html［2010-12-14］

②松下电工会社. 2010. 研究開発費ランキング 10 年度本社調査. http://www.nikkei.com/news/headline/related-article/［2010-08-01］

表 2-16 《福布斯》2011 年全球企业 2000 强排名中前 20 位的日本企业

（单位：亿美元）

世界排名	企业	行业	销售额	利润	资产	市值
48	日本电信电话	通信	1 089	53	1 938	703
52	三菱 UFJ 金融集团	银行	510	42	21 774	745
55	丰田汽车	汽车	2 028	22	3 235	1 378
80	本田汽车	汽车	918	29	1 222	732
96	三井住友金融集团	银行	331	29	13 103	490
115	瑞穗金融集团	银行	297	26	16 665	427
123	三菱商事	贸易	486	29	1 162	448
141	佳能	电机	457	30	491	619
143	东京电力	电力	537	14	1 366	415
165	三井物产	贸易	438	16	894	315
175	东京海上控股	保险	371	14	1 839	247
202	KDDI	通信	368	23	398	301
220	关西电力	电力	279	14	727	244
221	东日本铁路	铁路	275	13	720	264
228	日本烟草	烟草/食品	270	15	405	405
230	住友商事	贸易	309	17	761	179
236	软银	通信	296	10	461	435
257	武田药品工业	医药	157	32	301	389
259	JX 控股	石油/煤炭	969	7. 86	666	179
264	伊藤忠商事	贸易	366	14	575	156

资料来源：福布斯 . 2011. 2010 年度全球企业 2000 强日本企业排名 . http://wenku. baidu. com/ view/ cf55071fa76e58fafab003ab. html [2011-04-25]

2010 年 4 月，《日本经济新闻》与《日本经济研究》《日本经济新闻数字化》媒体共同开发一套新的企业评估系统 NICES，从投资者（investor）、消费者（consumer）、雇员（employee）和社会（society）四个方面对日本企业的实力进行综合评估，预测它们未来的发展潜力，其中 NICSE 的 N 代表日本经济的首字母。2010 年 12 月，《日本经济新闻》公布了 2010 年 NICES 日本企业综合排名，其中绝大多数为大型制造企业①，如表 2-17 所示。

表 2-17　2010 年 NICES 日本企业综合排名

综合排名	企业	综合排名	企业
1	佳能公司	11	花王公司
2	本田公司	12	麒麟控股株式会社
3	武田药品工业	13	大金工业
4	电信电话公司	14	三菱电机
5	电信服务公司	15	富士通公司
6	资生堂公司	16	尤妮佳公司
7	松下公司	17	松下电工
8	小松公司	18	卫材公司
9	东芝公司	19	三菱商事
10	朝日啤酒	20	日本电信电话公司

根据《日本经济新闻》进行的企业研发活动调查，2010 年日本研发经费位居前 20 位的企业如表 2-18 所示。

表 2-18　2010 年日本研发经费居前 20 位的企业

排名	企业名称	研发经费/亿日元	增长率/%
1	丰田汽车公司	7600	4.78
2	松下公司	5500	15.33
3	本田公司	5000	7.91
4	索尼公司	4500	4.17
5	日产汽车	4300	11.56
6	日立制作所	3940	5.78
7	东芝公司	3300	2.10
8	佳能公司	3150	3.41
9	武田药品工业	3100	4.59
10	电装公司	2850	5.53
11	日本电信电话公司	2781	0.00

①日本経済新聞 . 2010. フォーブス世界有力企業番付・ランキング. http://memorva.jp/ranking/forbes/forbes_world_company_global2000_2011_japan.php［2011-04-25］

续表

排名	企业名称	研发经费/亿日元	增长率/%
12	富士通公司	2350	4.49
13	第一三共公司	2100	6.71
14	日本电气	2000	-27.54
15	夏普公司	1800	8.10
16	富士胶片	1700	-2.92
17	卫材公司	1570	-12.33
18	三菱电机	1510	12.94
19	三菱化学	1400	2.26
20	住友化学	1375	17.22

2. 索尼公司

1946年5月，井深大和盛田昭夫以19万日元共同创立了东京通信工业株式会社，并于1958年更名为索尼公司（Sony Corporation）。索尼公司是世界上民用/专业视听产品、游戏产品、通信产品和信息技术等领域的先导之一。它在音乐、影视、计算机娱乐及在线业务方面的成就也使其成为全球领先的个人宽带娱乐公司。

截至2010年3月31日，索尼公司在全球120多个国家和地区建立了1302家子公司和工厂，相关公司有80家，公司员工总数达16.8万人，70%的销售来自于日本以外的其他市场，数以亿计的索尼用户遍布世界各地。2009财年公司合并销售额达72 140亿日元，成功扭亏，实现317.7亿日元的营业利润①，这主要得益于金融领域、消费品与设备业务（特别是液晶电视业务）的盈利改善。

目前索尼公司是当之无愧的数字网络消费电子产品领域的领导者，其摄像机已在全球摄像机市场拥有压倒性的占有率。其实，索尼公司拥有包括消费品与设备（CPD）、网络产品与服务（NPS）、光盘制造、电影、音乐、金融、索尼爱立信等在内的多种不同业务领域，是一个业务结构独一无二的企业。2008年6月，索尼公司公布中期经营方针，将以CPD、NPS、光盘制造领域为中心，提高产品数量与质量，最终成为全球领先的消费电子产品和娱乐公司。为此，公司确定了四大重点研发领域：软件技术、下一代设备、知

①索尼公司（中国网站）. 2010. 索尼公司介绍. http://www.sony.co.jp [2011-04-25]

识信息处理、先进材料，并于2009年6月设立了研发通用软件平台。3D相关产品、网络服务业务和新业务开拓将成为索尼公司未来成长的重点。根据索尼公司公布的统计数字，2006年公司研发投入为5439亿日元，占销售总额的6.6%；2007年研发投入5206亿日元，占销售总额的5.9%；2008年研发投入4973亿日元，占销售总额的6.4%；2009年研发投入4320亿日元，占销售总额的6.0%①。研发投入呈现逐年减少的趋势。

索尼公司在成立之际，就确立了“建立一个自由豁达的理想工厂，以技术为本，成为一个真正具有活力的公司”的目标，这一宗旨脉脉传承并不断充实完善。索尼公司立足于电子领域，又不断超越电子领域，开展多元化经营，不断向新制度挑战，做“别人所未做”的“挑战型企业”。索尼的品牌形象不断得到强化，20世纪90年代，在日本、美国、欧洲等世界范围内的品牌调查中，索尼在评价度上居于世界第一位，在知名度上仅次于可口可乐居第二位。2003年7月，根据哈里斯互动调查的结果，索尼连续第四次荣登“最佳品牌”评选榜首。今天的索尼已经把电子硬件产品与内容产品相融合的技术推向了尖端。一切音乐、影视及游戏等全新的娱乐内容都可以通过硬件这个媒体平台发行②。

3. 丰田汽车公司

丰田汽车公司（Toyota Motor Corporation）创立于1937年8月，是一家总部设在日本爱知县丰田市和东京都文京区的汽车工业制造公司，隶属于日本三井财阀。丰田汽车公司是世界十大汽车工业公司之一，也是日本最大的汽车公司。丰田汽车公司自2008年开始逐渐取代通用汽车公司而成为全世界排行第一的汽车生产厂商。截至2010年3月底，丰田汽车公司共拥有联合结算子公司522家（日本国内279家，国外243家），控股相关公司56家（国内36家，国外20家），员工总人数达320 590人，注册资金达3970亿日元③。

丰田汽车公司的产品范围涉及汽车、钢铁、机床、农药、电子、纺织机械、纤维织品、家庭日用品、化工、化学、建筑机械及建筑业等。根据丰田汽车公司的统计数据，2006~2008年，丰田汽车公司的销售额、利润和研发投入一直持续增长，2009年受金融危机影响，丰田汽车公司的营业利润50

---

①索尼公司（中国网站）. 2010. 索尼公司产品简介. http://www.sony.com.cn/index.htm［2011-04-25］

②Sony. 2009. 2009年度有価証券報告書. http://www.sony.co.jp/SonyInfo/IR/library/8ido18000003fmyx-att/h21_q4.pdf［2010-06-28］

③TOYOTA. 2010. 丰田公司概要. http://www.toyota.com.cn［2010-06-28］

年来首次出现负增长，但2010年又再次扭亏为盈。具体情况如表2-19所示。丰田汽车的主要生产基地在日本，以2010年为例，日本国内生产的丰田汽车数量占丰田汽车公司年生产量的58.1%；不过丰田汽车公司的销售收入却主要来自海外市场，在2010年度的汽车销量中，有70.1%来自海外市场，其中北美市场占29%，几乎与日本市场（29.9%）持平，亚洲市场和欧洲市场分占13.5%和11.9%①。

表2-19　2006～2010年丰田汽车公司业绩概况

年份	2006	2007	2008	2009	2010
销售总额/亿日元	210 369	239 480	262 892	205 295	189 509
营业利润/亿日元	18 783	22 386	22 703	-4 610	1 475
车辆生产总数/千辆	7 711	8 180	8 547	7 051	6 809
车辆销售总数/千辆	7 974	8 524	8 913	7 567	7 237
研发投入/亿日元	8 126	8 907	9 588	9 040	7 253
研发投入占销售总额比例/%	3.9	3.7	3.6	4.4	3.8

1992年1月，丰田汽车公司基于“正因企业处在外部环境发生很大变化的非常时期，更应意识到坚守理念认准前进目标的重要性”这一认识，制定了“丰田基本理念”，并于1997年4月进行了修订。具体内容包括以下几方面。

（1）遵守国内外的法律法规，通过公开、公正的企业活动争做得到国际社会信赖的企业公民。

（2）遵守各国、各地区的文化习俗，通过扎根于当地社会的企业活动为当地经济建设和社会发展做出贡献。

（3）以提供环保安全的产品为使命，通过所有企业活动为创造更美好舒适的生存环境和更富裕的社会而不懈努力。

（4）在各个领域不断研发最尖端的科学技术，提供能满足全球顾客需求且充满魅力的产品和服务。

（5）以劳资相互信赖、共同承担责任为基础，营造出能够最大限度发挥个人创造力和团队力量的企业文化。

（6）通过全球化的创造性经营努力实现与社会的协调发展。

（7）以开放性的业务往来关系为基础，致力于相互切磋与创新，实现共

①TOYOTA. 2010. 丰田公司业绩概要. http://baike.baidu.com/view/76151.htm [2010-06-28]

生共存、长期稳定发展的良好关系。

4. 三菱集团

三菱集团（Mitsubishi Group）起源于1870年，迄今已有140多年的历史。三菱集团是伴随着明治维新而发展起来的，根据明治政府的增产兴业政策，三菱集团收购了政府管辖的碳业、造船业，进一步扩大了经营范围，实现了由政治商人向财阀的转化。第一次世界大战后，三菱集团一跃成为拥有银行部、造船部、营业部等部门，以及东京海上火灾、东京仓库等多家公司的垄断企业。第二次世界大战后，由于财阀的瓦解，三菱集团财阀也遭受重创。1946年，根据当时政府的战后政策，三菱集团被分割成许多独立的企业。这些新的独立企业在各自不同的领域里发展壮大。随着美国对日本战后政策的变化，这些企业又开始相互密切合作并最终成立了一个松散的实体，即三菱集团或三菱系列（Mitsubishi Keiretsu），一跃成为日本企业集团之首。

三菱集团内的各公司均为资产独立、经营独立的企业，每个公司均自主管理，各有其自己的公司策略目标、方针及业务计划，各公司间的联系由“三菱金曜会”负责。“三菱金曜会”由三菱集团中的三菱化学、三菱重工、三菱汽车、三菱商事、三菱铝业、三菱UFJ金融集团、三菱电机、三菱综合研究所、旭硝子、麒麟啤酒、JX控股等28家核心企业组成。

以日本最大的化学公司三菱化学为例，它是一家综合公司，由三菱化成公司和三菱油化有限公司于1994年10月1日合并而成，业务涵盖信息电子、功能化学、医疗护理、基础化学品、碳素制品、高分子领域及物流、信息系统等其他领域。截至2010年3月31日，三菱化学共拥有联合结算子公司185家，控股相关公司48家，员工总人数达27 667人，其中研发人员1666人①。

根据三菱化学近几年的统计数据，2005～2007年，三菱化学的销售总额一直持续增长，但由于原油价格高涨的影响，利润呈现逐年下降的趋势②。2008年和2009年由于金融危机的影响，利润出现负增长。此外，除了2007年外，三菱化学的研发经费投入也呈现逐年减少的趋势，不过研发投入占销售总额的比例仍然维持2%左右。三菱化学2005～2009年销售业绩与研发投

①日本三菱グループ. 2010. 三菱グループの概要. http://www.mitsubishi.com/j/index.html [2010-06-28]

②三菱化学. 2009. 三菱化学2009年度有価証券報告書. http://www.m-kagaku.co.jp/investor/pdf/yuho_h21.pdf [2010-06-28]

入的具体情况如表 2-20 所示。

表 2-20 2005～2009 年三菱化学销售业绩与研发投入概况

年份	2005	2006	2007	2008	2009
销售总额/亿日元	23 007	24 108	25 441	22 168	18 747
营业利润/亿日元	1 283	1 078	722	−709	−595
研发投入/亿日元	652	437	461	413	393
研发投入占销售总额比例/%	2.8	1.8	1.8	1.9	2.1

资料来源：三菱化学. 2009. 三菱化学 2009 年度有価証券報告書. http://www.m-kagaku.co.jp/investor/pdf/yuho_h21.pdf［2010-06-28］

（四）各创新单元的定位和功能

1. 国立科研机构的定位和功能

自 2001 年 4 月起，日本大力改革国立科研机构，将他们陆续改组为独立行政法人，使之具有较大的自主权，以提高研发效率、促进科研成果向生产力的转化。目前，除科学技术政策研究所等少数国立研究所外，大部分的国立科研机构已相继转变为独立行政法人研究机构。因此，目前日本的国立科研机构主要包括独立行政法人研究机构（不包括高等院校独立行政法人）和非独立行政法人的国立研究所两部分，其中又以独立行政法人研究机构为主。

2. 大学的定位和功能

大学的科学研究在日本科研活动中发挥了非常重要的作用。有学者认为，日本基础研究能够取得今天的成就是许多因素综合作用的结果，但是作为日本基础研究主体的大学的科研体制，无疑在其中发挥了某种决定性的作用①。

自 20 世纪 90 年代以来，日本政府面对世界经济、科技、政治格局的调整，强调要重视以基础研究为中心的大学的作用，产业界也强烈要求加强高校科研。在此背景下，日本大学进行了科研组织的改革，实行大部门制和研究人员任期制，设置流动性科研组织，加强共用科研机构的建设，加强国际合作，使日本大学的科研机制进一步朝开放性和流动性转变，为科研活动营造了有力的学术氛围②。特别是 1999 年开始对国立大学进行了独立行政法人

①节艳丽. 2004. 大学科研体制对于日本基础研究发展的影响. 科学对社会的影响，(2)：14-17
②杨红霞. 2003. 20 世纪 80、90 年代加强独创性的日本大学科研. 咸宁学院学报，23（2）：73-75

化改革，改变了国立大学的计划、预算、经营、人事均由政府机构管理的情况。学校没有自主权的僵化的管理体制，赋予大学更多的自主权，政府将继续给予投资，而学校则行使独立法人的权利①。

3. 企业的定位和功能

企业科研机构是日本科研体制的重要组成部分，对日本企业乃至整个日本经济的发展发挥了重大作用。日本企业科研机构的研发活动大多同生产、管理、销售等部门密切联系，考虑的不是本部门的专利收入及专门技术销售利润的最大化，而是如何促进企业整体利益和销售额最大化，因此其项目选择不是从科研人员的兴趣和所关心的问题出发，而是将重点立足于反映企业的整体需求。这与大学科研机构追求学术自由的特点有着本质的差异。体现在研发方式上，企业科研机构更倾向于将多种现有技术或改良技术融合在一起，产生杂交技术，而不是在现有技术上寻求突破，产生新的技术以替代原有技术②。因此其研发投入的重点是试验开发和应用研究，基础研究所占比例很小，从不同类型研究的投入中也可清楚地看到这一点。

4. 创新系统各单元之间的相互关系

国家创新系统的研究方法认为，技术和信息在人、企业、各机构间的流动是创新过程的关键所在，创新和技术的发展由该体系中各行为者之间错综复杂的关系决定的，这些行为者包括企业、大学和政府研究机构，即产学研。

日本的国家创新系统的一个最显著特征就是形成了独具特色的产学研合作的研发体系，即以企业为主，以大学和政府机构为辅的产学研合作研发和技术创新体制。政府同时出台了一系列相关的制度和相关法律，用于指导和推进合作研究活动的顺利开展。长期以来，产学研三方面的研发力量基本上形成了这样一种合作分工的格局：各有特定的研究层次和领域，同时又在政府制订的科学技术规划、政策及经费资助等的共同作用下，形成相互依存的运作机制。在产学研这三者中，企业的研发活动以开发为主，政府科研机构以应用为主，大学所属的科研机构主要从事基础研究。

这三者之间，企业的研发明显起着主导作用。企业所拥有的研究机构和研发人员的数量、实际使用和承担的研发经费，都要远远超过大学和政府科研机构，因而日本的企业有着较强的独立性。

围绕技术创新政策的调整和技术立国政策的实施，近年来日本政府对其产学研开发体制着手进行了进一步的改革和强化，以提高日本国家创新系统

①徐盛林 . 2003-05-25. 日本国立大学的行政法人化改革 . 中国教育报，第 6 版

②李卫群 . 2000. 日本企业技术创新及其启示 . 管理现代化，（6）：62-64

的效率。调整与加强的措施及动态，可以大致概括为以下几点：①促进大学、研究机构、技术创新成果向企业界转移；②企业界与大学、研究机构交流，共同研究进一步发展；③企业、大学、科研机构研究人员的交流进一步发展；④提出国家产业技术战略；⑤改善技术转移环境，促进研究设施的共同利用和研究成果的产业化；⑥对中小技术创新企业提供支持，改善其生存环境。

（五）各创新单元的资源配置

1. 日本研究机构

日本的公共研究机构包括国营（中央政府所有）、公营（地方政府所有）、独立行政法人机构和特殊法人机构。据总务省统计局统计①，截至2011年3月31日，非营利研发团体464家，从业人数31 000人（其中研究人员8924人），公共研发机构616家，从业人数138 000人（其中研究人员34 035人），独立行政法人和特殊法人研发机构共有69家，拥有研究人员19 200人（表2-21）。这些机构主要是以国家的科技政策为依据来设置，分别隶属于各省、厅。其经费主要来自政府预算，并按照国家经济和社会的总体发展需求来确定研发工作，其从事的主要工作有：代表国家整体科技水平的创造性、基础性的研究；世界前沿技术领域的研发；与国家可持续发展密切相关领域的研发；对进一步提高产业技术和形成新产业具有重大推动作用的研究；与国民生活紧密相关领域的研发。

2. 日本大学研究机构

日本大学的科学研究在日本科研活动中发挥了非常重要的作用。有学者认为，日本基础研究能够取得今天的成就是许多因素综合作用的结果，但是作为日本基础研究主题的日本大学的科研体制，无疑在其中发挥了某种决定性的作用②。日本大学科研体制的显著特点是实行学术自治，这是日本大学长期追求学术自由的结果。学术自治为日本大学的学术自由提供了制度保障，所形成的自由的学术风气波及整个日本社会。日本大学科研体制的另一个重要特征是讲座制。讲座制从微观上为日本基础研究萌芽的孕育、人才的培养直至研究水平的整体提升都做出了重要贡献。

---

①总务省统计局统计调查部 . 2011. 科学技术研究调查报告 2011. http://www. stat. go. jp/data/kagaku/2012/pdf/24ke_ gai. pdf［2013-06-03］

②节艳丽 . 2004. 大学科研体制对于日本基础研究发展的影响 . 科学对社会的影响，(2)：14-17

表 2-21　日本非营利组织、公共机构研发活动数据

项目	机构数量/家	从业人数（×1000）/人	研发相关人数/人	研究人员/人	研发活动的内部支出/10 亿日元	自行承担的研发费用/10 亿日元	外部投入研发费用/10 亿日元	支出研发费用/10 亿日元
人文・社会科学	106	8.5	3 175	1 787	40	27	18	3.4
文学	4	0.5	335	113	2.2	2.1	0.1	—
经济学	40	3.2	1 313	864	19	11	11	2.6
自然科学	910	157	72 528	40 184	1 635	856	982	161
理学	116	21	15 421	7 826	437	177	311	42
工学	307	33	24 460	15 851	816	361	557	83
农学	364	31	23 963	11 521	260	220	68	19
保健	123	72	8 684	4 986	123	97	46	17
教育学及其他	64	3.9	1 610	988	17	15	1.4	0.1
非营利研发团体	464	31	14 338	8 924	310	79	329	76
公共研发机构	616	138	62 975	34 035	1 382	835	889	265
国营（中央政府所有）	29	11	5 271	3 368	209	197	21	8.0
公营（地方政府所有）	518	32	24 042	13 700	229	219	12	1.5
特殊法人/独立行政法人	69	95	33 662	19 200	943	418	857	256

资料来源：总务省统计局统计调查部经济统计课．2011．科学技术研究调查报告 2011. http://www.stat.go.jp/data/kagaku/2012/pdf/24ke_gai.pdf [2013-06-03]

20 世纪 90 年代以来，日本政府面对世界经济、科技、政治格局的调整，强调要重视以基础研究为中心的大学的作用，产业界也强烈要求加强高校科研。在此背景下，日本大学进行了科研组织的改革，实行大部门制和研究人员任期制，设置流动性科研组织，加强共用研究机构的建设，加强国际合作，使日本大学的科研机制进一步朝向开放性和流动性转变，为科研活动营造了有力的学术氛围①。

目前，日本大学研究机构共计 3328 家，其中大学附属研究所 232 家，与研发相关从业人员总数 349 034 人，其中研究人员 295 476 人，辅助研究人员 10 288 人，技术人员 12 232 人，涉及人文·社会科学、自然科学等诸多领域（表 2-22）。

3. 日本企业研究机构

企业研究机构是日本科研体制的重要组成部分，对日本企业乃至整个日本经济的发展发挥了重大作用，其自身也形成了突出特点②。日本企业研发机构总计 17 764 家，投入的科研经费达到 127 460 亿日元，与研发相关的各类人员总数为 609 808 人，其中研究人员 481 496 人（表 2-23）。

日本企业研究机构的研发活动无论是资金投入还是人员投入都很大。随着日本经济形势的好转，日本企业正在将越来越多的资金投入技术开发，他们意识到，在一切竞争因素中，未来起决定性作用的仍是企业的技术研发实力③。有数据表明，在日本科研经费总构成中，企业投入的比例相当大，远超政府的投入。根据《日本经济新闻》2004 年对 439 家大中型企业的技术研发状况调查的结果，有 75% 的企业已经计划大幅提高当年科研经费，其中许多企业科研经费的增幅超过营销额的增幅。从行业领域看，精密仪器增长 10. 1%，医药增长 7%，电信家电增长 6. 5%。被调查企业的当年计划科研经费总额达 9. 1 万亿日元，比 2003 年增长 5%，是 1999 年以来的最高增长，其中电信家电行业的科研经费高达 4 万亿日元。人员方面，日本企业研究人员占研究人员总数的比例相当高。2006 年，日本企业研究机构的研究人员 481 496 人，占总人数的 58. 72%，远超大学和非营利机构/公共机构所占的比例。

---

①杨红霞. 2003. 20 世纪 80、90 年代加强独创性的日本大学科研. 咸宁学院学报，23（2）：73-75

②王秋兰. 1999. 浅析日本企业研究开发的特征及我国的借鉴. 现代日本经济，（1）：38-41

③阎海防. 2004. 日本企业为何高看技术研发 大幅提高科研经费？. http://www.sciencehuman.com/party/survey/survey2004/survey200408k.htm［2010-07-10］

表 2-22　日本大学研发活动数据

项目	机构数量/家	从业人数（×1000）/人	研发相关人数/人	研究人员/人	研发活动的内部支出/10亿日元	自行承担的研发费用/10亿日元	外部投入研发费用/10亿日元	支出研发费用/10亿日元
人文·社会科学	1 345	188	79 932	70 569	869	801	71	0.3
文学	311	61	23 822	21 183	247	229	19	0.1
法学	150	22	9 223	7 899	107	97	11	0.0
经济学	399	48	20 413	17 972	254	237	19	0.0
自然科学	1 296	423	232 259	193 346	2 153	1 727	458	12
理学	185	31	25 195	18 873	349	286	69	4.4
工学	587	108	69 517	57 074	769	611	168	3.7
农学	128	23	16 102	12 595	141	113	30	1.1
保健	396	261	121 445	104 804	893	716	191	2.4
教育	244	38	15 717	13 639	167	155	13	0.4
国立	1 085	260	168 613	135 447	1 490	1 170	346	11
公立	229	48	24 923	22 483	185	165	20	0.2
私立	2 014	399	155 498	137 546	1 732	1 548	195	1.3
大学学部	2 041	617	301 187	259 972	2 782	2 353	457	6.8
短期大学	445	45	13 291	11 695	146	138	8.8	0.0
大学附属研究所	232	17	15 606	11 338	133	86	49	1.9

资料来源：总务省统计局统计调查部经济统计课 . 2011. 科学技术研究调查报告 . 2011. http://www.stat.go.jp/data/kagaku/2012/pdf/24ke_gai.pdf [2013-06-03]

表 2-23　日本企业研发活动数据

项目		企业数量/家	从业者总数（×1000）/人	研发活动相关从业人数/人	研究人员/人	研发活动的内部支出/10 亿日元	自行承担的研发费用/10 亿日元	外部投入研发费用/10 亿日元	支出研发费用/10 亿日元
按资本分级	1 000 ~ 1 亿日元	11 228	658	57 048	45 389	539	522	52	26
	1 亿 ~ 10 亿日元	4 016	935	62 243	50 003	802	739	145	69
	10 亿 ~ 100 亿日元	1 849	1 341	125 375	98 989	2 283	1 921	554	181
	100 亿日元以上	664	2 748	364 612	286 716	9 104	10 289	440	1 613
	特殊法人/独立行政法人	7	275	529	399	19	15	9. 8	5. 4
按产业类别统计	农林水产	57	11	453	262	5. 7	5. 9	0. 0	0. 2
	矿业	19	9. 7	702	500	19	13	9. 3	2. 5
	建筑业	524	382	7 165	5 836	129	129	12	11
	制造业	13 441	4 192	539 767	427 721	11 253	12 451	379	1 556
	食品工业	882	349	19 259	15 129	304	316	8. 3	21
	纺织工业	115	44	3 057	2 231	43	43	0. 5	0. 5
	纸浆与造纸工业	160	58	3 062	2 315	50	51	0. 5	1. 4
	印刷业	21	36	1 946	1 730	40	41	0. 3	1. 8
	医药工业	427	197	29 450	21 791	1 048	1 266	36	248
	化学工业	1 389	300	49 247	36 528	874	899	17	41
	石油・煤炭工业	114	29	2 405	1 922	51	47	8. 9	4. 6
	塑料制品工业	710	131	8 147	6 720	129	135	1. 2	6. 5
	橡胶制品工业	253	75	8 717	7 240	165	176	0. 2	12
	陶瓷业	573	112	8 361	5 812	134	134	3. 1	2. 5

续表

项目		企业数量/家	从业者总数（×1000）/人	研发活动相关从业人数/人	研究人员/人	研发活动的内部支出/10亿日元	自行承担的研发费用/10亿日元	外部投入研发费用/10亿日元	支出研发费用/10亿日元
按产业类别统计	钢铁工业	350	142	6 216	4 259	138	132	9.5	3.5
	非金属制品工业	304	82	8 104	5 790	140	134	14	7.7
	金属制品工业	1 911	147	9 142	7 675	108	108	0.4	0.5
	机械工业	1 410	503	55 078	46 902	1 074	1 053	74	52
	电器机械器具工业	1 378	410	56 413	45 577	1 063	1 086	27	50
	信息与通信电子设备	383	370	100 198	91 333	2 109	2 207	82	171
	电子部件与装置	697	275	47 910	37 582	860	875	26	35
	运输用机械工业	420	605	82 827	53 503	2 185	2 940	62	816
	精密机械工业	890	162	28 714	23 402	591	631	6.5	46
	其他制造业	1 054	165	11 514	10 281	145	179	0.6	35
	供电、供气、供热与供水	59	169	2 354	1 865	67	141	9.6	84
	信息与通信	2 206	630	29 267	24 381	538	519	193	160
	运输业	32	221	792	605	23	56	0.9	34
	批发业	444	162	3 968	2 785	42	53	0.6	11
	金融保险业	11	32	149	124	1.3	1.9	—	0.6
	服务业	971	148	25 190	17 417	668	117	598	35

资料来源：总务省统计局统计调查部经济统计课．2011．科学技术研究调查报告 2011. http://www.stat.go.jp/data/kagaku/2012/pdf/24ke_gai.pdf [2013-06-03]

日本企业研究机构的研发活动大多同生产、管理、销售等部门密切相关，考虑的不是本部门的专利收入及专门技术销售利润的最大化，而是如何促进企业整体利益和销售额最大化，因此其项目选择不是从科研人员的兴趣和所关心的问题出发，而是立足于反映企业的整体需求。这与大学科研机构追求学术自由的特点有着本质的差异。体现在研发方式上，企业研究机构因而更青睐“技术聚变”（将多种现有技术或改良技术融合在一起，产生杂交技术），而不是“技术突破”（在现有技术上寻求突破，产生新的技术以替代原有技术）①。换个角度来讲，日本企业研究机构更重视的是应用研发，而不是基础研究。

基于同样的原因，日本企业研究机构的研发活动并不局限于研究室或者实验室，研究人员经常深入生产现场。研究人员、技术人员和工人的共同研究有助于解决生产中的实际问题，同时也有利于提高研发活动的针对性。日本企业的研发活动经常组成项目小组，其成员由研究、生产及销售等部门的人员组成。这样的集体研究，可以消除部门之间的信息障碍，更可以通过思维碰撞形成新的思想火花。

①李卫群．2000. 日本企业技术创新及其启示．管理现代化，(6)：62-64

第三章
科技研发现状

日本是把科技创新作为国家发展战略的创新型国家，近年来对科技的投入占到了 GDP 的 3% 以上。从 20 世纪 50 年代到 70 年代末，日本走过了从引进新技术到自主创新的过程，进入技术输出的行列。尽管身受金融危机的影响，但在日本 2009 年的政府预算中，科技预算总额仍达到了 35 548 亿日元，与 2008 年的 35 555 亿日元基本持平。在严峻的财政形势下，日本的科技投入仍基本保持稳定，显示出日本政府对科技发展的高度重视。

一、研发经费

(一) 总研发经费增长态势分析

日本的科技经费一直保持较高的水平，特别是 20 世纪 80 年代以来，日本国内研发经费总额一直呈明显的上升趋势，其研发经费总额仅次于美国，是全球研发经费排名第二的国家。2009 年受到全球金融危机的影响，日本研发经费有所下降，从 2008 年的 1487 亿美元降到 2009 年的 1379 亿美元；自 1998 年以来，日本研发经费投入强度一直很高，占 GDP 的比例一直高于 3%，高于大多数 OECD 发达国家，2007 年上升到 3. 44%，但 2009 年有所下降，为 3. 34% (图 3-1)。

(二) 总研发经费国际比较

日本总研发经费在 2009 年有较大幅度的下降 (图 3-2)，从 1998 年到 2008 年，日本总研发经费一直位居全球第二位。2009 年，中国总研发经费超过日本，日本位居美国与中国之后，德国位居第四位，法国、英国与韩国三国的总研发经费基本相当。从长期发展态势看，20 世纪 90 年代初，美国、日本与德国的总研发经费都有小幅下降，但到 20 世纪 90 年代中期，美国与日本的总研发经费呈现增长态势。中国的总研发经费增长迅猛：1998 年超过韩国；2001 年超过英国；2002 年超过法国；2005 年超过德国；2009 年超过日本。

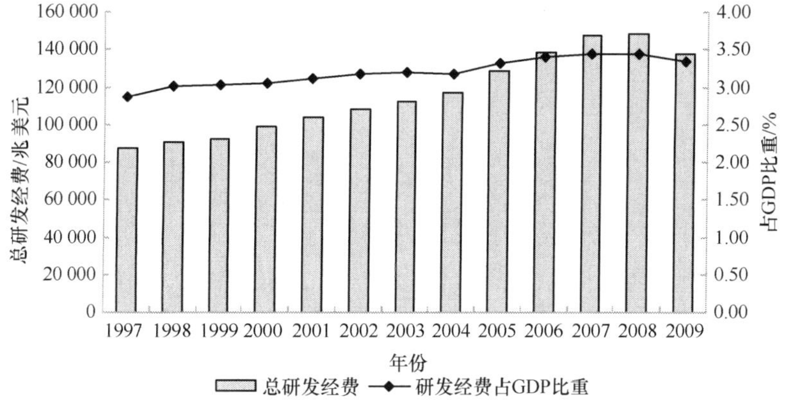

图 3-1 1997 ~ 2009 年日本研发经费总额及占 GDP 比例的变化趋势

按购买力平价计算

资料来源：OECD 科技统计数据库 1997 ~ 2007 年数据

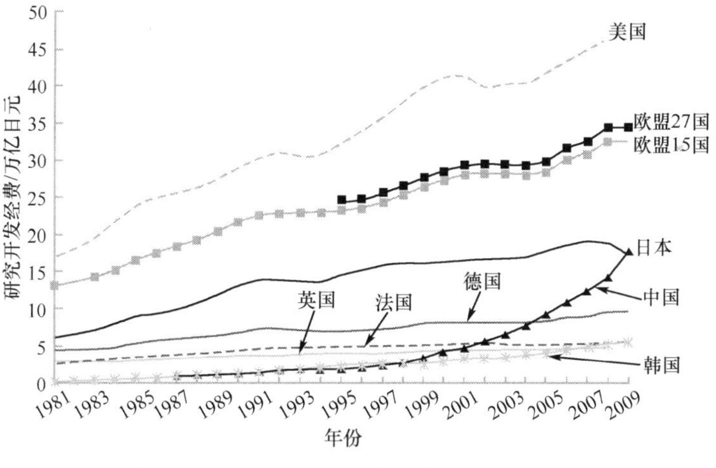

图 3-2 1981 ~ 2009 年日本研发经费国际比较

按 OECD 购买力平价计算

资料来源：日本科技政策研究所 . 2011. 日本科学技术指标 2011. http://data. nistep. go. jp/dspace/bitstream/11035/903/6/NISTEP-RM198-FullJ. pdf［2012-02-15］

从研发经费占 GDP 比重来看（图 3-3），从 20 世纪 80 年代后期开始，日本研发经费占 GDP 的比重相继远远超过了德国与美国，目前，韩国研发经费占 GDP 的比重与日本接近，均超过 3%。在 1981 ~ 2009 年，日本、韩国与中国 3 个亚洲国家的研发经费占 GDP 比重均呈快速增长态势，而美国

(2009 年为 2.7%)、德国与法国等欧美主要科技大国的研发经费占 GDP 的比重却呈现出波动不前的状态，其中，英国的总研发经费占 GDP 比重呈现出下降态势。

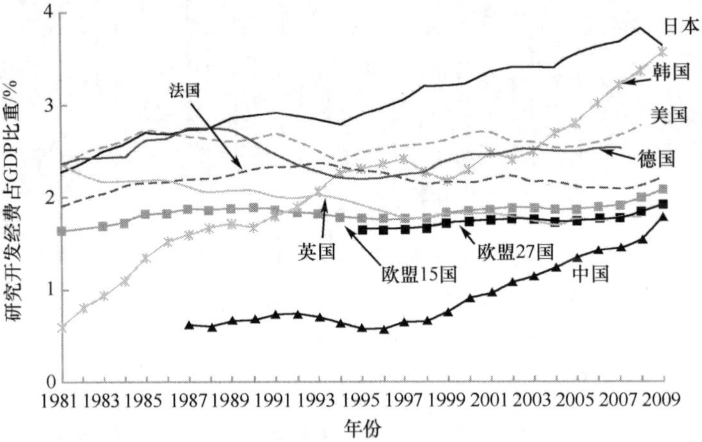

图 3-3　1981～2009 年日本研发经费占 GDP 比重国际比较

资料来源：日本科技政策研究所 . 2011. 日本科学技术指标 2011. http://data. nistep. go. jp/dspace/bitstream/11035/903/6/NISTEP-RM198-FullJ. pdf [2012-02-15]

(三) 各研发阶段的经费国际比较

从各研发阶段的经费分配比例来看（图 3-4)，日本与韩国基础研究、应用研究与试验开发三类研发活动的经费比例相近，各研发阶段经费比例分别为 15%、20% 与 65%；美国基础研究、应用研究与试验开发三类研发活动的经费比例分别为 20%、20% 与 60%；法国基础研究、应用研究与试验开发三类研发活动的经费比例分别为 20%、40% 与 40%；中国基础研究、应用研究与试验开发三类研发活动的经费比例分别为 5%、15% 与 80%。从中可以看出以下内容。

(1) 从试验开发经费占国家总研发经费比例看，中国的试验开发经费占总研发经费的比例最高，高达 80%；法国的试验开发经费占总研发经费的比例最低，为 40%；日本、韩国与美国三国的试验开发经费占总研发经费的比例接近，约为 60%。

(2) 从基础研究占国家总研发经费比例看，中国基础研究经费占总研发经费的比例最低，为 5%；法国基础研究经费占总研发经费的比例最高，达 30%。

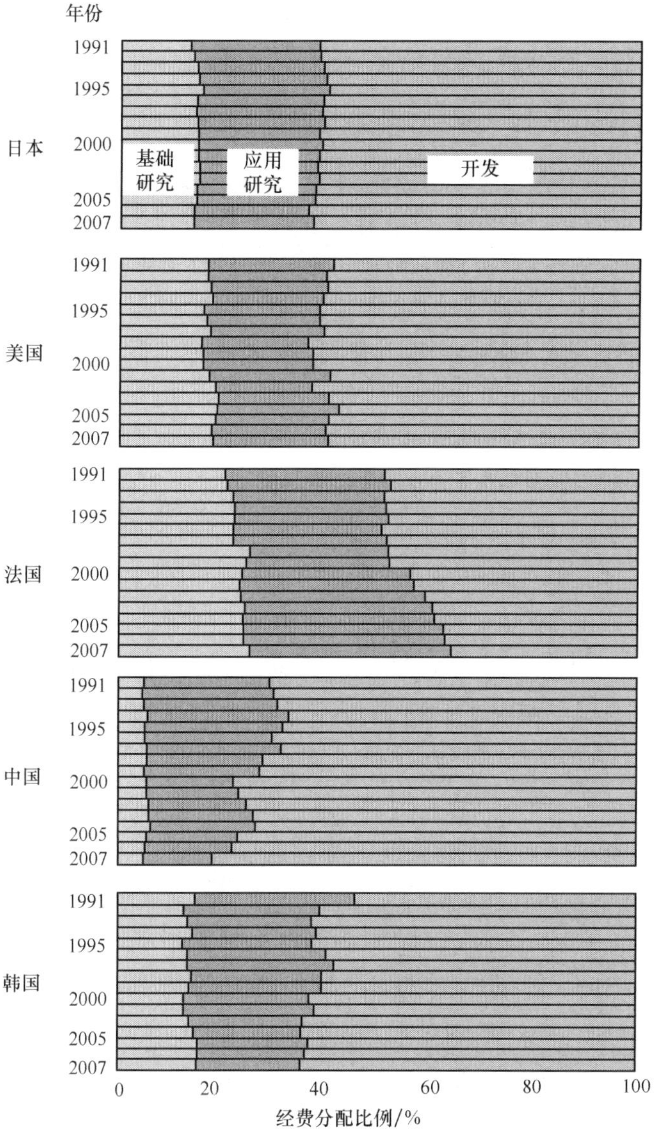

图 3-4 1991 ~2007 年日本各研发阶段的经费分配国际比较

资料来源：日本科技政策研究所 . 2011. 日本科学技术指标 2011. http://data. nistep. go. jp/dspace/bitstream/11035/903/6/NISTEP-RM198-FullJ. pdf［2012-02-15］

（3）从各研发阶段的经费分配比例变化趋势看，日本与美国基础研究、应用研究与试验开发三类研发活动的经费比例变化不大；中国应用研究经费比例呈下降趋势，试验开发经费比例呈增长态势；与中国相反，法国应用研究经费比例呈增长态势，试验开发经费比例呈下降趋势；韩国应用研究经费比例呈下降趋势，基础研究与试验开发经费呈增长趋势。

（四）政府研发经费国际比较

1983～2010年日本政府研发经费总量总体呈稳定增长态势，其中20世纪90年代大幅增长，21世纪初呈现稳定态势。美国政府研发经费总量在20世纪80年代呈快速增长态势，20世纪90年代有所波动，到2001年受“9·11”事件的刺激，政府研发经费总量大幅增长，但到2006年以后，美国政府研发经费总量呈缓慢下降趋势。1987年以来，中国政府研发经费总量一直呈增长态势，2000年以后，增长速度加快：2002年，中国中央政府及地方政府的研发经费总量超过日本政府；2007年，中国中央政府的研发经费总量超过日本政府，如图3-5所示。

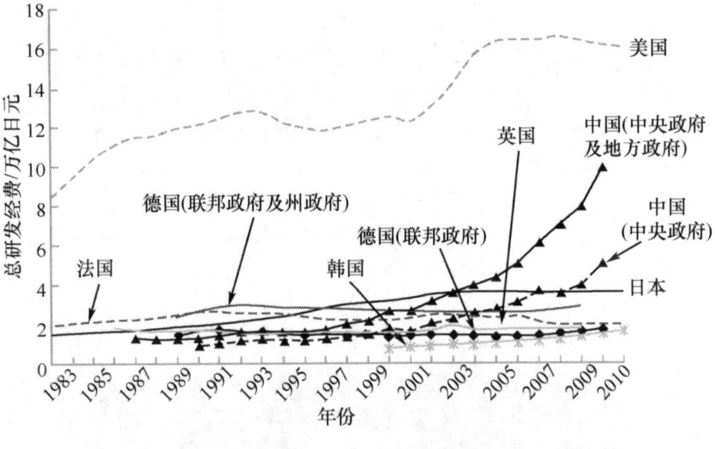

图3-5　1983～2010年日本政府总研发经费国际比较

按OECD购买力平价计算

资料来源：日本科技政策研究所. 2011. 日本科学技术指标2011. http://data. nistep. go. jp/dspace/bitstream/11035/903/6/NISTEP-RM198-FullJ. pdf［2012-02-15］

从整体趋势看，日本政府研发经费占国家总研发经费的比重呈下降态势（图3-6），其中，20世纪80年代下降速度较快，1991～1995年有所增长；1995年以后，下降速度又加快。从政府研发经费占国家总研发经费的比重来看，法国最高（2009年约为近40%）；其次是英国、美国与韩国、中国，日本政府研发经费占国家总研发经费的比重最低，2009年比2008年有所增长，仅为22%。

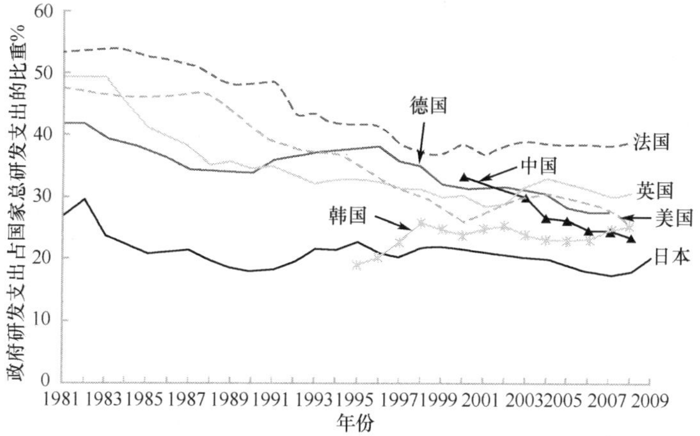

图 3-6　1981～2009 年日本政府研发支出占国家总研发支出比重的国际比较

资料来源：日本科技政策研究所. 2011. 日本科学技术指标 2011. http://data. nistep. go. jp/dspace/bitstream/11035/903/6/NISTEP-RM198-FullJ. pdf［2012-02-15］

从整体趋势看，1990 年以前，日本政府研发经费占 GDP 的比重呈下降态势（图 3-7）；1990 年之后，日本政府研发经费占 GDP 的比重呈缓慢上升态势。2000 年之前，美国、法国、德国（联邦政府与州政府）的政府研发经费占 GDP 的比重呈下降态势，但 2000 年之后，美国政府研发经费占 GDP

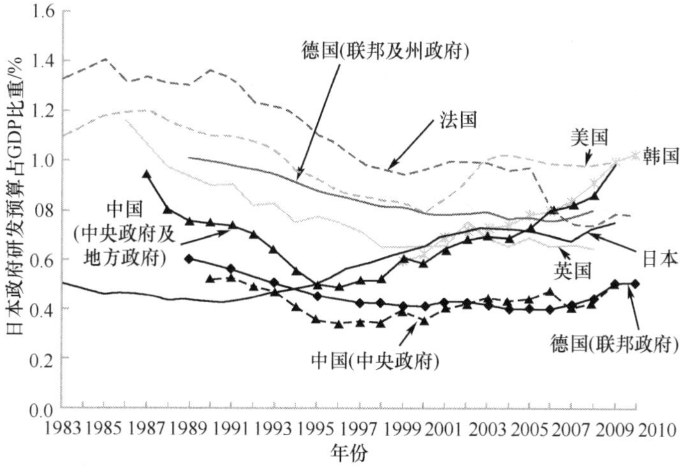

图 3-7　1983～2010 年日本政府研发支出占 GDP 比重的国际比较

资料来源：日本科技政策研究所. 2011. 日本科学技术指标 2011. http://data. nistep. go. jp/dspace/bitstream/11035/903/6/NISTEP-RM198-FullJ. pdf［2012-02-15］

比重开始缓慢上升；2000 年以后，中国（中央政府与地方政府）与韩国政府研发经费占 GDP 的比重呈快速增长态势。

到2009 年，主要国家政府研发经费占 GDP 比重从高到低依次是：韩国、美国、中国（中央政府与地方政府）基本相当，约为 1.0%；德国（联邦及州政府）、日本与法国基本相当，约为 0.8%。

（五）研发经费在各创新单元的分配

从各创新单元研发经费占总研发经费比重来看（图 3-8），企业部门所占比重最高，约为 70%；其次是大学部门，约为 20%；公共机构与非营利团体合计约占 10%。从整体趋势看，日本企业研发经费占总研发经费比重呈现上升态势；公共机构研发经费占总研发经费比重呈下降态势。

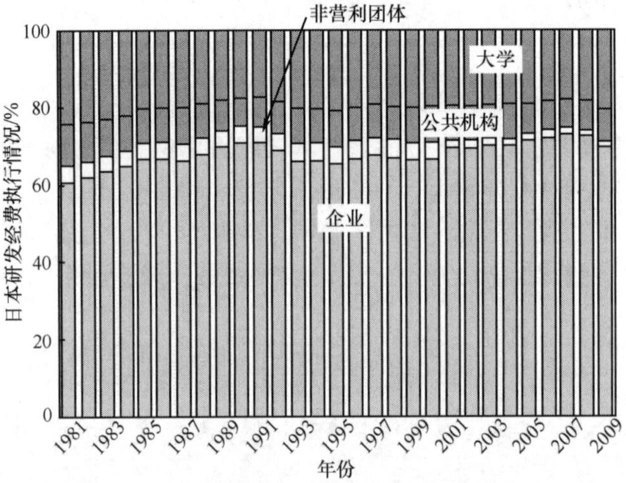

图 3-8　1981 ~ 2009 年日本总研发经费在各创新单元的分配

资料来源：日本科技政策研究所 . 2011. 日本科学技术指标 2011. http://data. nistep. go. jp/dspace/bitstream/11035/903/6/NISTEP-RM198-FullJ. pdf［2012-02-15］

（六）政府研发经费在各创新单元的分配

从各创新单元获得政府研发经费占总研发经费的比重来看（图 3-9），大学最高，约占 50%；其次是公共机构，约为 40%；企业与非营利团体合计约占 10%。从整体趋势看，日本政府研发经费在各创新单元分配较稳定。

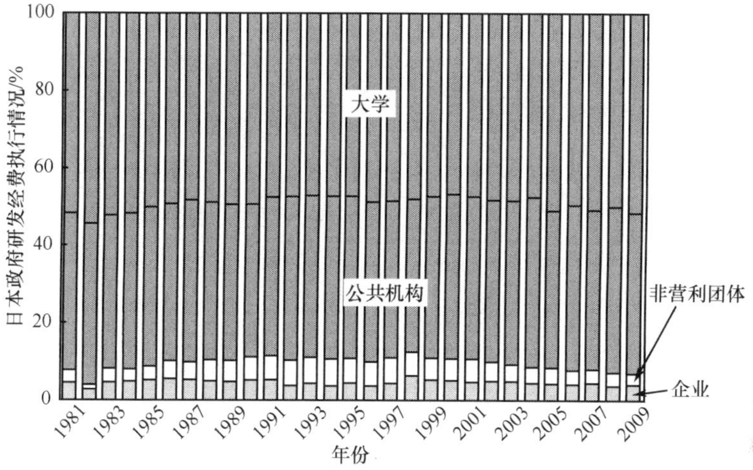

图 3-9 1981～2009 年日本政府研发经费在各创新单元的分配

资料来源：日本科技政策研究所 . 2011. 日本科学技术指标 2011. http://data. nistep. go. jp/dspace/bitstream/11035/903/6/NISTEP-RM198-FullJ. pdf [2012-02-15]

（七）政府研发经费在各部委的分配

1989～2011 年，日本各主要部委的研发预算状况如图 3-10 所示。2001 年之前，日本文部省的研发经费呈下降趋势，通商产业省呈增长趋势，约 45% 的政府研发预算分配给了文部省，其次是科学技术厅（约为 20%）；2001 年

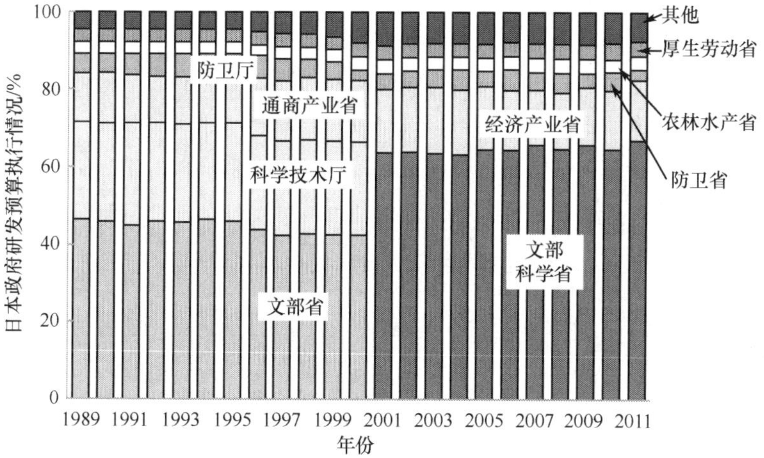

图 3-10 1989～2011 年日本政府研发预算在各部委的分配

资料来源：日本科技政策研究所 . 2011. 日本科学技术指标 2011. http://data. nistep. go. jp/dspace/bitstream/11035/903/6/NISTEP-RM198-FullJ. pdf [2012-02-15]

之后，科学技术厅与文部省合并为文部科学省，2010 年约 64.8% 的政府研发预算分配给了文部科学省，为获得政府研发预算最多的部门；其次为经济产业省，约占 15.0%；2011 年防卫省获得的政府研发预算比重下降到与农林水产省相当的水平，约为 3.8%。

（八）政府对三期“科学技术基本计划”的拨款

1996 年，日本内阁决定开始实施“科学技术基本计划”，到 2010 年已经执行了三期“科学技术基本计划”，分别为：1996~2000 年第一期“科学技术基本计划”；2001~2005 年第二期“科学技术基本计划”；2006~2010 年第三期“科学技术基本计划”（图 3-11）。

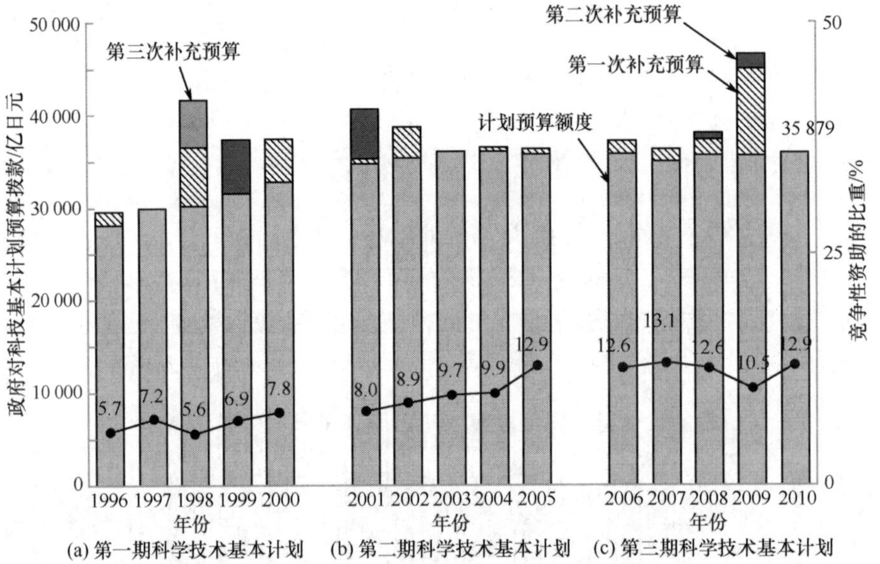

图 3-11　日本政府对“科学技术基本计划”的预算拨款

资料来源：日本科技政策研究所. 2011. 日本科学技术指标 2011. http://data.nistep.go.jp/dspace/bitstream/11035/903/6/NISTEP-RM198-FullJ.pdf［2012-02-15］

第一期“科学技术基本计划”提出的目标是要在 21 世纪初实现政府研发经费翻一番，政府研发投入占 GDP 的比重与美国及其他主要欧洲国家相当。要实现第一期“科学技术基本计划”的目标，政府至少需要投入 17 万亿日元的研发经费，1998 年，作为经济刺激措施的一部分，政府追加了大量研发经费，从而使得第一期“科学技术基本计划”的政府研发投入达到了 17.6 万亿日元，超额完成了第一期“科学技术基本计划”的目标。

第二期“科学技术基本计划”的目标是继续推进日本政府对科技的经费

投入，使日本政府研发经费占 GDP 的比重保持在美国及其他主要欧洲国家的水平上。要实现第二期“科学技术基本计划”的目标，政府至少需要投入 24 万亿日元的研发经费，但除 2001 年外，政府追加的研发经费较少，第二期“科学技术基本计划”期间，日本对该计划投入包括中央政府的 18. 8 万亿日元研发经费与地方政府的 2. 3 万亿日元研发经费，总计为 21. 1 万亿日元，未达到第二期“科学技术基本计划”的预期研发投资目标。

第三期“科学技术基本计划”的目标是将日本政府研发预算占 GDP 的比例保持在 1% 的水平（此间，日本 GDP 的年均增长率约为 3. 1%）。要实现第三期“科学技术基本计划”的目标，政府至少需要投入 25 万亿日元的研发经费，2009 年，作为经济刺激措施的一部分，政府追加了大额研发经费，使 2009 年政府对“科学技术基本计划”的投入从年初 3. 6 万亿日元的预算增加到 5 万亿日元，致使日本政府实现了第三期“科学技术基本计划”的研发经费投入目标。

“科学技术基本计划”除了保证政府的研发投入水平外，还使竞争性资助水平有了较大幅度的上升。1996 年第一期“科学技术基本计划”开始时，日本竞争性资助水平仅为 5. 7%，到 2000 年第一期“科学技术基本计划”结束之时，竞争性资助比例已经上升到 7. 8%；第二期“科学技术基本计划”期间，竞争性资助比例又有了大幅提升，到 2005 年，第二期“科学技术基本计划”结束之时，竞争性资助水平已经达到 12. 9%；在第三期“科学技术基本计划”期间，竞争性资助水平基本保持在 12% 左右。

二、研发人员

（一）研发人员总体状况

根据 OECD 的统计数据，2009 年日本研发人员数量为 878 418 人，比 2007 年减少约 3. 4 万人，其中研究人员数量为 655 530 人，比 2007 年减少约 2. 9 万人（表 3-1）。

表 3-1　2005～2009 年日本研发人员总体状况　　（单位：人）

年份	2005	2006	2007	2008	2009
全时当量研发人员数量	896 855	910 375	912 202	882 739	878 418
全时当量研究人员数量	680 631	684 884	684 311	656 676	655 530
每千名经济活动人口中全时当量研发人员数量	13. 487	13. 675	13. 678	13. 274	13. 275

资料来源：OECD 科技统计数据库 2005～2009 年数据

（二）研发人员总量国际比较

如图 3-12 所示，2001 年以前，日本研发人员总量为 86.9 万人，位居全球第二位，2001 年中国研发人员数量超过日本，位居第二位（2007 年超过美国，位居全球第一位）。从长期发展趋势来看，日本研发人员数量进入 21 世纪基本保持稳定，而中国的研发人员数量增长迅速，此外，韩国与法国研发人员增长幅度也较大。

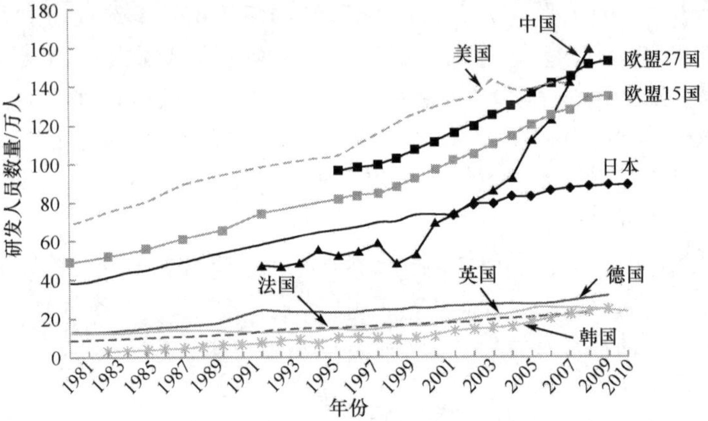

图 3-12 日本全时当量研发人员数量国际比较

资料来源：日本科技政策研究所. 2011. 日本科学技术指标 2011. http://data. nistep. go. jp/dspace/bitstream/11035/903/6/NISTEP-RM198-FullJ. pdf［2012-02-15］

（三）研发人员占经济活动人口比重的国际比较

如图 3-13 所示，按照每万人经济活动人口中研发人员数量比较，2009 年，日本每万经济活动人口中约有研发人员 133 名，远远高于位居第二位的韩国（2006 年韩国超过德国，跃居第三位；2008 年超过美国，跃居第二位）。

（四）研发人员在各创新单元分布的国际比较

如图 3-14 所示，按照研发人员在各创新单元分布来看，2010 年，日本研发人员中有 74.9% 分布在企业，18.9% 分布在大学，公共机构与非营利团体合计约有 6.2%；美国研发人员有 80% 分布在企业，其他创新单元合计约为 20%；德国与法国企业所占研发人员比例相近，但德国（约占 57.8%）公共机构研发人员比重比法国（56.7%）略高；英国研发人员有 60.6% 分布在大学，企业仅占 34.2%；中国公共机构研发人员所占比例与德国相近，约占 15%。

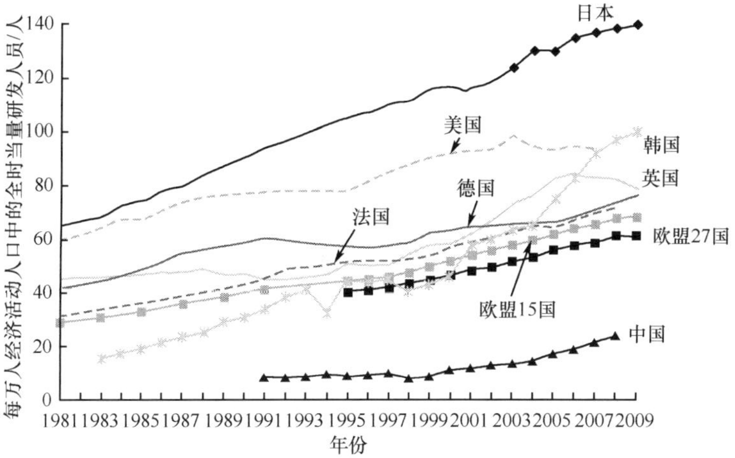

图 3-13　日本每万人经济活动人口中全时当量研发人员数量国际比较

资料来源：日本科技政策研究所. 2011. 日本科学技术指标 2011. http://data. nistep. go. jp/dspace/bitstream/11035/903/6/NISTEP-RM198-FullJ. pdf [2012-02-15]

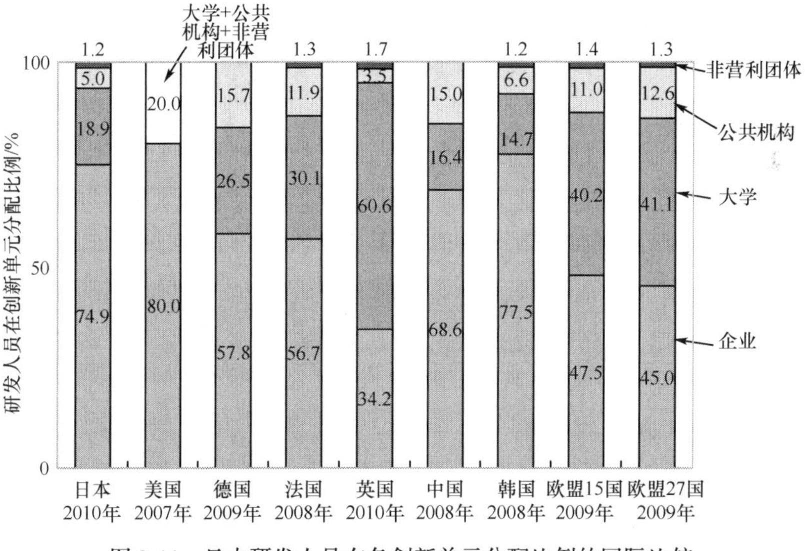

图 3-14　日本研发人员在各创新单元分配比例的国际比较

资料来源：日本科技政策研究所. 2011. 日本科学技术指标 2011. http://data. nistep. go. jp/dspace/bitstream/11035/903/6/NISTEP-RM198-FullJ. pdf [2012-02-15]

(五) 女性研发人员总体状况

如图 3-15 所示，1992～2010 年，日本女性研发人员数量增长较快，从

1992年约5万名增长到2010年的12万余名，较1992年增长了2.5倍；女性研究人员所占比例从7.9%提高到13.6%。

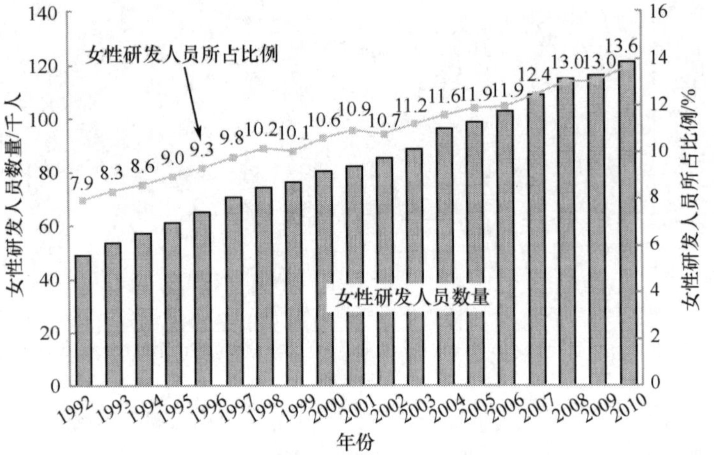

图3-15　日本女性研发人员数量及其所占比例

资料来源：日本科技政策研究所.2011. 日本科学技术指标2011. http://data.nistep.go.jp/dspace/bitstream/11035/903/6/NISTEP-RM198-FullJ.pdf［2012-02-15］

（六）女性研发人员的国际比较

如图3-16所示，尽管1992～2010年日本女性研发人员数量与所占比例都有快速增长，但与德国（23.2%）、英国（36.6%）、俄罗斯（41.8%）和法国（27.4%）等国家相比，日本女性研发人员的比例仍然较低，仅为13.0%。进一步提高女性研发人员的比例是日本第三期“科学技术基本计划”的基本政策之一。可以预见，随着知识经济的发展，日本女性研发人员的比例将进一步提高。

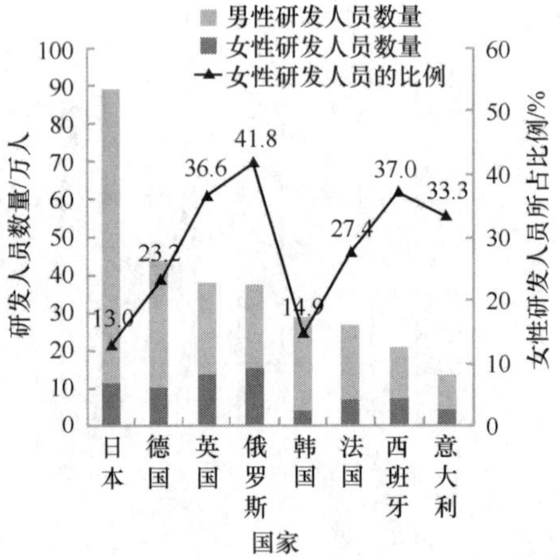

图3-16　日本女性研发人员所占比例的国际比较

资料来源：日本科技政策研究所.2011. 日本科学技术指标2011. http://data.nistep.go.jp/dspace/bitstream/11035/903/6/NISTEP-RM198-FullJ.pdf［2012-02-15］

三、科技基础设施

（一）大科学装置

1. 概况

日本近年来加大了维持大科学装置正常运行的经费，为了保证这些大型设备的正常使用，日本政府制定了《特定尖端大科学装置的共同利用促进法律》。该法律中所指的特定先端大科学装置主要是由日本理化学研究所负责管理的特定放射性装置（SPring-8 和 XFEL）和特定高速电子计算机（下一代超高速计算机，K-Computer），以及日本原子能研究开发机构负责管理的特定中子源（J-PARC 的一部分）。使用这些大科学装置需要经过严格的申请、审核和登记手续，同时，对申请者、网络管理人员和信息安全管理人员也做出了明确的条件限制①。

2. 大型辐射光设施

SPring-8 是世界上能量最高的第三代同步辐射光源，输出功率为 8 千兆电子伏，位于日本列岛中央兵库县的播磨科学花园城，占地 141 公顷。SPring-8 与美国阿贡国家实验室的先进光子源 APS（advanced photon source，Argone）、法国格勒诺布尔的欧洲同步辐射光源 ESRF（europe synchrotron radiation Facility，Grenoble）同为世界三大高能（电子束能量超过 5GeV）大型同步辐射设施。

SPring-8 由日本原子能研究开发机构和日本理化学研究所于 1991 年开始共同负责建造。首期建设成本约为 1100 亿日元，土地由兵库县无偿捐赠。在该县政府、县立大学和各研究所、商业企业的联合支持下，工程于 1997 年竣工并开放使用。日本同步辐射研究机构是 SPring-8 的唯一法定管理机构，负责光源的运行、维护、改造、用户服务、科技研发等。自 1997 年 10 月正式启用至 2010 年 8 月，SPring-8 运行中的光束线有 53 条，规划或正在建设中的光束线有 4 条，服务日本及全世界科学、工业、企业界超过 10 万人次②。

SPring-8 应用于诸多个学科和医疗领域的研究，在材料科学领域主要是研究先进材料的原子和电子结构、极端条件下的材料特性等；在生命医学领域主要是用于解析蛋白质结构，研究生命机制、药品设计，改进、利用相位衬度成像方法进行生物样品高分辨率成像等；在化学领域主要是催化动力

①文部科学省 .2011. 特定先端大型研究施設の共用の促進に関する法律 . http://law. e-gov. go. jp/htmldata/H06/H06HO078. html［2011-10-02］

②RIKEN/JASRI. 2011. SPring-8について. http://www. spring8. or. jp/ja/about_us［2011-10-05］

学、原子和分子光谱、超微量元素及其化学性质；在环境科学领域主要是分析环境的催化剂、生物样品中环境污染的痕量元素；在地球和宇宙科学领域它主要是分析地壳深层物质的结构和特性，以及陨石和宇宙层的结构；在工业和核物理领域主要是运用光子能研究夸克核物理等。科研人员利用 SPring-8 取得了一系列的重大科研成果，如揭开水分子的神秘结构和运动模式的秘密、发展强韧如铁的通用塑材、解析钙泵动态结构的变化、在陨石上发现新型磁性材料、利用纳米技术成功研制全固态安全电池、抗流感病毒的新药研发、通过分析彗星尘埃揭示太阳系形成的秘密、发展地震观测技术①。

由于受经济危机的影响，SPring-8 的经费预算在 2005 ~ 2009 年基本上呈现逐年下降的趋势②，如图 3-17 所示。

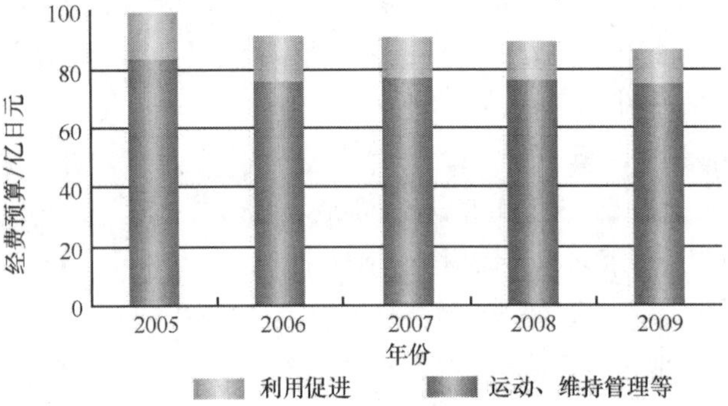

图 3-17　2005 ~ 2009 年度 SPring-8 经费预算

3. 强流质子加速器

强流质子加速器（Japan proton accelerator research complex，J-PARC）于 2001 年开始建设，由日本原子能研究开发机构和高能加速器研究机构共同建设和管理，是世界上可以产生最高级别的高强质子束的加速器。为了保证 J-PARC 的正常运转，于 2006 年 2 月成立了 J-PARC 中心，经过几年的发展，J-PARC 已由当初的 3 个部发展为现在的 5 个部、19 个课题室③。

J-PARC 由以下加速器组成：400 MeV 常规直线加速器，将能量从 400MeV 提高到 600 MeV 的超导直线加速器，提供 333 微安质子束流的 3 GeV 同步加速

①中国科学院高能物理研究所 . 2011. 中国科学院高能物理研究所高能科普园地——日本大型同步辐射光源 SPring-8. http://www.ihep.cas.cn/kxcb/zmsys/201103/t20110331_3104999.html [2011-10-14]

②RIKEN/JASRI. 2011. SPring-8 年報 2009 年度 . http://www.spring8.or.jp/pdf/ja/ann_rep/09/007.pdf [2011-10-14]

③大強度陽子加速器施設 . 2011. J-PARCの組織とスケジュール. http://j-parc.jp/ja/organization-j.html [2011-10-14]

器环和提供 15 微安质子束流的 50 GeV 同步加速器环。另外，提出下一步改进在几个 GeV 能区质子束流的功率达到 5 微安。在 50 GeV 质子同步加速器上，计划利用 K 介子束流、反质子束流、超子束流和初始束流开展核物理及粒子物理实验。3GeV 环将用作 50GeV 主环的增强器同步加速器。另外，它的束流功率设计为 1 微安，利用它做实验的计划涉及广泛领域，如核物理、粒子物理、凝聚态物理、材料科学和结构生物学。其中，主要领域是利用质子原子核散裂反应中产生的中子开展材料科学和结构生物学的研究。除中子外，中子束流也很重要。利用中子束流，可开展 μ 子自旋旋转/缓慢停止、μ 子触发聚变和其他材料科学的实验。也可开展像 μυ -> eυ 转换这样的实验。3GeV 质子同步加速器产生的放射性束流也可用于核物理/天体物理的研究。最后，600 MeV 强流直线加速器将用来进行加速器驱动核转换的研发①。这一工程在日本是一个振奋人心的加速器项目，是 21 世纪最重要的加速器之一。因为靠它可推进许多的前沿科学。该设施建成后，将对所有想利用此设施开展科学实验的科学家开放。

4. 下一代超级计算机“京”

下一代超级计算机“京”（K-Computer）由文部科学省主导，日本理化学研究所与富士通公司共同研发的。K-Computer 中的 K 代表日语中的“kei”，意思是一万万亿次，也就是该超级计算机每秒将能运算的次数。该项目致力于让日本再次进入全球超级计算机大国排行榜的前列，其系统能够处理气候变化和天气模式等复杂运算。它还能让日本企业界拥有一个强大的运算工具，以寻求在医药、材料和新技术方面的突破②。

由日本政府资助的“京”项目在日本理化学研究所组装完工，耗资 1100 亿日元（约 13.2 亿美元）。建成的 K-Computer 将拥有 800 个机柜共 8 万个处理器，每个处理器配备 8 个处理核心，这 800 台计算机将被排列在日本理化学研究所长约 60 米、宽约 50 米的无柱机房内③。目前在全球超级计算机 500 强中排名第四位。

（二）尖端研究设备资源共享平台

为了促进大学及独立行政法人等研究机构尖端研究设备的共享，提高从

①中国科学院高能物理研究所 . 2011. 日本高能加速器研究组织（KEK）的加速器 . http://www. ihep. cas. cn/kxcb/zmsys/KEK/201009/t20100917_2965148. html［2011-10-25］

②联合早报网 . 2010. 日超级计算机目标：一万万亿次 . http://it. zaobao. com/pages9/commerce101011a. shtml［2011-10-25］

③张焕荣 . 2011. K-Computer 互动百科 . http://www. hudong. com/wiki/K+Computer［2011-10-25］

基础研究到科技创新的整个科学技术活动，以及国家在研发方面的投资效率，文部科学省搭建了尖端研究设备资源共享平台①。截至2011年4月，通过共享平台可以利用的大型设施共有30个，这些大型设施主要分布在东京大学、理化学研究所、北海道大学、东北大学、九州大学、大阪大学等高等院校或者国立研究机构，研究领域涉及纳米科技、机械、生物及化学领域。文部科学省每3年对这些机构进行评价，然后判定是否能够继续保留资助权力。

根据使用需求和研究成果，设备拥有方可以向申请机构收取合理的使用经费。为了确保公平性，设备拥有方在广泛征集课题时必须通过由各研究领域委员构成的课题评选委员会审定后，才能确定使用这些大型设施的课题。使用方在课题结束后，尽快向设备拥有方提交使用成果报告，由设备拥有方通过网络等迅速向社会公开。如果使用方因专利申请等原因提出延迟公开要求时，设备拥有方根据实际情况可推迟公开时间，公开延迟期限不得超过2年。设备拥有方对已完成的课题要进行正确的评价，如课题成果涉及专利和产品化，应该迅速向文部科学省汇报。

（三）自然科技资源：国家生物资源及数据库

文部科学省从全面推进生命科学的立场出发，于2002～2006年实施了“国家生物资源项目”（NBRP）②。NBRP的代表机构为国立遗传学研究所，其目的在于：在实验动植物、ES细胞等干细胞、各种生物的基因材料等生物遗传资源（生物资源）中，对于对国家战略十分重要的资源进一步完善体制，以进行系统化的收集、保存、提供等。文部科学省将2010年前战略性完善、充实并活用世界最高水准的生物资源（包括作为研发材料的动物、植物、微生物的系统、集团、组织、细胞、基因材料等及其相关信息）作为研发目标，计划从2007年起连续5年继续实施国家生物资源项目。从2007年至2011年共投资32亿日元。

NBRP包括28个子数据库，截至目前收集了3 666 259条动物信息，1 710 667条植物信息及172 833条微生物信息。NBRP主要的子数据库与对应的开发机构如表3-2所示。

①文部科学省．2011．先端研究施設共用促進事業について．http://kyoyonavi.mext.go.jp/info/about02 [2011-10-25]

②文部科学省．2011．ナショナルバイオリソースプロジェクト情報公開サイト．http://www.nbrp.jp/about/about.jsp [2012-02-03]

表 3-2　NBRP 主要的子数据库与对应的开发机构

数据库名称	开发机构	数据库名称	开发机构
实验动物小鼠	理化学研究所 BRC	藻类	环境研究所
大鼠	京都大学	广义茼蒿属植物	广岛大学
果蝇	京都工艺纤维大学	牵牛花	九州大学
线虫	东京女子医科大学	牛角花、大豆	宫崎大学
热带爪蟾	广岛大学	西红柿	筑波大学
家蚕	九州大学	细胞状黏菌	筑波大学
青鳉鱼	基础生物学研究所	病原微生物	千叶大学
斑马鱼	理化学研究所脑科学研究中心	一般微生物	理化学研究所
日本猕猴	生理学研究所	原核生物（大肠杆菌）	遗传学研究所
玻璃海鞘、日本海齿花	筑波大学	原核生物（枯草杆菌）	遗传学研究所
阿拉伯芥	理化学研究所生物资源中心	酵母	大阪市立大学
水稻	遗传学研究所	基因材料	理化学研究所生物资源中心
小麦	京都大学	人类 ES 细胞	京都大学
大麦	冈山大学	人类、动物细胞	理化学研究所生物资源中心

（四）地球模拟器

1997 年由日本宇宙开发事业团（National Space Development Agency of Japan）、动力反应堆及核燃料开发事业团（Power Reactor and Nuclear Fuel Development Corporation）对开发地球模拟器进行了经费预算，并成立了地球模拟器中心（The Earth Simulator Center），从众多关于地球模拟器概念设计的提案中选用了日本电气株式会社提出的计算机系统方案。1998 年由日本原子能研究所代替动力反应堆及核燃料开发事业团从事地球模拟器的研发工作。1999 年 2 月，海洋科学技术中心（现为海洋研究开发机构）也参加了地球模拟器的开发工作，并决定将地球模拟器中心建立在横滨市金泽区。从 2000 年 3 月开始进入地球模拟器的制造过程，由宇宙开发事业团、日本原子能研究所及海洋科学技术中心三个法人单位承担此项工作。开发完成后，地球模拟器的运行由海洋科学技术中心承担。2002 年 2 月底，640 个计算结点开始运转，160 个计算结点的实测性能为 7.2 太拉 FLOPS（浮点运算/秒，目标性能 5 太拉 FLOPS 的 1.44 倍，1 太拉 FLOPS=1 秒钟进行 1 万亿次的浮点运算），2002 年 3 月海洋科学技术中心地球模拟器中心正式运营①。2009 年 2 月，地球模拟器成功完成升级，升级后的计算节点性能提高，由 640 个计算节点数量减少到 160 个，占地面积也只有原先的一半，约为 650 平

①陈春，张志强，林海，等 . 2005. 地球模拟器及其模拟研究进展 . 地球科学进展，（10）：1135-1142

方米，计算能力为每秒131万亿次浮点运算，是旧机型的3.2倍，耗电量也降低了20%～30%[①]。

地球模拟器具有抗电磁波干扰和抗震等特点。地球模拟器大楼外部有8个独立的避雷塔，采用的是架空地线方式，避雷导线是66千伏特高压电缆。地球模拟器大楼的免震装置是通过地下11个橡胶隔离器实现的（高29厘米，直径1米，20层）。大楼内配备有特殊的照明装置，灯管的直径为255毫米，长44米，1千瓦的卤素灯，平均照明度为300勒。

从原则上讲，地球模拟器的能力将有50%～55%用于原来预定的大气、海洋的研究，10%用于计算机科学的研究，另有15%将用于其他领域的研究。剩余的运算能力将由中心负责人酌情定夺。有意使用地球模拟器的研究机构/大学等需要得到运营委员会的批准。地球模拟器2011年的资源使用大体分为三个部分，40%的资源主要执行一般性的项目，发挥地球模拟器作为先端大型研究设备的作用，资助日本在地球科学及计算机科学等领域具有先进性和独创性研究课题；30%的资源用于特定的大型项目的使用，主要是一些竞争性经费资助的项目，由国家委托地球模拟器中心推进实施的项目。其余30%的资源主要支持以海洋开发机构为主要责任者的研究项目，以及国际和国内合作研究的项目，如针对自然灾害设立的应急项目。此外，产业界也可以有偿地利用地球模拟器进行研发、设计和制造[②]。

（五）日本科学未来馆

日本科学未来馆于2001年7月正式开馆，隶属于科学技术振兴机构，是面向所有人开放的科学博物馆。科学未来馆的展示和活动都以尖端科技为中心，因为尖端科技是改变现状、开创未来，具有丰富潜能的“新知”。科学未来馆的设立理念是为所有人提供一个场所，来共同思考和探讨科技作为一种文化，会对社会起到怎样的作用、对未来产生怎样的影响。其目标是通过与所有对科学感兴趣的人共同分享“新知”，使每个人都能思考未来、共同实现能够智慧理性生存的未来社会[③]。

Geo-Cosmos是日本科学未来馆的标志性展品，它能够用超过1000万像素的高析像度真实地映射出闪耀在宇宙空间里的地球。Geo-Cosmos也是世界

①钱铮.2009. 日本超级计算机“地球模拟器”完成升级.http://news.xinhuanet.com/world/2009../content_10913336.htm [2011-02-04]

②独立行政法人海洋研究開発機構.2011. 地球シミュレータ計算資源配分について.http://www.jamstec.go.jp/es/jp/resource/index.html [2012-03-07]

③日本科学未来館.2011. 日本科学未来館とは.http://www.miraikan.jst.go.jp/aboutus/ [2012-03-07]

上第一个采用了有机 EL 显示器的“球体显示器”。它是根据馆长毛利卫先生的愿望，“希望能够与更多的人共同分享从宇宙看到的美丽地球”而设计制成的。展示的内容有“今天的地球”“地球的四季”“气温变化模拟系统”“大海的植物生产量”和“英格·甘特的艺术内容”①。

日本科学未来馆常设了四个领域的展区，综合展示主题“描绘 21 世纪新梦”。从宇宙、地球、人类、社会等广泛领域来探讨科学技术，分“地球环境与前沿科学”“技术革新与未来”“信息科技与社会”和“生命科学与人类”这四个主题进行展示。常设展区的展品，全部由活跃在第一线的科研人员监督制作。在这里，可以与拥有专业知识的科学交流员、志愿者（展览解说员）进行交流，还可以参与在展区内举办的演示和实验。

日本科学未来馆有两个常设影院：一个是可以欣赏全方位影像和天象的球幕影院；另一个是可以模拟体验假想空间的虚拟影院。

实验工作室通过对话和实验来传播尖端科技知识。每个周末，从孩子到老人，许多不同年龄层的人们都会聚集到这里，参与实验教室及其他活动。实验工作室内有研究中实际使用的仪器、装置和设备。在这里可以体验到真正的科学实验。实验室是一个全透明的玻璃房，可以随时看到实验室里的情形，如工作人员为开课做预备实验等。

此外，日本科学未来馆还举办与科学、自然等领域相关的主题展。

四、科技论文产出

（一）SCI 论文概况

日本科技发展迅速，在科技论文方面的产出水平位于世界前列，2011 年日本的 SCI 论文数量的世界占有率为 7.75%，位居世界第四，如图 3-18 所示。

（二）SCI 论文按领域分布的国际排名

表 3-3 显示了 2011 年日本在各领域发表的 SCI 论文数量和篇均被引频次②。日本在工程科学、材料科学、化学、物理学、微生物学、分子生物学与遗传学等领域发表的 SCI 论文数量较多，在世界排名均为第三；在免疫学领域的论文篇均被引频次最高，在世界排名第六位。

---

①日本科学未来馆. 2011. 常设展示. http://www.miraikan.jst.go.jp/ [2011-12-20]

②Thomson Reuters. 2011. Essentials Science Indicators. http://esi.webofknowledge.com/home.cgi [2011-08-20]

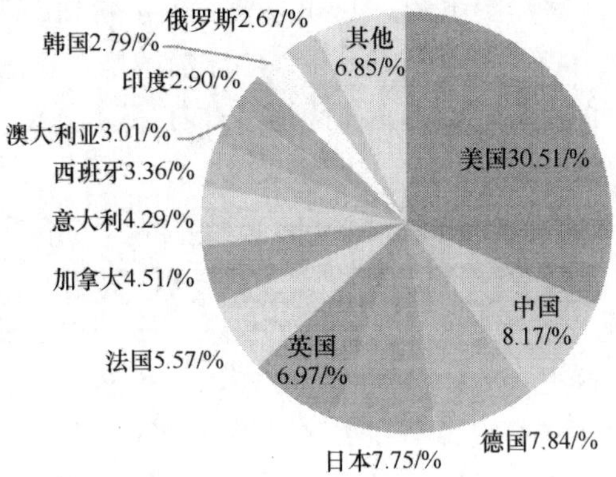

图 3-18　2011 年主要国家 SCI 论文数量的世界占有率

表 3-3　2011 年日本在各领域发表的 SCI 论文数量和篇均被引频次

大领域名称	领域名称	论文数量/篇	论文数量世界排名	该领域全球论文数量/篇	论文数占世界的比重/%	篇均被引频次/次	篇均被引频次世界排名
工程与计算机科学	计算机科学	14 278	7	257 883	5. 54	3. 12	29
	工程科学	60 557	3	798 329	7. 59	4. 14	49
	材料科学	49 863	3	448 834	11. 11	7. 21	28
物理、化学、地球科学	化学	107 711	3	1 154 638	9. 33	11. 58	22
	地球科学	16 852	8	272 862	6. 18	9. 31	41
	数学	13 144	6	256 336	5. 13	2. 73	47
	物理学	100 235	3	845 600	11. 85	8. 74	33
	空间科学	8 557	6	119 837	7. 14	15. 86	27
生命科学	生物与生物化学	56 170	2	543 303	10. 34	14. 44	26
	免疫学	9 216	4	119 529	7. 71	23. 59	6
	微生物学	13 243	3	161 705	8. 19	12. 55	47
	分子生物学与遗传学	24 416	3	271 140	9. 00	22. 74	28
	神经科学与行为科学	23 455	4	291 155	8. 06	14. 57	32
	药理学与毒物学	19 812	2	180 892	10. 95	9. 73	33
临床医学	临床医学	158 281	4	2 046 401	7. 73	10. 69	54

续表

大领域名称	领域名称	论文数量/篇	论文数量世界排名	该领域全球论文数量/篇	论文数占世界的比重/%	篇均被引频次/次	篇均被引频次世界排名
农业、生物环境科学	农业科学	12 167	4	202 017	6.02	5.4	49
	环境/生态学	10 177	9	262 542	3.88	9.19	53
	动物/植物学	37 178	2	539 009	6.90	7.86	32
交叉科学领域		441	7	17 585	2.51	9.27	34
社会科学	经济与商业	3 143	12	162 460	1.93	2.79	65
	社会科学与综合	4 038	20	447 751	0.90	3.48	55
人文	精神病学/心理学	4 330	10	239 237	1.81	6.11	57

（三）主要科研机构和科学家的 SCI 发文情况

政府资助研究机构、大学及科技企业是国家创新系统的主要单元，下面分别对 2011 年日本 SCI 论文前五位的研究机构、大学、科技企业和主要科学家的发文情况进行分析。

1. 主要政府资助研究机构的 SCI 发文情况

2011 年，日本科学技术振兴机构、理化学研究所、产业技术综合研究所、自然科学研究所、物质材料科学研究所的 SCI 发文量名列政府资助研究机构的前五位，如图 3-19 所示。其中，物质材料科学研究所、产业技术综合研究所在材料科学领域的论文引用量分别位居世界第五位、第六位①。

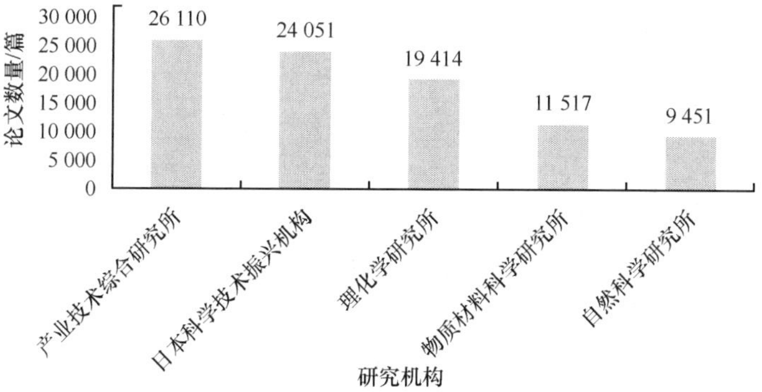

图 3-19　日本 2011 年 SCI 发论文数量排名前五位的政府资助研究机构

①Thomson Reuters. 2011. Japanese research ranking. http://thomsonreuters.com/content/press_room/science/japanese_research_ranking [2011-08-20]

2. 主要大学的 SCI 发文情况

2011 年，东京大学、京都大学、大阪大学、东北大学、九州大学的 SCI 论文数量名列全国大学的前五位，如图 3-20 所示。其中，东京大学发表论文的引用量位居世界第十三位；东北大学在材料科学领域发表论文的引用量位居世界第三位；东京大学在物理学、化学领域发表论文的引用量分别位居世界第二位、第五位①。

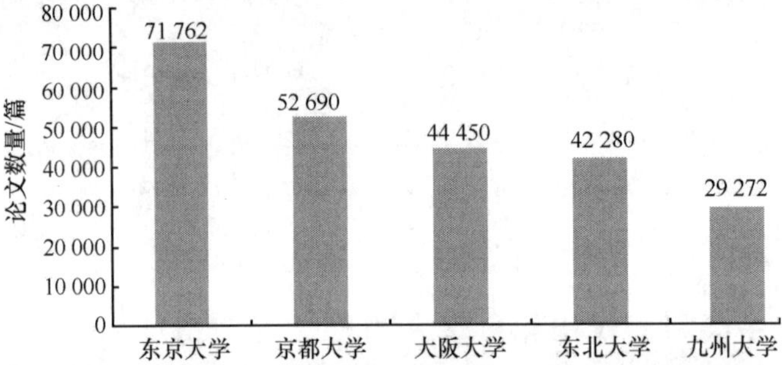

图 3-20　日本 2011 年 SCI 论文数量排名前五位的大学

3. 主要企业的 SCI 发文情况

2011 年，在日本的科技企业中，日立公司、NEC 公司、东芝公司、索尼公司、三菱重工的 SCI 发文量位居国内前列，如图 3-21 所示②。其中日立公司、NEC 公司和东芝公司发表 SCI 论文数量较多，其发表论文主要涉及电子通信领域。

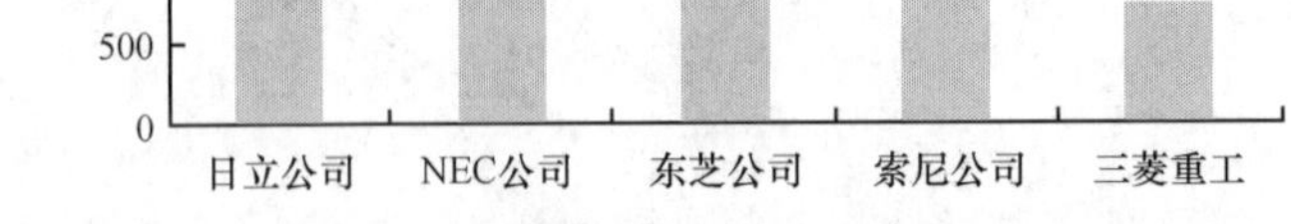

图 3-21　日本 2011 年 SCI 论文数量排名前五位的科技企业

①Thomson Reuters. 2011. Japanese research ranking. http://thomsonreuters.com/content/press_room/science/japanese_research_ranking [2011-08-20]

②Thomson Reuters. 2011. Essentials science indicators. http://esi.webofknowledge.com/home.cgi [2011-08-20]

4. 主要科学家的 SCI 发文情况

国家所拥有的被国际认可的卓越研究人员的数量，可以从一个侧面反映国家的科技实力。汤森路透科技集团的高被引数据库（ISI highly cited）根据研究人员发表的 SCI 论文的影响状况评选出世界最具有影响力的研究人员，可以在一定程度上反映各国优秀研究人员的状况。通过分析 2011 年高被引数据库中日本的高被引研究人员的情况得出①，日本具有高影响力的研究人员有 256 名，其相关研究领域比较广泛，涉及 ESI 的各个领域。其中，东京大学的高被引研究人员是日本国内研究机构中最多的，拥有 29 名卓越研究人员，学科领域主要涉及物理学、化学、临床医学等。

相比而言，作为世界科技强国的美国拥有的高影响力研究人员为 4143 名、德国为 261 名、法国为 166 名、英国为 71 名。可见日本具有高影响力研究人员的数量仅次于美国、德国，位居世界第三位，拥有较强实力的科研队伍。

五、专利

根据世界知识产权组织（WIPO）、美国专利与商标局（USPTO）、欧洲专利局（EPO）和日本专利局（JPO）的专利统计情况，在过去的 10 年间，日本的专利申请量在世界上占有很大的份额，其申请的专利主要集中在纳米科技、信息通信技术等领域。

（一）专利申请概况

PCT 是《专利合作条约》（Patent Cooperation Treaty）的英文缩写，是有关专利的国际条约。根据 PCT 的规定，国际专利申请人只需在一个缔约国以一种规定语言提出一次申请，如在该申请中指明需要获得专利保护的国家，就产生了分别向各缔约国提交专利申请的效力。

图 3-22 显示了 1990~2010 年 PCT 专利申请世界排名前五位国家的情况，美国位居世界第一，日本与德国分别排名世界第二位、第三位。排名前五位的国家的 PCT 专利份额在世界的占有率为 71%；其中，日本在 2005 ~ 2010 年的年平均增长率为 5.3%，中国与韩国的年平均增长率较高，分别为 37.5% 和 15.6%。

---

①Thomson Reuters. 2011. ISI highly cited research. http://hcr3.webofknowledge.com/home.cgi [2011-08-20]

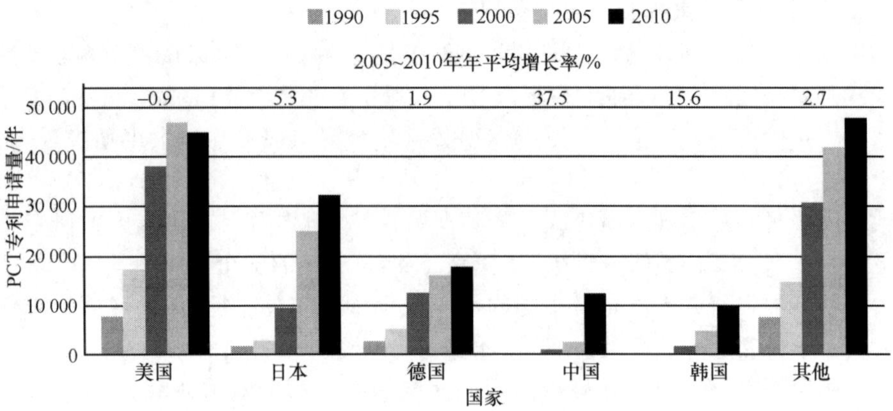

图 3-22　1990 ~ 2010 年 PCT 专利申请世界排名前五位国家的情况

表 3-4 显示了 2006 ~ 2010 年 PCT 专利申请数量世界排名前 20 位国家的情况①。日本 2010 年 PCT 专利申请数是 32 180 件，位于世界第二位，占世界 PCT 专利申请总数的 19.6%，2010 年较 2009 年增长 8.0%。

表 3-4　2006 ~ 2010 年世界主要国家 PCT 专利申请情况

国家	2006 年/件	2007 年/件	2008 年/件	2009 年/件	2010 年/件	2010 年占世界 PCT 专利申请的比重/%	2010 年较 2009 年的增长率/%
美国	51 280	54 043	51 638	45 617	44 890	27.3	-1.6
日本	27 025	27 743	28 760	29 802	32 180	19.6	8.0
德国	16 736	17 821	18 855	16 797	17 558	10.7	4.5
中国	3 942	5 455	6 120	7 900	12 295	7.5	55.6
韩国	5 945	7 064	7 899	8 035	9 668	5.9	20.3
法国	6 256	6 560	7 072	7 237	7 288	4.4	0.7
英国	5 097	5 542	5 466	5 044	4 908	3.0	-2.7
荷兰	4 553	4 433	4 363	4 462	4 078	2.5	-8.6
瑞士	3 621	3 833	3 799	3 671	3 728	2.3	1.6
瑞典	3 336	3 655	4 137	3 567	3 314	2.0	-7.1
加拿大	2 575	2 879	2 976	2 527	2 721	1.7	7.7
意大利	2 698	2 946	2 883	2 652	2 658	1.6	0.2

①World Intellectual Property Organization. 2010. PCT yearly review 2010. http://www.wipo.int/export/sites/www/pct/en/activity/pct_2010.pdf [2011-08-20]

续表

国家	2006年/件	2007年/件	2008年/件	2009年/件	2010年/件	2010年占世界PCT专利申请的比重/%	2010年较2009年的增长率/%
芬兰	1 846	2 009	2 214	2 123	2 145	1.3	1.0
澳大利亚	1 996	2 052	1 938	1 740	1 776	1.1	2.1
西班牙	1 204	1 297	1 390	1 564	1 752	1.1	12.0
以色列	1 593	1 737	1 899	1 555	1 488	0.9	-4.3
印度	833	902	1 072	961	1 313	0.8	36.6
丹麦	1 158	1 151	1 357	1 344	1 173	0.7	-12.7
奥地利	911	1 009	953	1 024	1 140	0.7	11.3
比利时	1 030	1 124	1 135	1 008	1 057	0.6	4.9
其他	6 006	6 672	7 308	6 768	7 170	4.4	5.9
合计	149 641	159 927	163 234	155 398	164 300	100.0	5.7

图3-23显示了1995～2009年主要国家专利申请情况①。日本、美国、中国、韩国的常住居民（residents）专利申请量均高于非常住居民（non-residents）专利申请量。

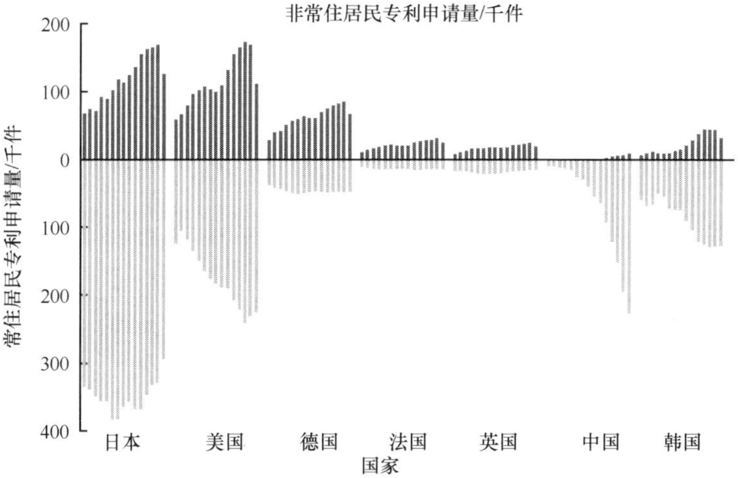

图3-23　1995～2009年主要国家专利申请情况

①World Intellectual Property Organization. 2010. Statistics on patents. http://www.wipo.int/ipstats/en/statistics/patents［2011-01-10］

表3-5显示了2004～2010年日本在JPO申请的不同类型专利情况。其中发明专利的申请数量最多。

表3-5 2004～2010年日本不同类型专利申请情况①

专利种类	2004年	2005年	2006年	2007年	2008年	2009年	2010年
发明专利数/件	423 081	427 078	408 674	396 291	391 002	348 596	344 598
相比前一年的变化率/%	—	100.90	95.70	97.00	98.70	89.20	98.90
实用新型专利数/件	7 986	11 387	10 965	10 315	9 452	9 507	8 679
相比前一年的变化率/%	—	142.60	96.30	94.10	91.60	100.60	91.30
外观设计专利数/件	40 756	39 254	36 724	36 544	33 569	30 875	31 756
相比前一年的变化率/%	—	96.30	93.60	99.50	91.90	92.00	102.90

2008年，世界专利申请总量约为19万件，其中JPO、EPO与USPTO三方专利申请量占世界总量的52%。图3-24显示了2011年1月世界专利局统计的主要国家的三方专利申请情况，分析结果显示，日本在JPO申请的专利量在2007～2009年占世界总量的84%，位居世界第一；日本在EPO申请的专利量

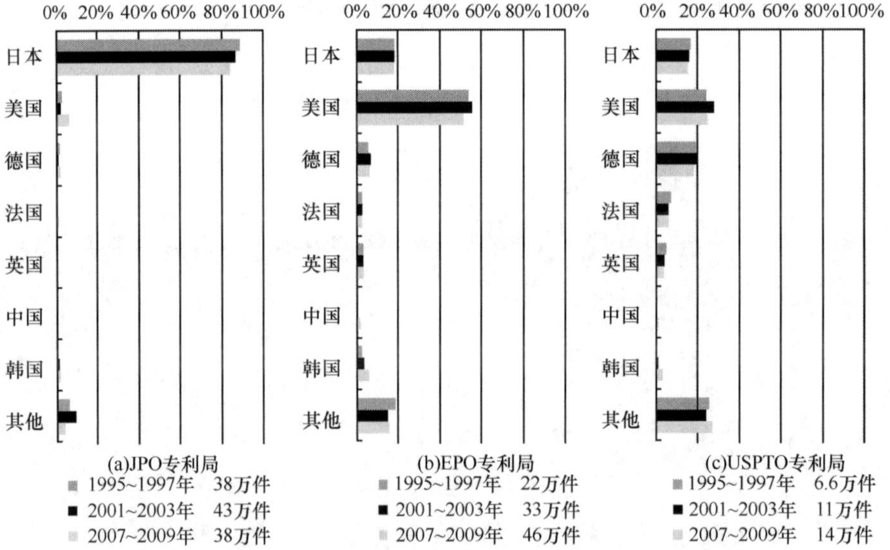

图3-24 主要国家JPO、EPO与USPTO专利申请情况

①Japan Patent Office. 2010. The number of applications and registrations in 2010. http://www.jpo.go.jp/cgi/linke.cgi? url=/torikumi_e/hiroba_e/e_2010tourokukensuu.htm [2011-05-15]

在2007～2009年占世界总量的16%，仅次于美国位居世界第二；日本在USPTO申请的专利数量仅次于美国、德国，位居世界第三①。

（二）不同技术领域的专利申请情况

EPO与VSPTO按照专利的IPC分类对日本申请与授权的专利进行分析，图3-25与图3-26显示日本申请的专利主要集中在纳米技术、信息通信技术、生物技术、可再生能源等领域。

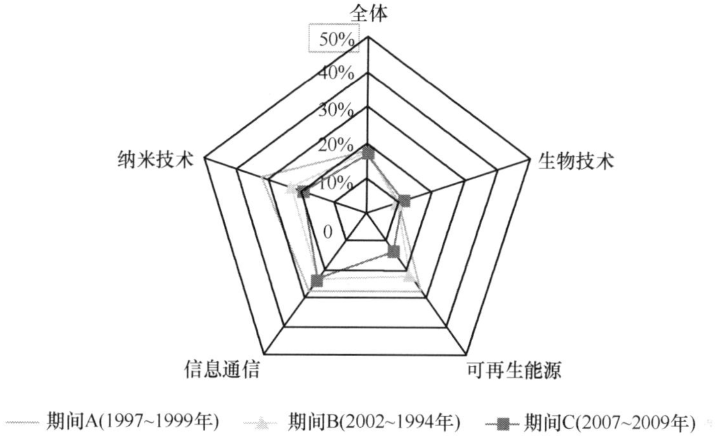

图3-25 日本在EPO的不同技术领域专利申请情况

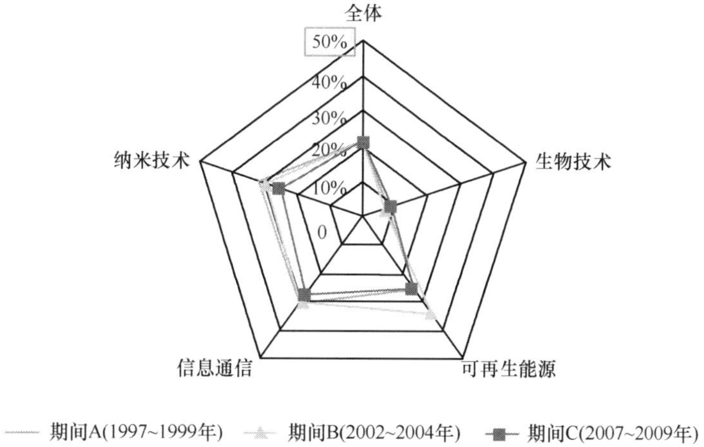

图3-26 日本在USPTO的不同技术领域专利申请情况

①World Intellectual Property Organization. 2010. Statistics on patents. http://www.wipo.int/ipstats/en/statistics/patents/ [2011-01-10]

图 3-27 显示了 2003～2007 年日本在不同 IPC 领域的专利申请总量，其中在电子工程领域的专利申请量最多。

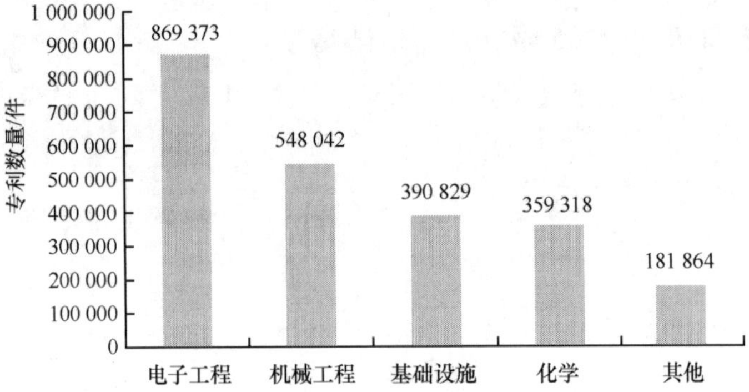

图 3-27　2003～2007 年日本在不同 IPC 领域的专利申请总量

表 3-6 显示了 2010 年不同研究领域 PCT 专利申请量世界排名前十位的国家的情况。日本在电子工程、基础设施、化学及机械工程相关领域的 PCT 专利申请量均位居世界第二位，美国均位居世界第一位。

表 3-6　2010 年不同研究领域 PCT 专利申请量世界排名前十位的国家的情况

（单位：件）

技术领域	美国	日本	中国	德国	法国	英国	韩国	瑞典	瑞士	荷兰
电子工程	14 242	11 454	5 269	3 045	1 959	954	3 682	1 640	542	1 229
基础设施	8 817	4 836	544	2 465	1 077	927	831	434	594	1 021
化学	12 694	6 431	1 064	4 300	1 973	1 417	1 503	457	1 300	1 067
机械工程	5 864	5 382	876	5 285	1 715	957	1 077	746	749	538
其他	2 799	843	490	1 077	500	558	835	174	214	277

（三）主要大学的专利申请情况①

2010 年，日本有 10 所大学进入世界 PCT 专利申请排名前 50 所大学行列，其 PCT 专利申请总量为 426 件。表 3-7 显示了 2010 年日本拥有 PCT 专利的 10 所大学的世界排名与专利件数，其中东京大学的 PCT 专利申请量为 105 件，位居日本国内大学排名第一。

①World Intellectual Property Organization. 2010. PCT yearly review 2010. http://www.wipo.int/export/sites/www/pct/en/activity/pct_2010.pdf [2011-08-20]

表 3-7 2010 年日本 PCT 专利申请数量排名前十位的大学

2010 年世界排名	大学名称	2010 年 PCT 专利申请件数/件	2009 年 PCT 专利申请件数/件
145	东京大学	105	94
287	大阪大学	60	38
376	京都大学	47	45
430	东北大学	41	39
462	庆应大学	38	34
462	北海道大学	38	30
497	冈山大学	36	24
526	名古屋大学	34	27
580	日本大学	31	22
593	广岛大学	30	20

（四）企业的专利申请情况①

2010 年，日本有 18 个科技企业进入世界 PCT 专利申请排名前 50 位机构行列，其 PCT 专利申请总量为 10 428 件。表 3-8 显示了 2010 年日本拥有 PCT 专利的 18 个机构的世界排名与专利件数，其中松下公司的 PCT 专利申请量为 2154 件，位居世界第一。从机构所在领域分布情况来看，日本申请 PCT 专利的科技企业大部分集中在信息通信、电子计算机、制造等领域。

表 3-8 2010 年日本 PCT 专利申请数量排名前十八位的科技企业

2010 年世界排名	企业名称	2010 年 PCT 专利申请件数/件	2009 年 PC 专利申请件数/件
1	松下公司	2154	1891
8	夏普公司	1286	997
10	NEC 公司	1106	1069
11	丰田汽车公司	1095	1068
14	三菱电子公司	726	569
19	富士通集团	476	817
23	三菱重工	391	373

①World Intellectual Property Organization. 2010. PCT yearly review 2010. http://www.wipo.int/export/sites/www/pct/en/activity/pct_2010.pdf [2011-08-20]

续表

2010年世界排名	企业名称	2010年PCT专利申请件数/件	2009年PC专利申请件数/件
24	佳能公司	379	401
25	日立公司	373	190
28	索尼公司	347	328
30	日本住友化学有限公司	320	346
32	东芝公司	318	326
35	本田动力有限公司	309	318
38	村田制造有限公司	306	254
40	日本移动通信公司	298	249
42	先锋电子公司	290	283
48	京瓷公司	279	362
49	富士胶片公司	275	264

图3-28显示了世界主要国家PCT专利申请的各创新单元的所占份额情况，比较各国的科技企业与大学的PCT专利申请情况，显示科技企业是各国PCT专利申请的主力，特别是在日本大学与个人申请者所占比例较小，大部分的PCT专利申请来自于科技企业。

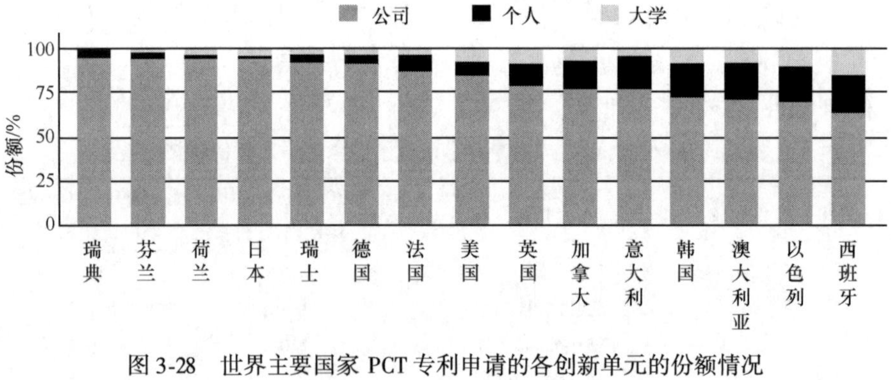

图3-28 世界主要国家PCT专利申请的各创新单元的份额情况

六、国际获奖、国际组织和期刊任职

（一）国际著名奖项获奖情况

1. 诺贝尔奖

截至2011年，日本已经囊括除诺贝尔经济学奖之外的5类诺贝尔奖，共17人获奖，是亚洲获诺贝尔奖人数最多的国家。其中，6人获得诺贝尔物理学奖，7 人获得诺贝尔化学奖，1 人获得诺贝尔生理学/医学奖（表 3-9），此外，还有 2 人获得诺贝尔文学奖，1 人获得诺贝尔和平奖。

表 3-9 获得诺贝尔物理学、化学、生理学/医学奖的日本科学家

分类	获奖年份	获奖人	学历	获奖成就
物理学奖	1949	汤川秀树	京都帝国大学理学部毕业	预言了介子的存在
	1965	朝永振一郎	京都帝国大学理学部毕业	量子电动力学的奠基人之一
	1973	江崎玲于奈	东京帝国大学（东京大学）理学部毕业	发现半导体中电子的隧道效应
	2002	小柴昌俊	东京大学理学部毕业、罗彻斯特大学博士毕业	在天体物理学领域做出的先驱性贡献，其中包括在探测宇宙中微子和发现宇宙 X 射线源方面的成就
	2008	小林诚	名古屋大学理学部毕业	共同提出小林-益川矩阵，可以解释电荷宇称不守恒的现象，并预测当时尚未发现的至少三族以上的夸克
	2008	益川敏英	名古屋大学理学部毕业	
化学奖	1981	福井谦一	京都帝国大学工学部毕业	提出直观化的前线轨道理论
	2000	白川英树	东京工业大学理工学部毕业	导电高分子的研究
	2001	野依良治	京都大学工学部毕业	对不对称合成的贡献
	2002	田中耕一	东北大学工学部毕业、东北大学名誉博士	开发出鉴定生物巨量分子质量分析的脱付游离法
	2008	下村脩	长崎医科大学附属药学专门部毕业	发现和研究绿色荧光蛋白
	2010	铃木章	北海道大学理学部毕业	
	2010	根岸英一	东京大学工学部毕业、宾夕法尼亚大学博士毕业	发现根岸偶联反应
生理学/医学奖	1987	利根川进	京都大学理学部毕业、圣地亚哥美国加利福尼亚大学圣迭戈分校博士毕业	发现抗体多样性的遗传学原理

第二次世界大战之后，汤川秀树首次获得诺贝尔物理学奖，大大鼓舞了遭逢战败的日本国民的自信心。大部分的诺贝尔奖获奖者出身于日本的大学、研究机构。2002 年，民间企业技术员田中耕一的获奖，也引起了世界性的话题，他是诺贝尔奖一百多年来以学士学历获奖的第一人。

2. 菲尔兹奖

菲尔兹奖是最著名的世界性数学奖，由于诺贝尔奖没有数学奖，因此也有人将菲尔兹奖誉为“数学界的诺贝尔奖”。该奖每4年颁发一次，颁给有卓越贡献的年轻数学家，每次最多4人得奖。得奖者须在该年元旦前未满40岁。如此苛刻的获奖条件使获得菲尔兹奖的难度超越了诺贝尔奖，因此菲尔兹奖得主赢得的学术声誉也绝对不逊色于诺贝尔奖得主。

截至2010年，已经有3位日本科学家获得菲尔兹奖（表3-10）。

表3-10 获得菲尔兹奖的日本科学家

获奖年份	获奖人	年龄/岁	获奖成就
1954	小平邦彦	39	推广黎曼-罗赫定理、小平邦彦消解定理
1970	广中平佑	39	代数簇的奇点消解问题
1990	森重文	39	三维代数簇的分类

3. 沃尔夫奖

沃尔夫奖主要是奖励为推动人类科学与艺术文明进步做出杰出贡献的人士，每年评选一次，分别奖励在农业、化学、数学、医学和物理领域，或者艺术领域中的建筑、音乐、绘画、雕塑四大项目之一中取得突出成绩的人士。其中以沃尔夫数学奖影响最大，因为诺贝尔奖中没有数学奖，而菲尔兹奖虽有影响，但只授予40岁以下的年轻数学家，唯有沃尔夫奖在全世界范围以获奖者一生的成就来评定，所以，沃尔夫数学奖堪称数学领域的诺贝尔奖。

根据统计，沃尔夫物理奖、化学奖和医学奖的获得者中，有三分之一的人获得了相关领域的诺贝尔奖，因此沃尔夫奖在这些领域，尤其是在物理和化学领域，其影响力仅次于诺贝尔奖。先后获得沃尔夫物理奖和诺贝尔物理奖的日本科学家只有小柴昌俊1人。

截至2011年，共有9位日本科学家荣获沃尔夫奖（表3-11），其中数学奖和医学奖各3位，体现了日本在这两个领域的竞争力。从9位科学家所在的机构分析，获奖数量较多的有京都大学和东京大学，分别为3人和2人。

表3-11 获得沃尔夫奖的日本科学家

分类	获奖年份	获奖人	所在机构
数学奖	1984	小平邦彦	日本学士院
	1987	伊藤清	京都大学
	2002	佐藤干夫	京都大学

续表

分类	获奖年份	获奖人	所在机构
医学奖	1986	早石修	大阪医学院
	1994	西冢泰美	神户大学医学院
	2011	山中伸弥	京都大学
物理学奖	2000	小柴昌俊	东京大学
化学奖	2001	野依良治	名古屋大学
艺术奖	1988	槙文彦	东京大学

（二）在重要科学院的院士任职情况

截至2011年，有29位日本科学家担任美国国家科学院（National Academy of Sciences，NAS）的外籍院士（表3-12）。29人中的5人所属的学部都为免疫学，物理学学部，以及植物、土壤与微生物学学部的日本科学家也分别达到了3人，体现了日本在以上3个领域的学术实力。从29位科学家所在的机构分析，任职数量较多的有东京大学（5人）、京都大学（5人）和理化学研究所（4人）。

表3-12　担任美国国家科学院外籍院士的日本科学家

序号	姓名	当选年份	所属的学部	所在机构
1	Ikuo Kushiro	1983	地质学	东京大学
2	Hirofumi Uzawa	1995	经济科学	
3	Tadatsugu Taniguchi	2003	免疫学	
4	小柴昌俊	2005	物理学	
5	Chikashi Toyoshima	2005	生理学和药理学	
6	Takayoshi Higuchi	1991	植物、土壤与微生物学	京都大学
7	Mikio Sato	1993	数学	
8	Koichiro Tsunewaki	1996	植物、土壤与微生物学	
9	Yoshito Kaziro	2000	生理学和药理学	
10	Tasuku Honjo	2001	免疫学	
11	Kimishige Ishizaka	1983	免疫学	理化学研究所
12	野依良治	2003	化学	
13	Masao Ito	2007	系统神经科学	
14	Masatoshi Takeichi	2007	细胞与发育生物学	

续表

序号	姓名	当选年份	所属的学部	所在机构
15	Tadamitsu Kishimoto	1991	免疫学	大阪大学
16	Shizuo Akira	2009	免疫学	
17	Osamu Hayaishi	1972	系统神经科学	大阪生物科学研究所
18	Shigetada Nakanishi	2000	细胞与分子神经科学	
19	Jun-ichi Tomizawa	1995	遗传学	国立遗传学研究所
20	Tomoko Ohta	2002	进化生物学	
21	Sumio Iijima	2007	工程科学	名城大学
22	Seiya Uyeda	1976	地球物理学	东海大学
23	江崎玲于奈	1976	工程科学	茨城科学技术振兴财团
24	Jun Kondo	2009	物理学	产业技术综合研究所
25	Teruaki Mukaiyama	2004	化学	基础研究中心
26	Satoshi Omura	1999	动物、营养与应用微生物学	北里研究所
27	Takashi Sugimura	1982	医学遗传学、血液学与肿瘤学	日本学士院
28	Akira Tonomura	2000	物理学	日立公司
29	Yasuyuki Yamada	1999	植物、土壤与微生物学	奈良先端科学技术大学院大学

截至2011年，有25位日本科学家担任美国国家工程院（National Academy of Engineering，NAE）的外籍院士（表3-13）。25人中的8人所属的学部都为电子学，材料学部和机械学部的日本科学家也分别达到了5人，体现了日本在以上3个领域的学术实力。从25位科学家所在的机构分析，其中东京工业大学为3人，东北大学和NEC公司均为2人，可见这3家机构具有很高的国际知名度。

表3-13　担任美国国家工程院外籍院士的日本科学家

序号	姓名	当选年份	所属的学部	所在机构
1	Yasuo Mori	1986	机械	东京工业大学
2	Tatsuo Izawa	2004	材料	
3	Kenichi Iga	2007	电子学	
4	Tasuku Fuwa	1979	材料	东北大学
5	Akihisa Inoue	2008	材料	

续表

序号	姓名	当选年份	所属的学部	所在机构
6	Hisashi Kaneko	1997	电子学	NEC 公司
7	Hajime Sasaki	2000	电子学	
8	Seiuemon Inaba	1992	机械	FANUC 有限公司
9	Tsuneo Nakahara	1999	材料	Nakahara 研究所
10	Jun-ichi Nishizawa	2010	电子学	Sophia School Corporation
11	江崎玲于奈	1977	电子学	茨城科学技术振兴财团
12	Takeo Yokobori	1981	机械	帝京大学
13	Makoto Kikuchi	1987	电子学	东海大学
14	Shoichi Saba	1991	电力与能源系统	东芝公司
15	Shoichiro Toyoda	1994	机械	丰田汽车公司
16	Yasuharu Suematsu	1993	电子学	高柳纪念基金会
17	Jiro Kondo	1993	特殊学科与跨学科	环境技术中心
18	Kazuo Inamori	2000	材料	京瓷公司
19	Tadashi Watanabe	2008	计算机科学	理化学研究所
20	Iwao Iwasaki	1996	地球资源	美国明尼苏达大学
21	Isamu Akasaki	2008	电子学	名城大学
22	Hiroyuki Aoyama	1996	民用	青山实验室
23	Hiroyuki Abe	2002	机械	日本科学技术振兴机构
24	Susumu Kato	1995	特殊学科与跨学科	日-印科学技术论坛
25	Kenji Ishihara	2010	民用	中央大学

截至 2011 年，有 14 位日本科学家担任俄罗斯科学院的外籍院士（表 3-14），他们分布在俄罗斯科学院 11 个学部的 9 个学部，其中，以数学学部、物理学部、地球科学学部的日本科学家居多。

表 3-14　担任俄罗斯科学院外籍院士的日本科学家

序号	姓名	当选年份	所属的学部
1	Kosaku Yoshida	1982	数学学部
2	广中平佑	1994	
3	小柴昌俊	2003	物理学部
4	Nishijima Kazuhiko	1982	
5	Koji Fusimi	1982	
6	江崎玲于奈	1994	

续表

序号	姓名	当选年份	所属的学部
7	Seiji Ueda	1994	地球科学学部
8	Ishihara Shunso	2003	
9	Jun-ichi Nishizawa	1988	纳米技术与信息技术学部
10	Tatsuro Matsumae	1988	能源、机械制造、力学和过程工程学部
11	Ryoji Noyori	2003	化学与材料科学学部
12	Kunio Yagi	1982	生物学学部
13	Masao Ito	1994	生理学与基础医学学部
14	Yoshikazu Nakamura	1999	历史与哲学科学学部

截至2011年，担任中国科学院外籍院士的日籍科学家只有井口洋夫1人。井口洋夫为化学家，现任日本宇宙开发事业团宇宙环境利用研究中心首席科学家，2000年当选为中国科学院外籍院士。

截至2011年，担任中国工程院外籍院士的日籍科学家共3位，如表3-15所示。

表3-15 担任中国工程院外籍院士的日本科学家

序号	姓名	当选年份	专业
1	不破祐	1996	冶金工程
2	藤岛昭	2003	光电化学
3	大村智	2005	药学

（三）在ESI前10%期刊编委任职分析

本书采集了汤森路透科技集团的ESI数据库中自然科学期刊按被引频次排名前10%的期刊共405种，通过分析在这些期刊编委会任职的14 888名主编和编委的国别分布，从一个侧面考察日本在各学科领域的全球影响力。

在ESI前10%期刊中，国籍为日本的主编和编委共493人（表3-16），尤其在物理学领域，日本的任职人次仅次于美国，超过其他各主要国家和地区；在化学、工程、材料科学领域，日本甚至超过了法国、加拿大等发达国家。

表 3-16　主要国家和地区在 ESI 各领域前 10% 期刊的主编和编委任职数量排名

编委国别	数学	物理学	化学	农业科学	生物医学	生物科学	工程	地球与环境科学	计算机科学	材料科学	空间科学
美国	1	1	1	1	1	1	1	1	1	1	2
英国	2	4	2	2	2	2	3	2	2	3	1
德国	3	3	3	5	3	3	5	5	3	2	4
法国	4	6	5	4	5	7	2	6	4	5	3
加拿大	5	7	6	3	4	4	7	3	7	6	—
意大利	6	5	8	7	6	8	6	8	5	9	4
澳大利亚	7	10	10	6	8	5	8	4	8	7	—
日本	8	2	4	9	7	6	4	9	6	4	—
中国大陆	9	7	6	8	9	9	8	7	9	8	—
韩国	10	9	11	11	11	10	12	10	12	11	—
俄罗斯	10	12	12	—	13	12	11	13	10	—	—
印度	12	12	9	11	12	12	10	10	10	10	—
巴西	13	11	13	10	10	11	12	12	12	12	—

根据对 493 位日本国籍的主编和编委任职人员进行分析，如图 3-29 所示，日本在医学和生物科学这两个领域的任职人员超过了所有任职人员的半数。

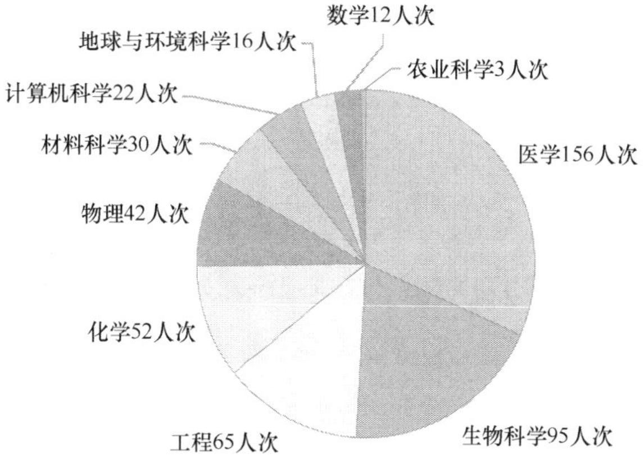

图 3-29　日本在 ESI 前 10% 期刊的主编和编委任职领域分布

（四）在国际标准化组织的任职

2001年9月，日本发布了“标准化战略”，战略的核心是争夺国际标准的制高点，重点是健康、安全、环境、制造业、高新技术等领域的标准化①。从该战略实施以来，日本已经在担任国际标准化组织（International Organization for Standardization，ISO）的技术委员会、技术分委员会主席，以及参与国际标准制定等国际标准化活动中具有较强的影响力（表3-17）。

图3-17　主要国家参与国际标准化组织及其任职的情况

类别	美国	英国	德国	法国	日本	加拿大	意大利	俄罗斯	中国	印度	澳大利亚	韩国	巴西
参加技术委员会的数量/个	124	166	147	163	143	83	149	152	159	73	99	162	53
技术委员会的主席任职数量/人次	30	25	24	18	11	8	1	1	4	2	2	2	0
承担技术委员会秘书处/个	31	21	35	18	12	8	1	2	9	2	2	2	2
参加技术分委员会的数量/个	318	433	377	386	397	205	367	353	399	172	203	409	121
技术分委员会的主席任职数量/人次	84	61	79	53	34	10	15	3	8	5	14	10	3
承担技术分委员会秘书处/个	93	65	101	58	40	14	15	10	9	6	16	10	3
工作组召集机构的任职数量/个	520	351	383	191	144	78	41	8	26	6	77	17	8

资料来源：潘教峰，谭宗颖，张晓林，等.2010，国际科技竞争力研究报告.北京：科学出版社：146。

七、优势领域分析

（一）主要大学和科研机构在ESI的前100位机构排名

ESI是由ISI推出的衡量科学研究绩效、跟踪科学发展趋势的基本分析评价工具。

本部分以2008~2012年的ESI数据为基础，按各领域的论文数量进行排

①王金玉.2006. 日本实施标准化战略初见成效. 世界标准化与质量管理，(8)：36-38

名，来考察在 ESI 的 22 个学科领域前 100 位机构中的日本主要大学和科研机构。

1. 从所有学科领域角度考察排名

表 3-18 显示，从 ESI 所有领域的论文数量排名考察，日本有 7 所大学进入 ESI 的前 100 位，其中京东大学、京都大学位于世界前列的水平。

表 3-18　2008 ~ 2012 年 ESI 所有领域前 100 位机构中的日本主要大学和科研机构

机构名称	ESI 排名/位	论文数量/篇	被引频次/次	篇均被引频次/（次/篇）
东京大学	5	78 420	1 190 750	15. 18
京都大学	17	57 581	829 201	14. 40
大阪大学	31	47 523	685 095	14. 42
东北大学	34	46 469	543 629	11. 70
九州大学	80	31 530	359 697	11. 41
北海道大学	85	30 833	333 882	10. 83
名古屋大学	90	30 071	388 409	12. 92

2. 从各学科领域角度考察排名

表 3-19 显示，日本主要大学和科研机构在 ESI 的 19 个领域均进入前 100 位。特别是生物与生物化学、化学、材料科学、物理学等领域进入 ESI 领域前 100 位的机构较多，并且位居比较领先的地位。其中，京东大学、京都大学、大阪大学、日本东北大学、九州大学、北海道大学、名古屋大学等 11 所大学在 ESI 不同领域的前 100 位机构中均有分布；包括日本产业技术综合研究所、日本科技振兴机构、日本理化学研究所、日本原子能研究开发机构、日本国家材料科学研究所、日本宇宙航空研究开发机构、日本海洋研究开发机构在内的 7 所科研机构进入 ESI 各领域的前 100 位机构行列。日本在经济与商业、精神病学/心理学、社会科学 3 个领域没有大学和科研机构进入 ESI 前 100 位行列。

表 3-19　2008 ~ 2012 年 ESI 各领域前 100 位机构中的日本主要大学和科研机构

ESI 学科领域	机构名称	论文数量世界排名	论文数量/篇	被引频次/次	篇均被引频次/（次/篇）
农业科学	九州大学	29	1 175	3 071	2. 61
	东京大学	82	637	3 603	5. 66
	北海道大学	98	582	4 639	7. 97
	京都大学	99	578	4 102	7. 10

续表

ESI 学科领域	机构名称	论文数量世界排名	论文数量/篇	被引频次/次	篇均被引频次/（次/篇）
生物与生物化学	东京大学	4	6 585	132 158	20.07
	京都大学	7	4 752	89 974	18.93
	大阪大学	9	4 290	75 757	17.66
	北海道大学	49	2 664	36 694	13.77
	九州大学	52	2 531	37 677	14.89
	日本东北大学	60	2 356	34 380	14.59
	名古屋大学	66	2 299	36 913	16.06
	日本产业技术综合研究所	93	1 895	29 226	15.42
化学	京都大学	6	9 722	168 598	17.34
	东京大学	7	8 689	156 609	18.02
	大阪大学	10	7 789	111 095	14.26
	日本产业技术综合研究所	15	7 082	111 341	15.72
	东京理工学院	17	6 764	86 346	12.77
	日本科技振兴机构	18	6 738	123 149	18.28
	日本东北大学	22	6 351	90 618	14.27
	九州大学	34	5 000	66 040	13.21
	北海道大学	42	4 553	60 992	13.40
	名古屋大学	45	4 060	62 639	15.43
临床医学	东京大学	53	10 543	172 041	16.32
	大阪大学	87	8 308	141 508	17.03
	京都大学	94	7 718	130 157	16.86
计算机科学	东京大学	30	1 383	5 905	4.27
	京都大学	76	896	2 674	2.98
	大阪大学	81	882	2 547	2.89
工程	东京大学	14	5 138	27 925	5.43
	日本东北大学	30	3 900	20 322	5.21
	京都大学	32	3 814	20 513	5.38
	东京理工学院	36	3 599	17 831	4.95
	日本原子能研究开发机构	37	3 595	16 694	4.64
	大阪大学	52	3 019	13 062	4.33
	日本产业技术综合研究所	68	2 711	19 277	7.11
	九州大学	69	2 675	14 681	5.49

续表

ESI 学科领域	机构名称	论文数量世界排名	论文数量/篇	被引频次/次	篇均被引频次/（次/篇）
环境/生态学	东京大学	51	1 398	15 675	11. 21
	京都大学	56	1 306	12 728	9. 75
	北海道大学	88	997	9 806	9. 84
地球科学	东京大学	7	4 062	46 039	11. 33
	日本海洋研究开发机构	13	2 747	38 032	13. 84
	京都大学	39	2 033	16 206	7. 97
	北海道大学	44	1 925	17 772	9. 23
	日本东北大学	58	1 653	15 598	9. 44
	日本产业技术综合研究所	68	1 491	15 776	10. 58
	名古屋大学	80	1 349	12 368	9. 17
免疫学	东京大学	21	1 107	36 801	33. 24
	大阪大学	24	1 065	59 883	56. 23
	京都大学	63	661	30 231	45. 74
	日本理化学研究所	100	518	24 747	47. 77
材料科学	日本东北大学	3	6 224	50 635	8. 14
	日本国家材料科学研究所	7	4 556	51 678	11. 34
	日本产业技术综合研究所	11	4 192	43 576	10. 40
	大阪大学	12	4 019	34 047	8. 47
	东京大学	17	3 291	32 481	9. 87
	京都大学	23	2 844	27 388	9. 63
	东京理工学院	25	2 782	26 084	9. 38
	九州大学	49	1 957	17 380	8. 88
	日本科技振兴机构	54	1 779	29 330	16. 49
	北海道大学	58	1 747	13 268	7. 59
	名古屋大学	61	1 706	12 140	7. 12
数学	京都大学	21	1 366	5 015	3. 67
	东京大学	32	1 247	4 211	3. 38
	大阪大学	99	786	2 258	2. 87
微生物学	东京大学	7	1 698	27 105	15. 96
	大阪大学	48	825	13 729	16. 64
	京都大学	55	775	11 554	14. 91
	北海道大学	61	716	9 354	13. 06

续表

ESI 学科领域	机构名称	论文数量世界排名	论文数量/篇	被引频次/次	篇均被引频次/（次/篇）
分子生物学/遗传学	东京大学	5	3 758	112 982	30.06
	京都大学	25	2 596	95 155	36.65
	日本理化学研究所	28	2 483	89 620	36.09
	大阪大学	31	2 354	77 261	32.82
	日本科技振兴机构	37	2 073	95 980	46.30
	日本东北大学	94	1 260	29 381	23.32
跨学科科学	东京大学	14	113	2 234	19.77
	京都大学	35	70	1 277	18.24
	大阪大学	47	49	1 495	30.51
	日本科技振兴机构	49	48	1 104	23.00
	日本理化学研究所	57	42	955	22.74
	日本产业技术综合研究所	62	30	919	30.63
神经科学与行为学	东京大学	43	2 027	41 486	20.47
	日本科技振兴机构	63	1 616	34 474	21.33
	京都大学	66	1 588	29 130	18.34
	日本理化学研究所	78	1 453	33 341	22.95
	大阪大学	85	1 383	24 119	17.44
药理学与毒理学	东京大学	10	1 054	18 751	17.79
	京都大学	12	999	13 694	13.71
	日本东北大学	49	719	8 274	11.51
	九州大学	57	674	7 988	11.85
	富山大学	58	674	6 946	10.31
	大阪大学	62	656	6 443	9.82
	岗山大学	72	611	5 704	9.34
物理学	东京大学	4	16 843	222 480	13.21
	日本东北大学	7	11 711	138 267	11.81
	大阪大学	9	10 167	103 484	10.18
	京都大学	10	9 618	108 120	11.24
	日本科技振兴机构	15	8 184	100 929	12.33
	东京理工学院	21	7 279	88 358	12.14
	日本产业技术综合研究所	24	6 756	72 549	10.74
	日本理化学研究所	33	5 951	72 725	12.22
	日本国家材料科学研究所	47	5 322	49 350	9.27
	名古屋大学	56	5 029	63 696	12.67
	日本原子能研究开发机构	62	4 645	41 044	8.84
	筑波大学	65	4 458	55 068	12.35
	九州大学	94	3 568	24 114	6.76

续表

ESI 学科领域	机构名称	论文数量世界排名	论文数量/篇	被引频次/次	篇均被引频次/（次/篇）
植物学与动物学	东京大学	14	4 236	51 190	12.08
	京都大学	27	3 560	33 045	9.28
	北海道大学	30	3 275	22 633	6.91
空间科学	东京大学	15	2 843	71 333	25.09
	日本宇宙航空研究开发机构	32	1 897	34 559	18.22
	京都大学	43	1 637	24 324	14.86
	名古屋大学	59	1 316	22 764	17.30

3. 从机构角度考察排名

从机构的角度，可以考察进入 ESI 前 100 位的日本主要大学和科研机构在各学科领域的国际影响力。

表 3-20 显示，东京大学在 19 个学科领域均在排名前 100 位的范围内，特别是在物理学、化学及生物与生物化学、分子生物学/遗传学、微生物学等与生命科学相关的学科领域位居世界前列。

表 3-20　2008～2012 年东京大学在 ESI 各领域的排名情况

ESI 学科领域	论文数量世界排名	论文数量/篇	被引频次/次	篇均被引频次/（次/篇）
生物与生物化学	4	6 585	132 158	20.07
物理学	4	16 843	222 480	13.21
分子生物学/遗传学	5	3 758	112 982	30.06
化学	7	8 689	156 609	18.02
地球科学	7	4 062	46 039	11.33
微生物学	7	1 698	27 105	15.96
药理学与毒理学	10	1 054	18 751	17.79
工程	14	5 138	27 925	5.43
跨学科科学	14	113	2 234	19.77
植物学与动物学	14	4 236	51 190	12.08
空间科学	15	2 843	71 333	25.09
材料科学	17	3 291	32 481	9.87
免疫学	21	1 107	36 801	33.24

续表

ESI 学科领域	论文数量世界排名	论文数量/篇	被引频次/次	篇均被引频次/（次/篇）
计算机科学	30	1 383	5 905	4.27
数学	32	1 247	4 211	3.38
神经科学与行为学	43	2 027	41 486	20.47
环境/生态学	51	1 398	15 675	11.21
临床医学	53	10 543	172 041	16.32
农业科学	82	637	3 603	5.66

表 3-21 显示，京都大学在 19 个学科领域均在排名前 100 位的范围内，特别是化学、生物与生物化学领域位居世界前列。

表 3-21　2008～2012 年京都大学在 ESI 各领域的排名情况

ESI 学科领域	论文数量世界排名	论文数量/篇	被引频次/次	篇均被引频次/（次/篇）
化学	6	9 722	168 598	17.34
生物与生物化学	7	4 752	89 974	18.93
物理学	10	9 618	108 120	11.24
药理学与毒理学	12	999	13 694	13.71
数学	21	1 366	5 015	3.67
材料科学	23	2 844	27 388	9.63
分子生物学/遗传学	25	2 596	95 155	36.65
植物学与动物学	27	3 560	33 045	9.28
工程	32	3 814	20 513	5.38
跨学科科学	35	70	1 277	18.24
地球科学	39	2 033	16 206	7.97
空间科学	43	1 637	24 324	14.86
微生物学	55	775	11 554	14.91
环境/生态学	56	1 306	12 728	9.75
免疫学	63	661	30 231	45.74
神经科学与行为学	66	1 588	29 130	18.34
计算机科学	76	896	2 674	2.98
临床医学	94	7 718	130 157	16.86
农业科学	99	578	4 102	7.10

（二）各领域的核心论文与施引论文分析①

本部分研究采集了汤森路透科技集团的 ESI 及 SCI 2010 年 7 月 1 日公布的 2004~2009 年的日本数据，其中高被引论文 5266 篇，核心论文 658 篇，研究前沿论文 2346 篇，施引论文 29 202 篇。

利用自主研发的科学结构工具，通过同被引分析对它们进行聚类，得到了 132 个研究领域，并参考领域专家对相关领域内容分析的结果，把 132 个研究领域划分为 7 个大类。其中，包括粒子物理与宇宙学、凝聚态物理学、纳米科技、合成与应用化学、地球科学、生物学及医学。

下面对日本在粒子物理与宇宙学、凝聚态物理学、纳米科技、合成与应用化学、地球科学、生物学及医学 7 个大类的核心论文与施引论文所占世界的份额情况进行分析。核心论文份额代表所要分析的大类在国际中所处的研究水平，而施引论文份额代表这些大类的研究紧随世界最新研究的情况。

图 3-30 显示了 2004~2009 年日本的全部核心论文份额与施引论文份额的变化趋势情况。其中，核心论文份额呈现稳步发展趋势，施引论文的份额呈现稳步上升趋势，说明日本的整体研究情况呈现紧追世界最新研究的形势。

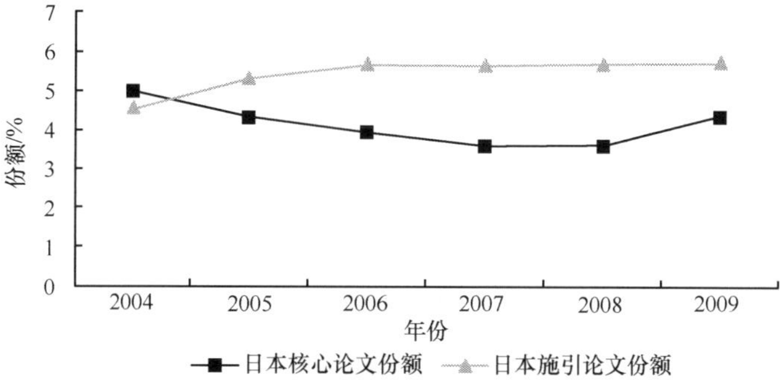

图 3-30 2004 ~ 2009 年日本的全部核心论文与施引论文份额变化趋势图

① 高被引论文：ESI 将过去 10 年的论文数量及其被引频次进行统计，将其 22 学科中论文被引频次最高的前 1% 的论文遴选为高被引论文。

同被引（co-cited）：指一组论文同时被其他论文共同引用。

研究前沿（research front）：是 ESI 中的一个特色栏目。以 ISI 前 6 年的高被引论文为基础，利用论文之间的同被引关系聚类产生一系列论文集合。

研究领域：在研究前沿基础上的再次（二次）聚类得到的一系列高被引论文集合。

核心论文（core paper）：指研究领域中包含的高被引论文。

施引论文（citing paper）：指引用核心论文的论文。

某研究领域的国家核心论文份额（core paper share）：是该国在某个研究领域中发表的核心论文数占该研究领域全部核心论文数的比例。

某研究领域的国家施引论文份额（citing paper share）：是该国引用某个研究领域核心论文的论文数占世界引用该研究领域核心论文的论文数的比例。

表 3-22 为日本 2004~2009 年在粒子物理与宇宙学、凝聚态物理学、纳米科技、合成与应用化学、地球科学、生物学、医学 7 个大类中的核心论文份额和施引论文份额的总体情况。

表 3-22 日本在 7 个大类中核心论文和施引论文份额的情况

（单位:%）

研究大类	日本核心论文份额	日本施引论文份额
粒子物理与宇宙学	4.44	4.97
凝聚态物理学	8.54	7.93
纳米科技	4.32	7.66
合成与应用化学	6.64	8.33
地球科学	2.34	3.21
生物学	4.35	5.39
医学	3.31	5.12
全部	4.02	5.65

表 3-23 与表 3-24 分别显示了 2004~2009 年日本在粒子物理与宇宙学、凝聚态物理学、纳米科技、合成与应用化学、地球科学、生物学、医学 7 个大类中的核心论文份额与施引论文份额的年度变化情况。

表 3-23 2004~2009 年日本在 7 个大类中核心论文占世界份额分布表

（单位:%）

年份	粒子物理与宇宙学	凝聚态物理学	纳米科技	合成与应用化学	地球科学	生物学	医学
2009	7.85	3.51	5.59	6.47	3.57	4.58	2.79
2008	4.74	6.19	3.67	6.67	2.68	4.46	2.53
2007	3.96	6.79	4.52	5.95	2.94	4.15	2.87
2006	3.27	7.31	4.57	5.56	2.85	4.96	3.52
2005	5.29	12.87	3.24	6.64	0.86	3.63	4.23
2004	2.15	12.99	5.37	10.65	1.40	4.29	4.39

表 3-24 2004~2009 年日本在 7 个大类中施引论文占世界份额分布表

（单位:%）

年份	粒子物理与宇宙学	凝聚态物理学	纳米科技	合成与应用化学	地球科学	生物学	医学
2009	4.97	6.87	7.21	7.42	3.58	5.43	5.48

续表

年份	粒子物理与宇宙学	凝聚态物理学	纳米科技	合成与应用化学	地球科学	生物学	医学
2008	5.31	7.76	7.48	8.45	3.27	5.73	5.15
2007	5.21	7.80	8.33	8.50	2.98	5.36	5.04
2006	4.94	9.53	8.14	9.11	3.02	5.16	5.00
2005	3.94	9.63	8.23	10.00	2.64	4.57	4.34
2004	3.63	5.90	8.08	12.03	1.29	3.79	3.36

图3-31与图3-32分别显示了2004～2009年日本在粒子物理与宇宙学、凝聚态物理学、纳米科技、合成与应用化学、地球科学、生物学、医学7个大类中的核心论文份额与施引论文份额的年度变化趋势。

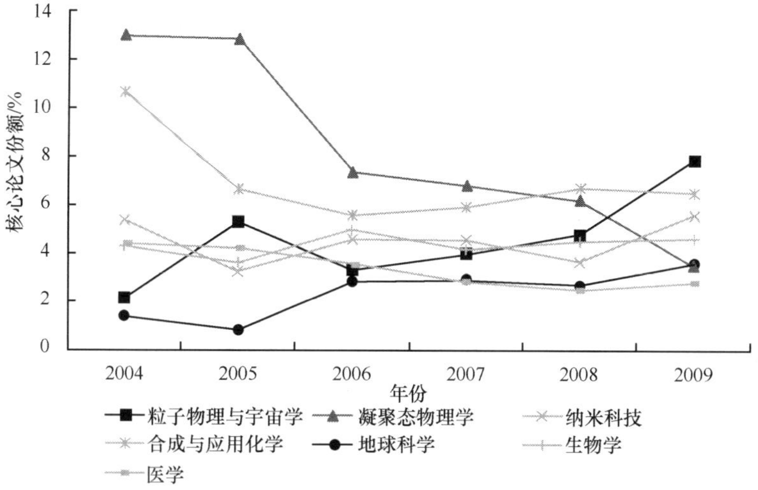

图3-31　2004～2009年日本在7个大类中核心论文份额变化趋势图

由图3-31可以看出，日本在粒子物理与宇宙学 、纳米科技、合成与应用化学及生物学4个大类的核心论文份额呈现交替上升下降趋势。凝聚态物理学大类的核心论文份额从2004年以后呈现明显下降趋势。地球科学大类的核心论文份额在2005～2009年呈现上升趋势；医学大类的核心论文份额分布比较稳定。

由图3-32可以看出，日本在地球科学、生物学及医学3个大类的施引论文份额分布比较稳定。合成与应用化学大类的施引论文份额从2004年开始下降，至2007年有略微上升趋势，2008年后又有下降趋势。凝聚态

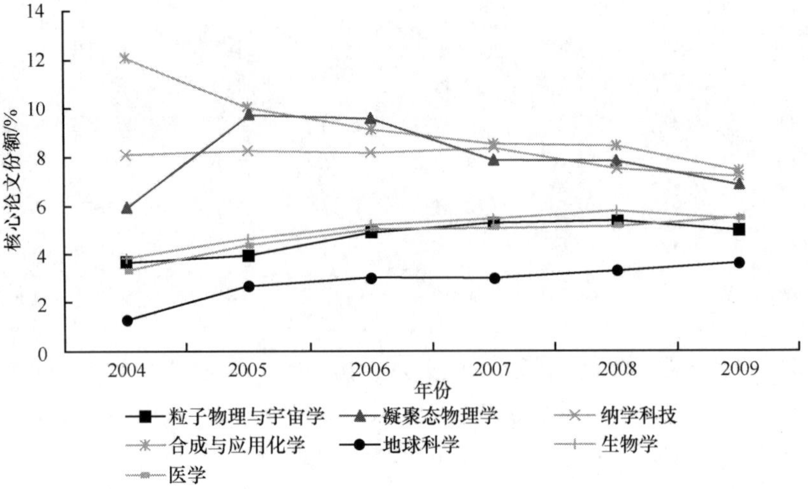

图 3-32　2004～2009 年日本在 7 个大类中施引论文份额变化趋势图

物理学大类的施引论文份额从 2005 年以后呈现稳步下降趋势。纳米科技大类的施引论文份额在 2004～2007 年分布比较稳定，2007～2009 年呈现下降趋势。

图 3-33 显示了 2004～2009 年日本在 7 个大类中的核心论文份额的分布情况。其中，在合成与应用化学、凝聚态物理学及纳米科技 3 个大类的相关研究领域中，日本核心论文份额相对较高。

图 3-34 显示了 2004～2009 年日本在 7 个大类中的施引论文份额的分布情况。其中，在合成与应用化学、纳米科技及凝聚态物理学 3 个大类的相关研究领域中，施引论文份额相对较高。

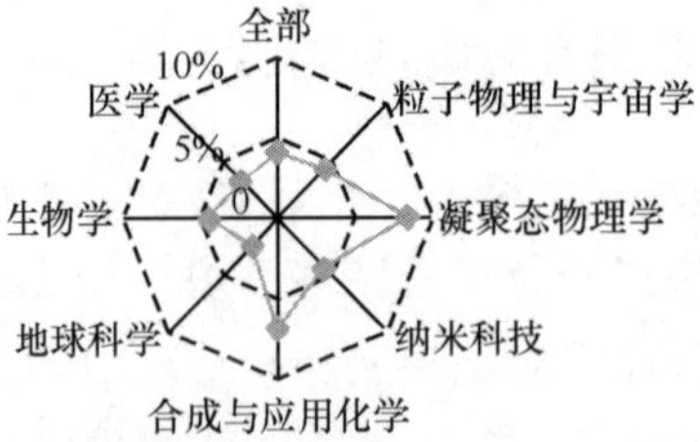

图 3-33　2004～2009 年日本在 7 个大类中核心论文份额分布图

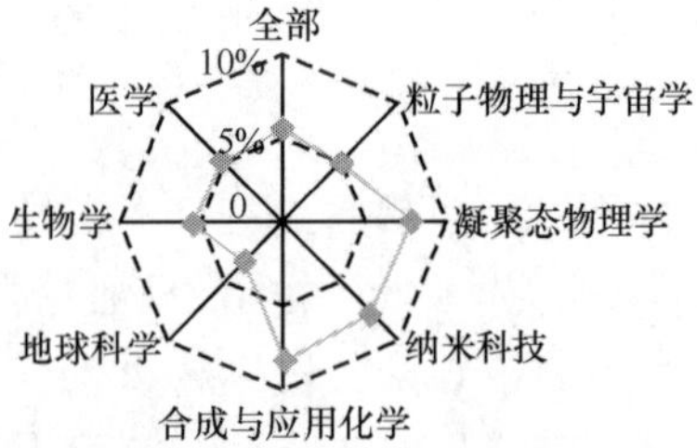

图 3-34　2004～2009 年日本在 7 个大类中施引论文份额分布图

总体而言，日本的核心论文及施引论文份额的年分布情况显示，日本在合成与应用化学 、纳米科技及凝聚态物理学 3 个大类的相关研究处于国内领先水平，并且紧追世界前沿研究。

（三）重点技术与世界最高水平的差距

2010 年，日本科技振兴机构发布了韩国产业技术评价管理院（KEIT）撰写的《信息通信技术水平评估报告》，主要分析了日本与美国、欧洲、韩国及中国在信息通信技术相关领域的技术水平与技术差距①。

表 3-25 显示了 2010 年美国、日本、韩国、中国及欧洲在信息通信技术领域的总体技术水平及各国与世界最高水平的差距。

表 3-25 2010 年日本信息通信技术领域的技术水平与技术差距

国家名称	技术水平/%	技术差距/年
美国	100.0	0.0
日本	94.0	1.4
欧洲	93.0	1.5
韩国	86.0	2.4
中国	75.7	3.3

表 3-26 显示了 2010 年美国、日本、韩国、中国及欧洲在信息通信技术的 14 个重点领域的技术水平及各国与世界最高水平的差距。

表 3-26 2010 年日本信息通信技术领域重点技术水平国际比较

技术领域名称	美国		日本		欧洲		韩国		中国	
	技术水平/%	技术差距/年	技术水平/%	技术差距/年	技术水平/%	技术差距/年	技术水平/%	技术差距/年	技术水平/%	技术差距/年
半导体	100	0	96.9	1~2	91.6	1~2	87.9	1~2	73.9	3~5
显示技术	93.7	1~2	100	0	88.8	1~2	88.7	1~2	74.3	3~5
LED 及视觉技术	100	0~1	100	0	93.5	1~2	86.1	1~2	75.8	2~3
家庭联网与信息应用	100	0	93.0	1~2	93.8	1~2	86.5	2~3	75.5	3~5
数字电视与广播	100	0	93.9	1~2	95.3	1~2	88.5	1~2	77.3	3~5
电视/广播/卫星	100	0	90.9	2~3	93.5	2~3	81.4	3~5	76.1	3~5

①Japan Science and Technology Agency. 2010. Technological level evaluation in ICT. http://crds. jst. go. jp/sympo/20110628/pdf/ilgou. pdf［2011-08-20］

续表

技术领域名称	美国		日本		欧洲		韩国		中国	
	技术水平/%	技术差距/年	技术水平/%	技术差距/年	技术水平/%	技术差距/年	技术水平/%	技术差距/年	技术水平/%	技术差距/年
移动通信	100	0	90.4	2~3	93.5	1~2	86.5	2~3	76.5	3~5
广泛融合网络（BcN）	100	0	89.8	2~3	91.8	1~2	85.9	2~3	78.2	3~5
软件	100	0	86.2	2~3	89.8	2~3	80.6	3~5	72.8	3~5
下一代计算技术	100	0	87.5	2~3	87.5	2~3	81.1	3~5	71.5	3~5
网络安全	100	0	88.4	2~3	90.8	2~3	85.2	2~3	74.1	3~5
机器人	100	0	96.7	1~2	94.5	1~2	84.7	2~3	74.6	3~5
RFID/USN	100	0	88.9	2~3	92.0	1~2	85.8	2~3	73.9	3~5
IT 融合技术	100	0	94.1	1~2	96.1	1~2	85.1	2~3	73.4	3~5

信息通信技术重点技术国际比较显示，日本在显示技术、LED 及视觉技术两个领域处于世界顶级水平，美国在其他 12 个领域处于世界顶级水平。

（四）主要产业的世界市场占有率和排名

日本是世界科技强国之一，在电子、半导体、计算机、航空航天产业都具有较强优势，其产业在世界市场占有较高份额。表 3-27 显示日本在电子、仪器、计算机、航空航天、医药各产业在世界市场的占有率和排名①。

表 3-27　日本主要产业的世界市场占有率和排名　（单位：%）

产业名称	2005 年	2008 年	2011 年
电子	9.11（第 3 位）	7.65（第 4 位）	5.85（第 6 位）
仪器	10.71（第 3 位）	7.58（第 4 位）	8.32（第 4 位）
计算机	5.02（第 6 位）	4.22（第 6 位）	3.36（第 7 位）
航空航天	1.38（第 8 位）	1.52（第 8 位）	1.79（第 9 位）
医药	1.50（第 15 位）	1.00（第 18 位）	1.04（第 18 位）

图 3-35 是 1990~2009 年美国、日本、欧洲及亚太地区半导体产业分布情况，分析统计结果显示日本的半导体产业占有世界很高的份额②。

①OECD. 2012. Main science and technology indicators. http://www. keepeek. com/Digital-Asset-Management/oecd/science-and-technology/main-science-and-technology-indicators/volume-2012/issue-2_msti-v2012-2-en#page4 [2013-02-25]

②OECD. 2012. OECD internet economy outlook 2012. http://www. oecd-ilibrary. org/science-and-technology/oecd-internet-economy-outlook-2012_9789264086463-en [2012-09-20]

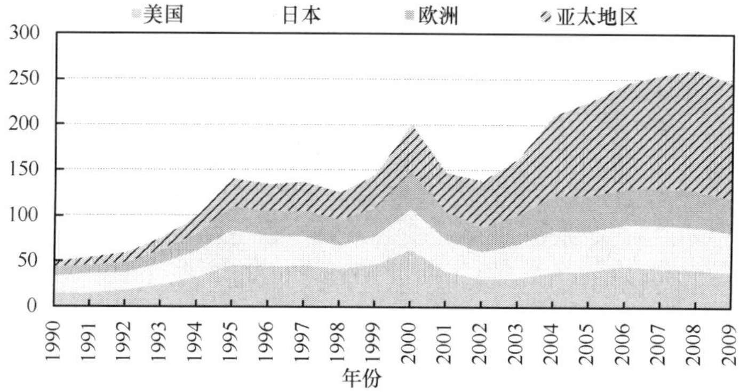

图 3-35 1990～2009 年日本及相关国家/地区半导体产业分布情况

八、各界评价

（一）OECD《科学、技术与产业展望》对日本的评价

日本是一个科技发达的经济体，制造商、供应商和销售商之间有着密切的联系，若干领域的科学与创新表现卓越。日本与 OECD 国家在各主要创新指标方向的对比如图 3-36 所示。2008 年日本的研发总支出（GERD）占 GDP 的百分比高达 3.4%，在 OECD 国家中位列第三。2005～2007 年，实际 GERD 增长强劲，但 2008 年转为负增长（-0.12%）。

2008 年，GERD 中产业投入的比例增至 78%，占 GPD 的 2.7%，是 OECD 地区最高的。而 GERD 中政府投入的比例稳步下降，从 2000 年的 20% 下降至 16%。当年的企业研发支出也相对较高，占 GDP 的 2.7%。

2008 年，日本每百万人拥有的三方专利数量为 111 件，在 OECD 国家中排名第二。日本拥有世界三方专利族数量的 28%，仅次于美国。同年，日本产出科技论文 81 000 篇，占世界科技论文产出总量的 4.8%，位列第二。但日本每百万人口论文产出数量为 635 篇，低于 OECD 平均水平。

1999～2001 年，只有 8% 的企业有新的创新产品进入市场，而相当高比例的公司进行了非技术创新；只有 7% 的公司参与了合作创新活动，且 2005～2007 年，只有 3% 的 PCT 专利申请具有外国合作者。2008 年，国外投入占 GERD 的百分比只有 0.4%。

2009～2010 年，日本在科技人力资源方面的表现比较稳定。每千名在岗人员中研究人员数量为 11 人，该比例高于 OECD 平均值，科学与工程学位的比例（24%）也高于平均值，但该比例从 1998 年到 2007 年下降了两个百分点。

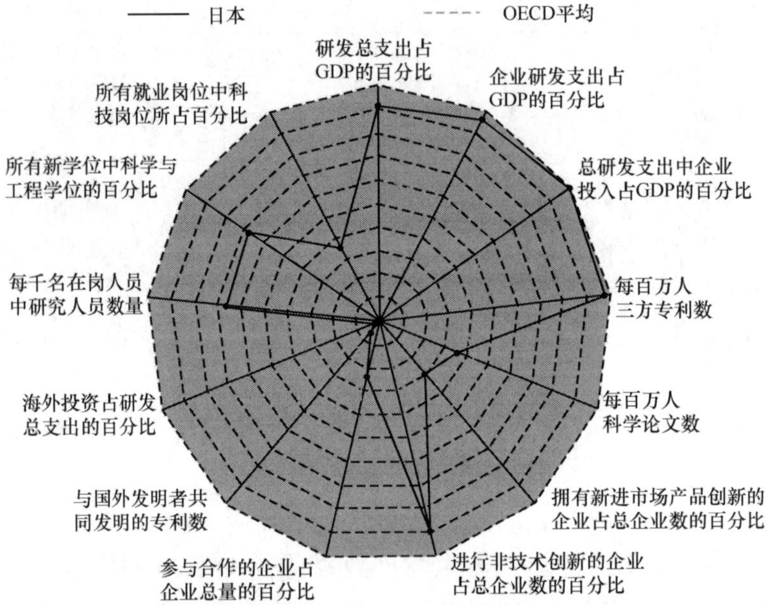

图 3-36　日本与 OECD 国家科学与创新剖面图

资料来源：OECD. 2010. OECD Science，technology and industry outlook 2010. http://www. oecd. org/sti/inno/oecdsciencetechnologyandindustryoutlook2010. htm［2012-08-24］

日本是世界三大经济体之一。2001～2007 年，日本 GDP 年均增长 1.8%，增幅虽小但保持稳定，但 2008 年增幅减少了 1.2%，2009 年减少 5.2%。2009 年，日本失业率小幅增至 5.1%。2001～2007 年，劳动生产率年均增长 2%，2008 年减缓至 0.5%。人均 GDP 相当于美国的 72%。

日本科学技术会议（CSTP）一直将日本的创新政策作为政府的最高优先。2010 年 6 月 18 日，日本内阁通过了“新增长战略”。其中的科技战略包括了到 2020 年的目标，如更多世界领先的大学与研究机构，科技博士充分就业，充分利用中小企业的知识产权，在生产与消费中更有效地运用信息通信技术等。绿色创新和生活创新构成该战略中不可分割的部分。

（二）IMD《2009 年国际竞争力年度报告》的排名

瑞士洛桑国际管理学院（IMD）公布的《2009 年国际竞争力年度报告》显示，日本的国际竞争力在 57 个评比对象国中位列第 17 位（2008 年排名为第 22 位），其中科学竞争力和技术竞争力分列第 2 位和第 16 位。

如图 3-37 所示，日本的科学竞争力 2002～2007 年稳居世界第 2 位，显示国际一流的竞争能力。技术竞争力2002～2007年呈现稳步上升且持续下降的趋势。

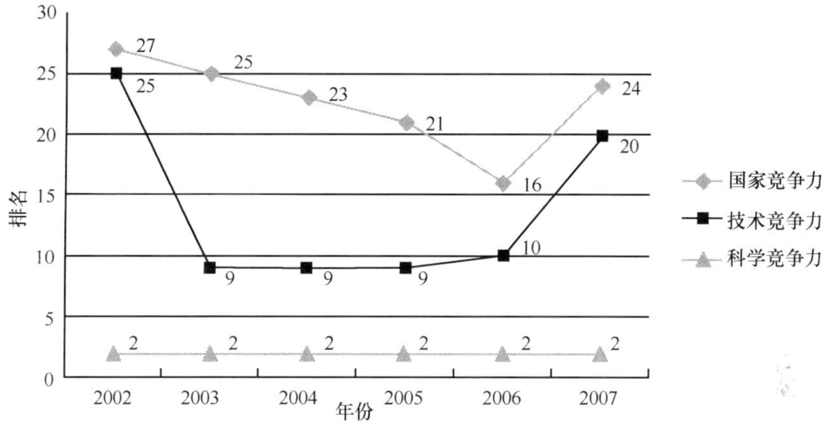

图3-37　2002～2007年日本竞争力排名

表3-28显示了2002～2007年日本的科学竞争力综合排名及各指标的排名情况①。其科学竞争力综合排名在2002～2007年稳居世界第2位，显示出非常强的竞争力。科学竞争力指标包括研发投资、研发人力、科学环境及知识产权保护在内的4个大类的23个指标，其中排名世界前十位的指标有17个。

表3-28　2002～2007年日本科学竞争力指标及排名

分类	评价指标	排名					
		2002年	2003年	2004年	2005年	2006年	2007年
研发投资	研发支出总额	2	2	2	2	2	2
	研发总额占GDP的比重	1	1	3	4	5	4
	国民人均研发支出额	3	1	6	5	7	7
	企业研发支出总额	2	2	2	2	2	2
	企业研发支出占GDP的比重	3	1	3	3	2	4
研发人力	全国研发人员总数	1	3	3	3	4	3
	每千人中的企业研发人员总数	4	1	10	10	3	7
	企业研发人员总数	1	2	2	3	9	2
	全国每千人中的研发人员总数	4	1	9	9	2	7

①洛桑国际管理学院国际竞争力年度报告，2002～2007年

续表

分类	评价指标	排名					
		2002年	2003年	2004年	2005年	2006年	2007年
科学环境	基础研究对经济长期发展的贡献度*	19	4	9	11	10	13
	理工科学位占总学位数的比率	5	5	8	3	9	3
	发表科技论文数	2	2	2	2	3	2
	学校对科学的重视程度*	30	13	33	29	29	25
	青少年对科学的关心程度*	46	25	40	45	29	23
	诺贝尔奖金受领总人数（1950年以来）	9	6	8	8	8	8
	每百万人中诺贝尔奖金受领人数（1950年以来）	19	9	18	19	19	19
知识产权保护	批准授予国民专利数	1	1	1	1	1	1
	国民在国外获得专利件数	2	2	2	3	1	3
	国民申请专利数	21	7	26	25	19	16
	知识产权保护程度*	5	1	5	5	6	6
	每10万人拥有有效专利的件数	3	3	2	3	3	3
	国内发明人的专利产出率	—	—	25	23	17	17
	科学研究受法律支撑的程度*	2	2	2	2	2	2
	综合排名	2	2	2	2	2	2

*问卷调查指标

表3-29显示了2002～2007年日本的技术竞争力的综合排名及各指标的排名情况①。技术竞争力综合排名呈现稳步上升后持续下降的趋势，特别是在2007年下降趋势明显，从2003～2005年的世界排名第9位下降至2007年的第20位。技术竞争力指标主要包括通信资费、计算机级网络使用人数等与信息通信基础设施相关的20个指标。其中占全世界使用计算机人数的比重、尖端技术产品出口数两个指标的世界排名位居前列。

表3-29　2002～2007年日本技术竞争力指标及排名

评价指标	2002年	2003年	2004年	2005年	2006年	2007年
通信领域投资占GDP的比重	30	19	38	33	40	27
全国每千人中固定电话用户数	13	6	15	27	25	21

①洛桑国际管理学院国际竞争力年度报告，2002～2007年

续表

评价指标	2002 年	2003 年	2004 年	2005 年	2006 年	2007 年
每3分钟固定电话国际长途费	38	19	47	51	52	46
全国每千人中移动电话用户数	27	9	35	36	36	36
每分钟移动电话费	18	16	24	29	31	49
通信技术对企业需求的满足度*	—	—	16	25	21	22
占全世界使用计算机人数的比重	2	2	2	2	2	2
全国每千人拥有的计算机数	18	6	19	21	22	20
全国每千人中的网络用户数	17	5	12	10	7	8
每20 小时上网的资费	31	15	37	37	43	27
全国每千人中广域网通信用户数	—	—	9	6	17	20
广域网通信资费	—	—	—	1	1	1
利用 ICT 的简易性*	38	14	21	27	24	22
企业间技术合作程度*	16	5	14	16	13	16
法律环境对技术开发与利用的资助程度*	29	8	23	29	19	22
技术开发基金的充分性*	22	5	15	12	11	18
技术规则对企业发展的资助程度*	—	—	—	24	19	24
尖端技术产品出口数	2	2	2	3	4	4
制造业出口总数中尖端技术产品所占比重	10	7	14	15	15	15
企业网络安全程度*	—	—	39	34	29	25
综合排名	25	9	9	9	10	20

* 问卷调查指标

（三）兰德公司《2020 年的全球技术革命》的评价

2006 年，兰德公司在美国国家情报委员会（the National Intelligence Council，NIC）的主持下开展了 2020 年生物、纳米、材料和信息四大技术领域发展研究，并形成题为《2020 年的全球技术革命》的研究报告①。

该报告涉及科技实力不同的 29 个国家，评估了各国在获取与实施 4 大技术领域内的 16 项重点技术应用的相对能力。该报告显示，在 29 个代表性国家中，美国、加拿大、德国、韩国、日本、澳大利亚和以色列这 7 个国家在 2020 年将成为科技发达国家（scientifically advanced nations），它们将能充分利用一

①兰德公司 . 2006. The global technology revolution 2020. http://www.rand.org/pubs/technical_reports/ 2006/RAND_TR303. pdf [2008-09-10]

切复杂科技，这些国家的居民将从科技进步中获得最大的好处。

该报告列举了29个国家实施所取得技术应用的整体能力（图3-38）。能够全部实施16项技术的7个国家（包括日本）将具有优秀的科技能力，并具有最多的驱动因素与最少的障碍因素。

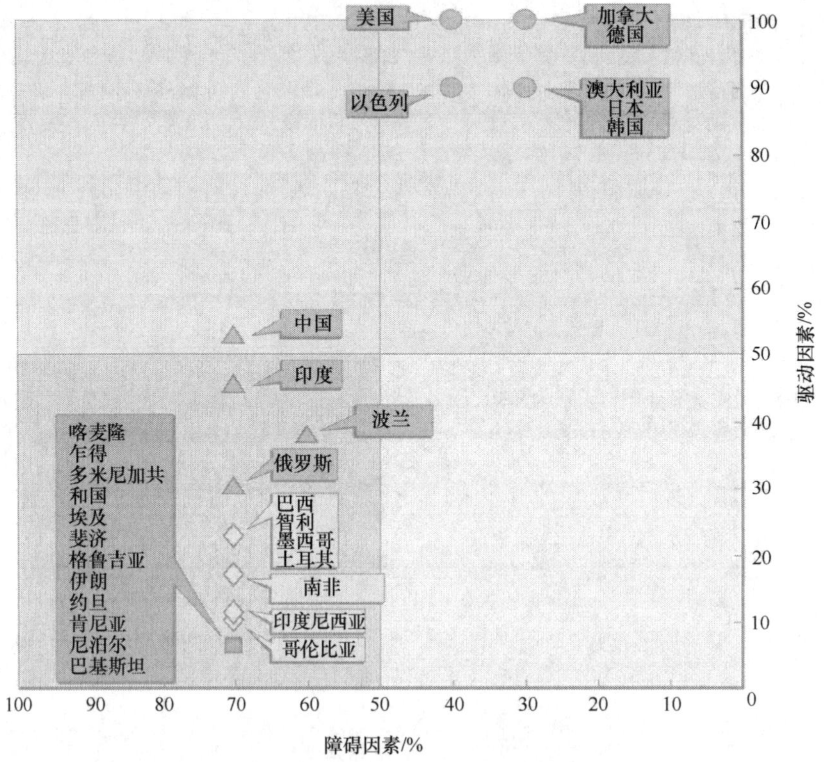

图3-38　29个国家对所获技术应用的实施能力

（四）美国《六国科技战略对美国的影响》的评价

2010年8月，美国国家研究理事会发表《六国科技战略对美国的影响》报告。该报告从科技战略、科技投入与产出、科技创新环境、价值观念转变等多个视角，分析了巴西、中国、印度、日本、俄罗斯与新加坡六国的科技创新发展态势①，对以上六国的短期、中期、长期科技战略进行了综合分析，并绘制了以上六国的科学和创新剖面图（图3-39）。

①美国国家研究理事会. 2010. S&T strategies of six countries: implications for the United States. http://www. nap. edu/catalog. php? record_id=12920［2011-05-19］

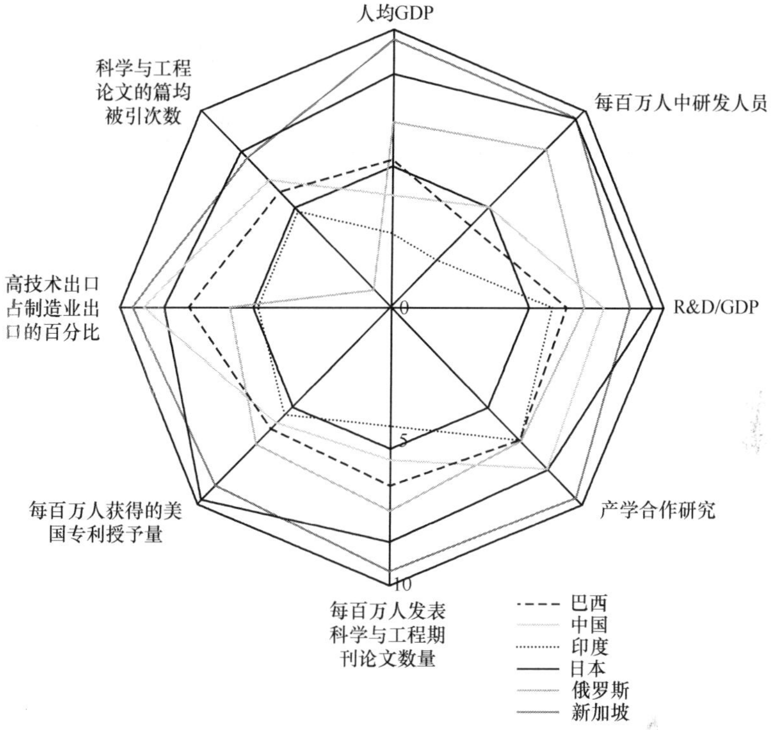

图 3-39　巴西、中国、印度、日本、俄罗斯与新加坡科技创新指标

该报告指出，在 1990 ~ 2010 年，日本努力恢复其经济的高速增长，将科技看成经济复兴和国家安全的重要因素，并且其仍是高科技领域的全球领导者。日本增加了研发资金投入，并在科技基础设施方面进行了一系列大刀阔斧的改革，以促进官产学合作并刺激创新。然而，受到 20 世纪 90 年代之后的经济停滞的影响，以上改革进展缓慢，并没有解决日本科技体系长久以来的根本性弱点，包括人才流动不够、创业精神不足、青年研究者机会的缺乏，以及长期存在的官产学合作的问题。

为了解决原材料（尤其是稀土资源）、能源和粮食供应问题，以及可能出现的流行性疾病等问题，日本正在努力发展科技。日本日益老龄化的人口、低出生率和移民率及妇女在劳动力中的低参与度将成为阻碍其科技进步的因素。日本的文化背景使其科技创新发展进程变缓，并且在短期和中期内将继续如此。在一些高科技领域，相对于其他国家而言，日本已经经历了其地位被步步侵蚀的过程。日本不太可能在未来 5 年内改变这一相对下降的趋势，甚至 10 年内有所改变已经是比较乐观的估计了。

第四章
科技战略与规划

日本政府十分重视制订科技发展规划，1995 年日本国会通过的《科学技术基本法》明确规定：“政府要根据国家科技政策的最高审议机构，即综合科学技术会议的讨论制订‘科学技术基本计划’。”这为日本政府制订“科学技术基本计划”提供了法律依据。

一、科技战略与规划的发展历程

日本经济起飞的奥秘在于实施了适应时代特征的科技发展战略和政策。日本科技发展的历程，可以说是科学技术成为第一生产力的历程。自第二次世界大战以来，日本经济的发展可细分为战后经济重建期（20 世纪 50 年代前期）、高速增长奠基期（20 世纪 50 年代后期）、高速增长期（20 世纪 60 年代至 70 年代中期）、低速增长期（20 世纪 70 年代后期）、调整期（20 世纪 80 年代）、萧条期（20 世纪 90 年代）及进入 21 世纪后的持续衰退与二次重创期。日本根据其经济发展规律，制定了相应的科技政策目标和具体的科技战略与政策措施，如图 4-1 所示。

20 世纪 40 ~ 50 年代为日本在第二次世界大战后初期经济所经历的重建期和奠基期，日本制定了以生存为目的的科技战略目标，目的是为了恢复经济，实现自立。此时，日本政府采取“贸易立国”战略，主要从美国等先进国家引进技术，经过消化、改良使之成为日本的技术，逐步改变了日本的产业机构，大大增强了其综合国力。当时确定的是以生存为目的恢复经济和自主的科技政策，如“经济复兴计划”中的“技术计划”，其中日本政府要求科学研究致力于民间为主导的技术研发。文部科学省发表的一年一度的《科学技术白皮书》，更加明确了日本发展科技、提高产品国际竞争力，从而保证经济发展的目标，日本在第二次世界大战后的科学技术引进和开发中，以实用性技术为主。

	20世纪50年代	20世纪60年代	20世纪70年代	20世纪80年代	20世纪90年代	21世纪
经济发展阶段	战后经济重建期；高速增长奠基期	高速增长期	低速增长期	调整期	平成萧条期	持续衰退与二次重创期
科技政策目标	以生存为目的，恢复经济自立	以经济增长和扩大社会经济基础为目的	治理经济高度增长带来的弊病，适应动荡不安的世界形势	“科技立国”的经济发展战略	实现“高科技大国”的战略目标	重视创造性科技，应对新的课题，重视科技外交，强化国际竞争力
政府的科技战略与举措	经济复兴计划—技术计划	1956~1988年,共制订了11个经济发展计划,每次计划中科学技术部门都有其明确的任务、目标和措施。1961年制订“国民收入倍增计划”，确立将日本自主的科学技术基础作为一个重要课题。明确科技振兴中的最基本的问题是以技术教育为中心的人才培养、研究开发的推进和工业化对策的改善		确立“科技立国”战略，制定《80年代通商产业政策展望》《科学技术政策大纲》	制定《科学技术基本法》、第一期“科学技术基本计划”，建立战略性基础研究推进制度、面向高度信息通信社会的基本方针和确保科技人才的基本方针	进行行政体制改革，发布大学结构改革计划，全面推进科技创新立国政策；推进国际合作E-Japan战略；制定第二、第三期“科学技术基本计划”新国家能源战略”《创新25战略》“21世纪环境立国战略”“ICT国际竞争力强化计划”“创新性技术战略”及《宇宙基本法》等
	技术引进为主			自主创新立国		

图4-1　日本科技政策与战略发展阶段

自20世纪60年代到70年代中期，日本经济以10%的速度迅猛发展，进入了经济的高速发展期，期间的科技政策是以经济增长和扩大社会经济基础为目的。20世纪70年代后期是日本经济的低速增长期，这段时期日本的科技政策目标是治理经济高速增长带来的弊病，适应动荡不安的世界形势。在这期间，日本确立的是以缩小与欧美的科技差距、推动经济增长、扩大社会经济基础为目的的科技政策，制订了多个与科技相关的经济计划。例如，1956~1988年，日本共制订了11个经济发展计划，每次计划中科学技术部门都有其明确的任务、目标和措施。1961年，日本制订了“国民收入倍增计划”，确立日本自主的科学技术基础作为一个重要课题，明确科技振兴中最基本的问题是以技术教育为中心的人才培养，以及研发的推进和工业化对策的改善。

1970年以后，随着世界政治经济格局的变化，日本在产业技术方面与世界先进水平的差距日益缩小甚至消失，加上其他国家的保护主义，日本难以从国外引进先进的技术。因此，日本政府从第二次世界大战后长期推行的“吸收型”科技战略转变为“自主研究和创造型”战略，即“科技创新立国”的战略，发展独创性科学技术，占据高新技术的制高点。所谓“自主研究和创造型”科技战略，就是摒弃那种依赖吸收别国基础研究成果，忽视基础研究、偏重应用研究的科技发展战略，改变科技发展中的“大技术、小科学”的状态，在国家的直接干预和指导下，确定科研重点，开展自主独创性的基础研究，从单纯的“技术大国”发展成为“科学技术大国”，推动“科技立国”基本国策的顺利实施。与此同时，日本加强了基础研究，力图获取尖端的高新技术，推动高科技产业的发展。他们将生命科学、信息通信、环境、纳米技术与材料等领域作为重点进行研发，从而促进国家的发展①。

20世纪80年代后，日本经济进入了调整期，在调整期间，日本树立了“科技立国”的经济发展战略，其标志是1980年3月日本通产省产业机构审议会制定的《80年代通商产业政策展望》。它明确指出：“80年代是把过去那种将欧美土地上培养出来的优良技术引进来，并加以改造的收获型技术，转变为发挥创造性的播种、培育型技术的时候。”这一战略构想的特点是：其一，把发展独创性的科学技术提高到国家经济发展的战略高度，把过去的“吸收型”的“收获型技术”转变为自主开发型的“播种、培育型技术”。其二，开发智力资源，以弥补物质资源的不足。也就是发展资源和能源消耗

①王玲. 2003. 日本的科技计划与战略. 世界科技研究与发展，25（4）：98-103

少的知识密集型工业技术，以克服资源小国的先天不足。其三，靠技术力量来提高国际地位，为从经济大国走向政治大国创造条件。之后，日本的科技立国内涵发生重大转变——科学技术研究重心由应用研究向基础研究转化。1986 年 3 月，日本内阁通过了《科学技术政策大纲》，并明确日本之后的科技发展方向是重视国际性。

进入 20 世纪 90 年代，日本经济连续出现“零增长”（不到 1%），1997 年甚至出现了石油危机以来的首次负增长，出现这一变化的根本原因在于，日本作为工业经济时代的良好适应者，未能跟上已经到来的知识经济时代的潮流。面对新的经济、科技竞争态势，日本于 1995 年 11 月 15 日正式公布第 130 号法律，即《科学技术基本法》。这是日本第一部有关科学技术的根本大法，且是第一次用法律形式实施科技立国，这便成为日本实施 21 世纪科技战略的纲领。《科学技术基本法》规定了日本科技发展战略为“科学技术创造立国”。这部法律明确强调了日本要告别“模仿与改良的时代”，必须以新的姿态，向未开辟的科技领域挑战，最大限度地发挥创造性，开发领先于世界的高技术，把科技政策的重点放在“开发有独创性的科学技术”上来，力争从一个技术追赶型国家变为科技领先的国家。

科技立国战略预示着日本进入了创造立国的新时期。同时，日本出台了多项综合性和针对性较强的科技战略与措施，主要包括：科学技术基本计划、战略性基础研究推进制度、面向高度信息通信社会的基本方针、关于确保科技人才的基本方针。1996 年 6 月，日本科学技术会议又提出了“科学技术基本计划”（第一期，1996～2000 年），这是在《科学技术基本法》的基础上为实现“科学技术创造立国”而实行的行动计划。其内容包括增加科技投入、强化人才培养和加强独创性的基础研究等措施。同时，各个省、厅基础研究的新计划陆续上马，如科学技术厅有“战略型基础研究推进事业”，文部省有“开拓未来学术研究推进事业”，农林省有“创造出新技术和新领域基础研究推进事业”等。

1997 年 12 月，日本政府又将科学技术厅与文部省合并，成立教育科学技术省，以加强科技与教育工作，促进日本经济重心由汽车等传统支柱产业向信息技术等新兴产业转移。日本政府围绕“鼓励创造，发展科学”这一主题提出并实行一系列措施来贯彻“科学技术创新立国”的战略方针，主要有：①增加政府科研预算，从科研体制上采取多种措施使具有潜在创造能力的人们获得进行创造的机会和条件；②制定有利于促进独创性发挥的制度，改革有碍独创性发挥的制度；③改革教育制度，形成有利于培养独创性人才的教育制度和环境；④加强对研究的评价，包括对研究选题的评价和研究成果的评价；⑤在研究机关实行有任期的录用制度，以“开发”创造型人才资源为当务之急，确立在人事待遇方面和研究经费获得方面互相竞争的“竞争式研究环境”；⑥促进研究人才流动，以刺激独创思想、独创科技的孕育和产生等[①]。

进入21世纪后，日本的经济持续衰退，并在2008年全球经济危机中再次受创，这段时期日本也非常重视科技在应对全球化条件下所面临的新挑战和新问题，如气候变化、能源问题、人口老龄化问题等。因此，日本更加重视创造性科技以应对新的课题，重视科技外交，强化国际竞争力。与此同时，日本进行了行政体制改革，如进行大部制改革，大学结构改革，制定全面推进科技创新立国政策，推进国际合作。随着信息技术的快速发展，日本提出了“E-Japan战略”，制定第二、第三、第四期的“科学技术基本计划”和《创新25战略》，并提出了若干针对性的战略计划，如“国家能源战略”“21世纪环境立国战略”“ICT国际竞争力强化计划”“创新性技术战略”《宇宙基本法》等[②]。

概括起来，第二次世界大战以后，日本的科技政策和战略大致经历了以下几个阶段：20世纪50年代，确立以生存为目的、恢复经济和自立的科技政策；60年代，确立以经济增长和扩大社会经济基础为目的的科技政策；70年代，日本科技政策的重点放在治理经济高度增长所带来的弊病，以适应动荡不安的世界形势；80年代，重视创造性的科学技术，应对新的课题；90年代，为了迎接21世纪的挑战，日本政策提出实现“高科技大国”的战略目标；21世纪，日本科技政策的重点是全面推进科技创新立国政策。

二、基于证据的战略与规划制订

（一）技术预见[③]

技术预见对制订“科学技术基本计划”提供了有效的支撑。1985年，日本管理改革特别委员会发布一份报告，指出科技政策研究在规划科技政策职能中的重要作用。根据这一报告，1988年7月1日，日本国家科技政策研究所（National Institute of Science and Technology Policy of Japan，NISTEP）成

①胡智慧.2003.21世纪日本科技政策.铁路技术创新，(3)：38-40

②马可.2010. 日本科技政策的历史沿革.科技信息，(27)：114-115

③Lennart S, Hiroshi N. Priority-setting in Japanese research and innovation policy. http://www.vinnova.se/upload/EPiStorePDF/va-09-23.pdf [2010-02-01]

立，成为科技政策研究领域从事理论和实践研究的核心机构。2001 年，伴随着政府机构改革，日本国家科技政策研究所变成了文部科学省的隶属单位，作为国际科技政策研究网络中的重要机构，其主要从事下列国际和跨学科研究：①对研发进程的研究；②对促进技术进程适应经济和社会需求的研究；③对科学技术和社会之间关系的综合研究；④研究以上各方面基础的、共同的、综合的领域。日本国家科技政策研究所的宗旨是：①进行科技政策研究，支持政府科技政策制订；②为公司和相关组织提供研究成果，协助它们制订研发战略，进行创新管理；③科技政策所执行的技术预见，对制订“科学技术基本计划”提供支撑。

1. 技术预见与产业结构分析发展史

早在 20 世纪 70 年代，日本开始每五年开展一次大范围的科技前景预见调查研究。最初，这些调查研究主要是采用德尔菲调查法，以期得到专家的共识，找出哪些特定技术将在社会上得到发展与运用。目前，德尔菲调查法仍是诸多调查的重要组成部分，但也扩展了不少其他方法，例如，在 2005 年公布的由日本科技政策研究所实施的“第八次预见调查”中就囊括了社会经济需求分析、情景分析及对快速发展的科技领域进行文献计量学分析等方法。

经济产业省（其前身为通商产业省），长期对全球背景下日本产业的结构性变化进行详细持续的分析。这些分析与经济产业省/通商产业省的研发项目有密切联系，也包含了对产业技术方面的深入研究。经济产业省综合利用各种资源（包括：自身员工，下属机构的员工，各理事会或工作小组中来自企业、学术界的专家，私人智囊团等），努力揭示日本产业结构的动态性特征。经济产业省所面临的一个主要挑战是如何持续地将各方的观点和看法综合起来。为了抓住日本产业全面发展的契机，经济产业省推出了“新经济增长战略”，并于 2006 年 6 月由内阁审议通过。2007 年至 2008 年上半年，石油、原材料和食物价格飞涨，人们越来越担心未来可能会对物资供给有所限制，这促使经济产业省对其战略进行了修正，将有效利用资源放在了核心位置。2008 年 9 月，正值全球经济危机爆发之际，内阁通过了该修正案。

2. 国家政策知识平台

在“科学技术基本计划”的架构下建立综合性的国家科技政策发展框架就需要新类型的信息和以新组织方式呈现的信息，之前，各省厅都自行搜索对自己的政策制定有利的信息。

“科学技术基本计划”的推出及 CSTP 的建立，催发了信息及意见交流的新场景。原则上，“科学技术基本计划”要求每一项活动都必须在全国大局中统筹考虑，形成国家政策知识平台，而不是从单独的某个省厅角度考虑。科学技术创新政策局及其秘书处相当于国家科技政策的信息集成者。日本科技政策研究所为“科学技术基本计划”提供信息，日本科技振兴机构成立的研发战略中心（CRDS）执行国际标杆分析，经济产业省制定“战略技术路线图”，这些机构构成了国家政策知识平台，为日本的科技政策制定提供了有力的支撑。

3. 科学技术创新政策局及其秘书处

科学技术创新政策局的作用是作为来自各个省厅的情报的交流中心，这一功能通过其下设的各个委员会、工作小组和秘书处来执行，这些机构的成员也是内阁办公室、科学技术创新政策局的部分成员。

科学技术创新政策局成立之初就在筹建一个涵盖所有政府资助的研发项目信息的中央数据库，意图加强各省厅之间的协调合作。当某个省厅或其下属机构决定资助一个项目时，它必须先了解类似的项目是否已得到政府其他部门的资助，这样就能避免重复资助，避免研究经费集中于个别首席研究员的弊端，同时也能发掘与其他省厅合作的机会。

通过建立中央数据库，科学技术创新政策局还可以直接获取各省厅开展科技相关活动的信息。因此，它有可能直接自行进行信息分析，而不必分别从各省厅获取相关信息。

4. 日本科技政策研究所

日本科技政策研究所在日本技术预见、为国家提供科技信息支撑方面起到重要的作用，其成立于 1988 年，由科学技术振兴机构创立。2001 年，日本进行了根本性的政府部门与机构重组，作为其中一部分，科学技术振兴机构与教育、科学、文化部（原来为文部省）合并，成立了新的教育、体育、科学、文化与技术部（文部科学省），同时，成立了科学技术创新政策局，因此，文部科学省及科学技术创新政策局成了日本科技政策研究所的两个主要服务对象。与日本科学技术厅不同，文部科学省主要负责大学相关事务，因此，日本科技政策研究所也必须针对大学开展研究。此外，2001 年 1 月日本科技政策研究所成立了新的科技预测中心，加强其在科技方面的分析能力。该中心的大部分工作人员都是暂时由企业和研究机构调往的，使得日本科技政策研究所的工作人员数量几乎翻番，达到了目前的 100 人左右。同时，中心还建立了一个联络企业、大学和研究所的科技专家的大型联系网络。

2003 年，科学技术创新政策局要求日本科技政策研究所开展大范围的调查研究，为第三、第四期“科学技术基本计划”的准备提供信息。之后两年，日本科技政策研究所大部分精力集中于这项工作。2005年春，日本科技政策研究所发布其研究成果，包括了以下各种主题：①政府科技预算及其使用；②第三期“科学技术基本计划”设定的政策目标的成果分析（包括那些定量目标和可以进行定性分析的目标）；③人力资源开发情况（包括博士的职业机会，青年、女性及国外研究人员的条件，以及研究人员的流动性）；④产业-学术机构-政府的合作情况与区域创新；⑤日本发表的科技论文的数量与质量水平的国际比较；⑥对16项已实施的技术与16项开发中的技术进行社会经济效益分析。

日本科技政策研究所进行的预见研究为第三期“科学技术基本计划”提供了主要的信息，尤其是“热点研究领域”研究。同样，日本科技政策研究所也积极为第四期“科学技术基本计划”的制订而收集分析数据。

日本科技政策研究所不断开发新的分析方法，做出了更深入的研究。例如，对50位日本顶尖科学家、50位欧美顶尖科学家及20位亚洲顶尖科学家进行访问，根据日本及外国科学家的亲身经历对在日本进行科研活动的现实环境提出了重要见解。再如，针对具体大学进行日本及英国大学研究生产力的对比调查，也分析了这些大学在国家高等教育体系中的位置。

日本科技政策研究所具备的相关政策分析能力已达到了世界领先水平。除了悠久的预见研究传统，在对日本研究体系及其国际地位的定量分析上，日本科技政策研究所也极具优势。

（二）产业结构分析

由经济产业省制定的“战略技术路线图”代表了另一种制定国家研究与创新政策的重要手段，是进行产业结构分析的重要工具。

“战略技术路线图”在企业界的使用至少可以追溯到20世纪80年代，那时，这种做法为美国半导体产业进行联合研发项目打下了基础。从2003年开始，经济产业省就付出努力引入“战略技术路线图”，以此作为促进研发政策与项目开发、加强与不同的利益方进行沟通的工具。2005年，经济产业省发布了第一本“战略技术路线图”，其中涵盖了20个技术领域。该路线图每年更新，且领域的数量有所增加。2009年“战略技术路线图”报告的八大领域下包含了30个分支领域，其中四大领域包含了30个分支领域中的19个，它们或多或少都与第二、第三期“科学技术基本计划”中提出的四大优先研究领域相似，而其余四大领域及11个分支领域则反映了具有经济产业省特色的政策和项目。

与分析报告相比，“战略技术路线图”把技术领域设定得更为细化，主要包括以下三方面：①扩散情况，主要分析影响技术付诸实际应用的因素，包括监管、标准化需求等；②技术概貌，从逻辑上分析了各种技术之间的关系；③技术路线图，表述了对何时某些技术能获得里程碑似的成功所持有的一些共识性观点。

然而，“战略技术路线图”只适用于渐进式创新占主导地位的领域，而不能反映非渐进式创新领域的情况。经济产业省似乎也认同这种观点，并强调不能使“战略技术路线图”成为一种约束，在实际运用中需要灵活、务实。同时，也强调了将“战略技术路线图”作为一种沟通机制具有非常多的优点，它可以作为一个有用的平台来寻求不同技术或不同产业间的合作。

经济产业省与新能源和产业技术开发机构已经在它们的政策和项目开发中运用了“战略技术路线图”。

（三）国际标杆分析

国际标杆分析①的主要执行者是研发战略中心。研发战略中心成立于2003年7月，是日本科技振兴机构的分支机构，为科学技术创新政策局、日本科技振兴机构及其他机构提供科学、技术和产业范畴内的定量标杆研究并直接为第四期“科学技术基本计划”的准备提供信息。

2008年2月，研发战略中心发表了关于五个主要领域的标杆研究报告，报告中进一步将这五大领域细分成不同的分领域和子领域。2009年4月，又发表了经过更新和修订的标杆研究报告，新增了临床医学领域，因此，其标杆分析涉及的领域包括：电子、信息与通信；纳米技术与材料；生命科学；临床医学；环境；先进测量技术。

除了先进测量技术及从生命科学中剥离出来的临床医学，上述的其他领域与第二期“科学技术基本计划”中提出的并在第三期得到保留的四大优先研究领域均一致。这些主要领域被细分成45个分领域及274个子领域。

国际标杆分析主要考量研究活动的水平、技术开发活动的水平、实际生产中技术的运用水平这三方面。

在国际标杆分析中对比国家和地区主要包括：日本、美国、欧洲、中国和韩国。在某些领域，也会引入其他国家作为对比对象，主要是亚洲国家或

①Lennart S, Hiroshi N. Priority-setting in Japanese research and innovation policy. http://www.vinnova.se/upload/EPiStorePDF/va-09-23.pdf [2010-02-01]

澳大利亚。标杆研究的结果主要是给出与当前水平相比应加强、不变或减弱的建设，并以表格形式呈现，以使读者直观了解各个国家/地区在不同子领域的相对优劣势。此外，有时还会给出每个子领域的定性描述。

标杆研究报告包含了丰富而详尽的资料，且结构清晰易懂、极富系统性。但如同专家的评价一样，标杆研究的评价基础也会有一定的主观性，反映了所参与专家观点的倾向性。有时，专家们会到国外顶尖的卓越中心进行实地考察以修正自己的评价依据。在生命科学领域，研发战略中心也正尝试使用新的文献计量学方法，借此使标杆研究更加客观。

三、近年中长期科技战略与规划

（一）中长期科技战略与规划制订过程

原来日本政府的科技发展长期规划、重大科技战略和计划一般都由日本政府的最高科技审议机构——科学技术会议以回答总理大臣咨询的方式提出。2001 年 1 月，日本政府机构改革，在内阁府设立了综合科学技术会议，取代了原有的科学技术会议。综合科学技术会议是日本发展科学技术的最高领导机构。机构有 15 名成员，由日本首相担任会长，其余 14 名成员分别是来自国立科研机构、大学和企业等有关方面的专家和学者。该机构下设一个由 70 人组成的事务局，其成员也都是权威学者、高技术企业负责人和科技官员。该机构最主要的任务是：制定国家科技发展战略，审议和评估研究课题及协调跨省厅的事务等。综合科学技术会议为了迅速深入了解各有关重要事项的专业知识，下设了 7 个专门调查会，分别为：重点领域推进战略专门调查会、评估专门调查会、科技体系改革专门调查会、生命伦理专门调查会、关于日本学术会议的方式的专门调查会、宇宙开发利用专门调查会和知识产权战略专门调查会。

日本政府各部门在根据科学技术会议（2001 年以前）制订科技计划与战略时，重大科技计划都是采取向科学技术会议提出咨询的方式进行，而一般性的科技计划由各部门的技术审议会议制订。例如，日本政府 2001 年 9 月出台的各领域推进战略，就是由总理大臣向综合科学技术会议提出咨询，综合科学技术会议为应答咨询，专门设置了重点领域推进战略专门调查会，并组织产学官的专家和有识之士集中调查和讨论。经过反复调查研究和讨论后，专门调查会制定出有关推进战略。

各咨询审议机构也根据需要制订相应的科技长期发展基本计划。例如，内阁府原子能委员会 2000 年 11 月制订的“原子能研究、开发及利用长期计划”；文部科学省宇宙开发委员会 2001 年 6 月出台的“宇宙开发基本计划”等。日本政府各部门咨询审议机构在制订本部门科技计划与战略时，会邀请各方面专家、学者和技术人士参加，组成“计划评估讨论会”，经过长期的调查审议研究，反复认真修订后才对外公布。

日本政府的科技审议机构大致分为三种：一是隶属于总理大臣的咨询机构；二是隶属于各省厅的科技审议机构；三是隶属于各科研机构的运营和管理委员会。总理大臣的科技咨询机构主要有：综合科学技术会议、原子能委员会等。其中，对日本政府的科技政策、规划及发展方向影响最大而且最具权威性的是综合科学技术会议。综合科学技术会议的日常工作由内阁府政策总部承担。此外，总务省的日本学术会议也是总理大臣的科技咨询机构。它由从全国大约 73 万名科研人员中选出的 210 名会员组成，设 1 名会长和 2 名副会长（人文科学和自然科学各 1 人），其主要职能是审议并实施科学相关的重要政策等。

各省厅的科学技术审议机构有：文部科学省的科技学术审议会（2001 年日本中央省厅机构改革后，将航空、电子等技术审议会，海洋开发审议会，资源调查会和学术审议会等合并为科技学术审议会）；宇宙开发委员会；内阁府的原子能委员会；经济产业省的产业机构审议会；农林水产省的农林水产技术会议等。各研究机构的审议机构，一般设有运营管理委员会和评估委员会，它们对于研究机构的预算分配及课题的选择和评估均起着重要的作用。科研机构根据政府制订的“科学技术基本计划”和各部门的研究基本目标，提出自己的研究计划，这些计划的实施需得到上级主管部门的认可。

（二）中长期科技战略与规划现状

自 20 世纪 90 年代以来，日本制订了多种中长期科技战略与规划，以指导与规划科技发展，其中有综合性的基本计划，也有针对某个方面的具体政策措施，还有针对某个研究领域的专门性计划，本书将日本的中长期科技战略与规划划分为三大类，分别为：综合性中长期科技战略与规划、针对性中长期科技战略与规划、各领域科技战略与规划。

1. 综合性中长期科技战略与规划

日本综合性中长期科技战略与规划指涵盖范围广、指导意义强的战略规划，其中包括日本的《科学技术基本法》、各项“科学技术基本计划”、综合性的政策措施等（表 4-1）。

表 4-1　日本综合性中长期科技战略与规划

类型	名称	起始年份
基本战略与规划	第一期“科学技术基本计划”（1996～2000 年）	1996
	第二期“科学技术基本计划”（2001～2005 年）	2001
	培育战略性研究基地计划	2001
	科技政策建议计划	2001
	推进先导性研究计划	2001
	确保国际领先计划	2001
	研究据点（COE）计划	2002
	第三期“科学技术基本计划”（2005～2010 年）	2005
	促进创新综合战略	2006
	创新 25	2006
	研发力强化法	2008
	创新性技术战略	2008
	未来开拓战略	2009
	最先进研究开发支援项目	2009
	第四期“科学技术基本计划”（2011～2015 年）	2011

2. 针对性中长期科技战略与规划

针对性的中长期科技战略与规划是指根据与科技政策相关方面（如基础科学、人才、经济产业、知识产权、教育等方面）所制订的战略规划，这些战略与规划虽然没有从整个国家创新体系统筹考虑，但针对科技政策的某个方面制定了更为详细和针对性的政策措施，更具可操作性。表 4-2 从不同方面归纳了日本主要的中长期战略规划。

表 4-2　针对性中长期科技战略与规划

类型	名称	起始年份
基础科学	基础科学力强化综合战略	2009
	关于加强基础研究应采取的长期战略——基础研究支撑体系改革	2010
人才计划	关于确保科技人才的基本方针	1995
	重点研究支援协力员制度	1995
	万人博士后计划	1999
	支持任期制年轻研究员计划	2001
	培养新兴领域人才计划	2001

续表

类型	名称	起始年份
人才计划	产业技术特别研究员制度	1995
	生物人才培养计划	2003
	科学技术相关人才综合计划	2007
促进经济发展	经济成长战略大纲	2006
	经济危机对策	2009
	新成长战略	2010
产业计划	产业再生计划	1999
	新产业创造战略	2004
	新产业创造战略 2005	2005
	产业技术力强化法	2007
知识产权	知识产权战略大纲	2002
	知识财产立国战略	2003
	知识产权推进计划 2004	2004
技术路线图	技术路线图 2006	2006
	2009 年战略技术路线图	2009
教育	大学结构改革计划	2001
其他	依靠科学技术增强地方活力战略	2008

3. 各领域科技战略与规划

领域性的科技战略与规划即各个领域内所制订的战略规划，其执行主体可以是国家，也可以是各省厅，涵盖的范围可大可小，既可以是某一领域的综合性规划，也可以是针对某个具体问题的针对性规划，如《建材循环法》即针对建材所制订的规划。表 4-3 列出了日本在气候变化/环境、信息通信、生物、农业食品、海洋、能源、医学、空间等领域的科技战略与规划。

表 4-3 各领域科技战略与规划

类型	战略或规划名称	起始年份
气候变化/环境	京都协议书	2002
	建材循环法	2002
	汽车循环法	2002
	21 世纪环境立国战略	2007
	Cool Earth 能源革新技术计划	2007

续表

类型	战略或规划名称	起始年份
气候变化/环境	京都议定书目标达成计划	2008
	循环型社会推进基本计划	2008
	推进地球温暖化对策法	2008
信息通信	信息通信技术研究开发基本计划	1996
	信息通信政策大纲	1999
	建立日本版硅谷战略	2002
	E-Japan 战略	2001
	E-Japan 战略 II 加速和政策	2004
	E-Japan 重点计划 2004	2004
	IT 政策群 2005	2005
	U-Japan 战略（2006～2010 年）	2006
	信息通信技术国际竞争力强化计划	2007
生物	脑科学研究推进计划	1996
	创造生物技术产业基本方针	1999
	生物技术战略大纲	2002
	日本生物能源国家战略	2002
	生物多样性国家战略 2010	2010
农业食品	食品及农业重振计划	2002
	农业水产研究基本计划	2005
海洋	深海地球钻探计划	1999
	海洋开发推进计划	1999
	新世纪日本海洋政策基本框架	2002
	海洋能源和矿物资源开发计划	2009
能源	核燃料循环开发机构中长期事业计划	1999
	新国家能源战略	2006
	能源合理利用法	2008
	能源基本计划第 2 次修订	2010
	核电推进行动计划	2010
医学空间	医药、医疗器械创新 5 年战略规划	2007
	第三次修订宇宙开发政策大纲	1996
	宇宙开发计划	1999
	宇航员培训计划	1999
	宇宙基本法——宇宙开发长期计划	2008
	宇宙基本计划	2009

（三）科技政策类战略与规划

在日本中长期战略与规划中，最重要的一项即“科学技术基本计划”，它是以科技创造力为基础，为科技发展制定的全面系统的政策。到 2012 年，日本出台了四期“科学技术基本计划”，以下将分别介绍这四期基本计划的制订背景、制订过程、主要宗旨和主要内容。

1. 第一期“科学技术基本计划”（1996 ~ 2000 年）

1996 年，日本政府基于《科学技术基本法》（1995 年 11 月）制订了第一期“科学技术基本计划”。该计划旨在建立一个以科技创造力为基础的日本，为科技发展制定全面系统的政策。计划的第一章讨论促进研发的综合政策，第二章根据第一章确定的政策，制定了 1996 ~ 2000 年要采取的具体措施。1998 年秋，日本科学技术会议政策委员会对这一计划的实施进展情况进行了跟踪调查（听取了 100 多名专家、有识之士的意见；在相关省厅的协助下对各项政策的落实情况进行调查），总结出如下几个重点问题。

（1）众多专家一致认为，第一期“科学技术基本计划”大大提高了日本科技的整体水平。1996 ~ 1999 年，研发经费持续增加，科技预算投入总额达到 13.3 万亿日元，研发环境得以明显改善。

（2）第一期“科学技术基本计划”提出的“万名博士后计划”的实施，巩固了日本的年轻研究人员层，但存在博士后与课题负责人的关系、计划结束后博士后的发展道路等问题。任期制度的改革、产学官合作等，都促进了科技的进步，但是人才的流动性还很不够。今后从培养和确保研究人员的观点出发，还需要完善兼顾人才质量的具体政策方针。日本国立大学的科研辅助人员处于下降趋势，应通过促使研究生参与研究项目，完善研究辅助体制。其他问题包括设施老化问题、信息通信和知识基础水平低、科研辅助人员缺乏等，今后须加强这些方面建设。另外，基础研究不仅要强调成果产出，还需要考虑研究成果的应用。

（3）如何产生更多世界一流水平的成果？为此应如何开展工作？为了实现科技立国的目标，应如何合理地、有重点地分配资源？这些都是科技发展的重要课题。①很多专家认为，日本经济形势依然严峻，在婴儿出生率下降和社会高龄化并存的情况下，应大力加强产业调整所需的研发、技术转移和基础研究。日本政府在制订第一期“科学技术基本计划”时，因时间限制，未能明确提出国家应重点实现的科技目标，所以在今后的第二期“科学技术基本计划”中，必须制定与国家和社会的发展主题相对应的科技目标，以此来战略性地、有重点地开展工作。②第一期“科学技术基本计划”中指出，要创造具有竞争性的和流动性的科研环境，以使研究人员发挥其创造性，但目前进展状况并不理想。专家们认为，今后的工作重点是：根据研究工作的需要，培养和确保优秀的研究人员，并完善研究辅助职能；积极地聘用优秀的外国研究人才；促进研究人员的流动；确保研发资源（研究人才、研究资金、科研设施）之间的平衡，最合理地利用资源；有重点地建设和完善科研设施，达到国际水平；完善制度，以鼓励研究人员（特别是年轻人才）的自主性研究，最大限度地发挥其才能，创造更多高质量的研究成果。③专家们认为，第一期“科学技术基本计划”中提出的研发评估纲领性方针，未能将评估结果充分地反映在资源分配和人员待遇上，而且评估过程的透明度不高，评估效果欠佳，评估人员时间精力的消耗过大。今后，为了实现世界水平的研究，应建立世界通用的评估体系，尽快改善评估方式和评估结果的公布办法，并将评估结果合理地反映在资源分配中。④第一期“科学技术基本计划”的实施带来一系列科技体制的改革，很多国立研究机构转型为独立行政法人，日本科学技术会议也将由综合科学技术会议所取代，专家希望，在今后的科技工作中，新的科技体制能发挥有效的作用。经调查研究，原日本科学技术会议政策委员会认为，国家的科技发展需要关注两方面问题：一是制定具体推进政策，以明确国家和社会的课题，并确定科技目标；二是利用科学技术加强基础研究和培育有竞争力的产业技术，从而超出世界水平。在科技政策实施过程中应贯彻的基本方针是：重视世界水平的高质量；尊重自律性和个性，明确责任；重视灵活性和速度；立足于长期的发展，完善科研基础；适应全球化和网络化；打破部门分割的封闭性。

2. 第二期“科学技术基本计划”（2001～2005年）

制定第二期“科学技术基本计划”的准备工作从1999年4月开始①。日本科学技术会议为此专门设立了“科学技术基本计划”特别会议，开始讨论第二期“科学技术基本计划”的基本构想。与此同时，还设立由产学官的专家、学者组成的科技目标、知识基础、研究体系和产业技术四个工作组，针对每一课题进行研讨。此外，还从相关部门和民间聘请了20多名人才，设立了“科学技术基本计划”准备室，加强事务局的职能。2000年3月，四个工作组提交初步的报告，日本科学技术会议反复进行了10次审议修改。2001年1月，综合科学技术会议取代日本科学技术会议后，继续对科技政策进行了讨论，并于2001年3月在内阁会议上向日本首相做了汇报，内阁会

①総合科学技術会議．第2期科学技術基本計画．http://www8.cao.go.jp/cstp/kihonkeikaku/kihon.html［2011-07-08］

议审议并通过了第二期“科学技术基本计划”。

第二期“科学技术基本计划”由三章构成。第一章是基本理念，第二章是重要政策，第三章是综合科学技术会议的任务。计划中指出要以科技创新立国为目标，将日本发展成依靠知识创造和技术的灵活运用为世界做出贡献的国家、具备国际竞争力的可持续发展的国家和人民安居乐业且生活质量高的国家。这一计划连同“第三次行政革命”中提出的向科技大力倾斜的政策，显示了日本“技术创世纪”的雄心。

与第一期“科学技术基本计划”相比，第二期“科学技术基本计划”的特点是科研投入力度大且重点领域突出。第二期“科学技术基本计划”的科技预算达到24万亿日元，比第一期“科学技术基本计划”多出7亿日元。而且，申请获得预算资金的个人或集体还可再得到所属部门投入的30%的资助。第二期“科学技术基本计划”明确提出生物技术、信息技术、环境技术和纳米材料技术四个重点领域，并制定了多项措施确保这四个领域所需的战略资源（人才、资金和设施）。对于社会关注的24万亿日元科研投入的效益问题，第二期“科学技术基本计划”强调不谋求短期效益。重点课题侧重于基础研究，为新世纪占领高技术产业的制高点，为提高产业技术竞争力寻找新的技术源泉。第二期“科学技术基本计划”的另一个显著特点是，强调了科技运营体制的改革。在研发课题资金的分配、研究成果的评估，企业、国立科研机构和大学的合作及成果转化体制等方面都提出了改革措施。此外，对科技人才培养、科技人才交流及国际合作也给予了充分的重视。

在第二期“科学技术基本计划”中，日本政府提出要在50年内获得30个诺贝尔奖，在世界上引起很大的争论。很多专家学者认为实现这个目标有些困难，但日本综合科学技术会议议员井村裕夫解释说，第二次世界大战后，美国获得诺贝尔奖人数一直高居榜首，其次是英国。30个诺贝尔奖这个数字是考虑到比英国少，但要比德国多而设定的，绝不是荒唐的举动。之所以设定这个目标，是要让被国家资助的科研人员有一个更清楚明确的目标。

3. 第三期“科学技术基本计划”（2006～2010年）

日本内阁会议于2006年3月28日通过了第三期“科学技术基本计划”①。该计划以“为社会与国民支持并还原成果的科技”为政策目标的出发点，从科技政策的基本理念、大目标、中目标、重点化战略、分领域战略，以及构筑科技发展的基本环境与设施等几个层面对国家的科技政策与计

①総合科学技術会議．第3期科学技術基本計画．http://www8.cao.go.jp/cstp/kihonkeikaku/kihon3.html［2011-07-08］

划进行了定位与规划，是日本政府指导科技发展的基本蓝图。该基本计划有如下突出特点：一是强调尽快实现从追赶者到领先者的角色转变，提升基础研究水平，创造世界一流水平的科学技术；二是强调创新为立国之本，提出“创新者日本”的政策目标，大力推进国家创新体系的改革；三是强调科学技术的社会性与政策性，要求科技成果要还原于社会和国民，提出集中优势科技资源解决重大政策课题的重点化战略；四是强调科技人才的极端重要性，将优秀人才的培育与吸收使用作为科技系统改革的首要目标；五是首次提出要与亚洲各国合作，开展科技政策对话，促进与亚洲国家的科技与人员的交流。

第三期“科学技术基本计划”提出了三个基本理念、六大政策目标及12个中目标（表4-4），提出第三期“科学技术基本计划”期间政府研发的投资总额要达到25万亿日元。

表4-4　第三期“科学技术基本计划”的理念与目标①

理念	大目标	中目标
创造人类智慧（建设能够以创造和运用知识为世界做出贡献的国家）	（1）飞跃性的知识发现和发明——积累和创造开拓未来的多样的知识 （2）突破科学技术的极限——挑战并实现人类的梦想	（1）发现、探明新原理、新现象 （2）创造能带来跨越式技术创新的知识 （3）通过世界最高水平的项目来引领科学技术的发展
创造国力的源泉（建设有国际竞争力的、可持续发展的国家）	（3）环境保护与经济发展并举——实现环境与经济相协调的可持续发展 （4）创新日本——实现不断创新的强大的经济和产业	（4）克服全球变暖和能源问题 （5）实现与环境相和谐的循环型社会 （6）实现吸引世界的泛在网络社会 （7）实现世界第一的制造业国家 （8）以科学技术加强取胜于世界的产业竞争力
保证健康与安全（建设安心、安全、高品质生活的国家）	（5）健康一生——实现从小孩到老人都健康的日本 （6）以安全为骄傲的国家——使日本成为世界上最安全的国家	（9）克服困扰国民的疾病 （10）实现任何人都能健康生活的社会 （11）确保国土和社会安全 （12）保证生活安全

为了体现上述三个基本理念和完成六大项的政策目标。第三期“科学技术基本计划”对科学技术的重点化战略进行了调整和强化，具体要点包括：

①吴松．2007. 2006年日本科技发展综述（上）．全球科技经济瞭望，（5）：23-31

加强基础科学的研究，其中所提到的基础研究分为两大类，分别是基于研究者自由构思的基础研究，以及基于政策、以将来的应用为目标的基础研究两大类。

第三期“科学技术基本计划”认为，基于研究者自由构思的基础研究是不断创造多样化新知识的温床，对于提高基础研究的水平十分重要，因此，必须要保证一定的资源支持，维持其多样性。对于其中投入资源特别巨大的项目，国家将根据优先顺序的判断进行安排；对基于政策、以将来的应用为目标的基础研究则划分了四个重点推进领域（生命科学、信息通信、环境、纳米技术与材料）和四个推进领域（能源、物质制造、社会基础、科学前沿），并要求从中精选战略重点科技和国家关键技术，给予更为集中的重点支持。

在第三期“科学技术基本计划”中，调整了重点化战略，制定了生命科学、信息通信、环境、纳米与材料技术等八个重点领域的分领域推进战略，彻底贯彻财政投资选择与集中的精神，根据具体研究课题的科学意义、经济和社会影响，从上述重点推进领域和推进领域中筛选了273项“重要研发课题”、62项“战略重点科学技术”和5项“国家战略重点科学技术”，这些将在今后五十年计划期内重点投资。

在第三期“科学技术基本计划”中，同时提出要继续推进科学技术体制改革，改善科技人才培养与竞争的环境，推进大学及公共研究机构的结构改革，加强产学官协作和科研基础设施的建设等，集中投入建成30个左右世界顶尖水平的大学研究基地，以及形成若干产学研协作的尖端融合领域研究基地等目标。

第三期“科学技术基本计划”非常注重对科技计划进行适时调整。根据科学技术的最新发现、新领域和交叉领域的新动向，在计划实施期间不断进行柔性的变更和调整。综合科学技术会议决定在资源分配时，每年都要进行吸收最新知识、提前公示资源分配方针、确定项目预算优先顺序、最终确定下一年度资源分配方案的决策循环过程。相关政府部门和机构针对研发的具体课题，从基础研究到商业化阶段的整个路径进行经常性的意见交流和知识共享，使科技计划成为建立在合作网络基础上的“活战略”，并实现各部门横向协调的战略展开。

2011年8月日本出台了第四期“科学技术基本计划”①，确定今后科学

①総合科学技術会議．第4期科学技術基本計画．http://www8.cao.go.jp/cstp/kihonkeikaku/4honbun.pdf［2011-12-12］

技术政策的基本方针，即一体化推进科技和创新政策；更加重视“人才及其组织的作用”；实现“立足社会需求落实政策”的理念。具体政策包括：①大力推进面向环境和能源的绿色创新与面向医疗健康护理的民生创新，以此作为国家战略的两大增长支柱；②构建支撑国家、培育新优势的科技平台，具体包括推进支撑国民生活的研发，推进支撑产业基础的研发，推进支撑国家基础的研发，推进共性基础技术的研发；③加强基础研究，重视科技人才培养，包括加强独创性、多样化的基础研究和加强世界领先水平的基础研究。

1）第四期“科学技术基本计划”的基本方针

第四期“科学技术基本计划”在前三期“科学技术基本计划”的基础上，围绕2009年12月制定的《新成长战略》所提出的建设环境、能源和健康大国的目标，以绿色技术创新和生命科学技术创新为两大重点，战略性综合性地强化科技创新政策，建立促进创新的新体制。

为此，2010年4月27日召开的日本第90次综合科学技术会议确定了第四期“科学技术基本计划”的基本方针是：①作为国家战略的支柱，要国际性地强有力地推进两大创新——绿色技术创新和生命技术创新。其中，绿色技术创新的目标是建设环境与能源大国，生命技术创新的目标是建设健康大国。②构筑支撑国家发展新优势的科技体制，推进基础研究，实现富裕的国民生活，夯实产业和国家发展的基础。③培养各方面的科技创新人才，营造国际一流的研究环境，从根本上增强日本基础研究的实力。

2）确定第四期“科学技术基本计划”的投资目标

（1）投资目标。与其他世界主要国家（美国、德国、英国、中国、韩国）相比，日本政府的科技预算比例较低，因此，第四期“科学技术基本计划”提出的研发投资目标为，到2020年，政府研发投资在GDP中所占比例将由2008年度的0.67%提高到1%。

（2）投资目标的保障。要保证日本在2011～2015年的具体投资目标，主要包括两个方面：一是保证政府研发投资在GDP中所占的比例；二是要提高政府研发经费的总额。日本在第四期“科学技术基本计划”中提出了到2020年日本的论文被引用数要进入世界前三名的目标。

3）第四期“科学技术基本计划”的主要内容

（1）基本理念。随着世界创新体系的开放，构建国际性的学术网络显得尤为重要。日本也更加认识到世界人才流动的重要性。金融危机以来，日本经济持续低迷，发展落后于亚洲各国及以美国为首的欧美国家。因此，确立“科学技术基本计划”的国家战略地位非常重要。

“科学技术基本计划”应加强与其他重要政策的结合，从更广泛的视角推进日本科学技术与创新政策的综合振兴。在应对环境问题方面，日本要成为引领者，要持续为世界做出更大的贡献并可持续地保持其活力。可持续发展的日本社会面临的最大的问题是老龄化与少子女的问题，要解决这些问题，就要依靠科学技术来解决。

人才竞争是深刻的问题，随着知识社会化水平的不断推进及经济多元化的深入发展，世界各国对人才的需求在呈现多样化特征的同时也出现高端化和专业化的趋势。创造新的知识、生产高附加值的产品、开拓新的产业领域的迫切需求，使得日本对高层次创新人才的培养和吸引成为紧迫的任务。

(2) 科学技术创新。基础研究是支撑应用研究的基础，重点是培育潜在、优秀的基础研究，保障对知识探索的基础研究的投入，并考虑投入应用研究的不同方式。

突破环境制约与实现经济增长的对策是集结科学技术的综合能力，提出推进作为国家战略支柱的两大创新，即以绿色创新为主的环境、能源大国的目标，以及以生命科学和创新为主的健康大国的目标。

构筑支撑国家的平台。开展革新的基础技术战略，加强国家核心的安全保障技术的研发，从根本上强化支撑日本的基础能力。包括强化基础科学研究和科学技术人才的培养，形成国际水平的研究环境，开展与世界一体化的国际合作。

(3) 科学技术与创新的综合推进。第一，推进基础研究；第二，创新的培育和产生；第三，大学与研发独立法人等的改革；第四，科学技术与创新推进的资源保障，包括人才培养、研究预算等；第五，科学技术与国民、国际社会；第六，政策的综合推进体制与政府的研发投资。

(4) 今后发展的新政策。加强科学技术体制改革，加强实现社会、国民、科学技术与创新的合作及加强研发的投资等。

(四) 技术开发类战略与规划

1. 技术战略路线图基本介绍

经济产业省自 2005 年 3 月开始制定“技术战略路线图”，每年制定一次，通过技术战略路线图及其制定过程，实现以下三个主要目标：①完善产业技术政策的研发管理方法。在掌握主要产业技术领域的技术动向和市场动向的同时，在国家层面以及民间开发重要技术，为研发项目的策划制定建立完善的政策基础。②在产学官中实现知识的共享及综合能力的汇集。为了与专业技术、多样化的市场需求和社会需求相对应，在促进不同领域和不同行业间的合作、技术融合及关联政策整体实施的同时，汇集产学官的综合能力。③促进国民对技术战略路线图的理解。在灵活运用技术战略路线图，适时制定正确的项目的同时，对项目实施过程中不断进行验证，促进国民对经济产业省的研发投资项目思想、内容及成果等的理解①。

在技术战略路线图中，选择日本重视的优先领域，每个技术领域均由引入情景、技术图、技术路线图三部分构成。引入情景提示了将研发成果导入新产品及服务中的途径。技术图通过技术性课题及要素技术的全景图，帮助整理实现目标所需要的技术课题，以支持制定集中持续的研发计划。技术路线图在时间轴上以里程碑形式记述技术课题所需要的功能，起到共享研发目标的作用。

1）引入情景

引入情景是为了将研发及其成果作为产品和服务提供给社会和国民，记载应该采取的关联政策。其目的如下：以未来应有的社会和创新技术开拓的市场为目标，通过把现有的主要研发活动体系化，制定和执行具有明确目标（国家目标）的研发项目；整理并明确与制度改革、标准化及创新密切相关的改革，并将必要的政策进行整合；通过相关人员和相关机构在时间轴上共享国家目标，提高产学官研发方案的制订和实施效率。

2）技术图

技术图是在预测为实现市场及社会需求所必备的技术课题、要素技术及功能的同时，选定其中的重要技术。其目的如下：通过预测并整合应该实现的技术，预测目标实现所必要的技术并推进具有整合性和一贯性的研发，通过提供除专家以外并且比较容易理解的技术预测图，降低各领域参与研究的障碍；在组成技术的系统比较中，从国家应该做的观点提示应该开展的重要技术（关键技术）。

3）技术路线图

技术路线图是在时间轴上记录研发要素技术以及功能等可以实现的时间里程。其目的如下：通过在时间轴上明确研发中应该实现的技术目标，对研发的进展情况进行评价，同时检测并行开展的相关技术和竞争技术开发的整合性；产学官所有相关人员共享研发的目标和方法，因此更加容易理解各项技术研发所处的位置和相互关系，同时因为有不同领域的参与也更加容易合作和融合。

---

①経済産業省．技術戦略マップ2009. http://www.meti.go.jp/policy/economy/gijutsu_kakushin/kenkyu_kaihatu/str2009.html［2010-02-20］

以下以新能源产业技术为例，介绍“技术战略路线图”的制定过程。首先，在独立行政法人新能源和产业技术开发组织（NEDO）等机构中设置的任务组中对技术图和技术路线图进行了讨论研究，最终完成了各领域的技术图和技术路线图。其次，由任务组中大学、企业（产品、器件、材料、设备制造等）、经济产业省（各领域归属的部局及产业技术环境局）、日本新能源和产业技术开发组织、产业技术综合研究所等机构共同参与讨论研究，汇集了产学官的智慧，制定关于技术战略路线图整体方针。最后，产业结构审议会产业技术分会的研发委员会对技术战略路线图进行审议，提出关于技术战略路线图整体方针的建议。

自2005年3月制定并公开发表了《技术战略路线图2005》的第1版以来，每年都对技术战略路线图进行修订和公开发表。作为研发管理的政策基础，经济产业省决定通过研发策划、资源分配及评价等一系列过程正确地利用技术战略图，并将它的修订作为一项长期工作。到目前为止，已完成技术战略路线图（2005~2009年），每一项新的技术战略路线图都在原有的基础上进行修订并扩大领域范围，《技术战略路线图2005》共确定了20项战略重点技术，《技术战略路线图2006》又新增超导技术、能源、癌症对策及人性化技术等四项战略重点技术，共计24项。这些战略重点技术分属信息通信、生命科学、环境与能源和制造业四个领域①；《技术战略路线图2008》的研究对象领域包括29个技术领域，分布在情报通信、纳米技术与材料、系统与新制造、生物技术、环境、能源、软课题、融合战略领域中八大类项目中。《技术战略路线图2009》仍包括八大类项目，技术领域增至31个。具体的变化如图4-2所示。

2.《技术战略路线图2009》

本部分将重点介绍最新的路线图——《技术战略路线图2009》②。2009年4月30日，经济产业省与新能源产业技术综合开发机构等联合公布了《技术战略路线图2009》，其基本制定方针主要有以下七点：①根据技术进展和社会环境变化对各领域进行修订和扩充；②对学术界提出的建议做出响应；③在纳米技术领域中利用技术诀窍推广方式进行再构建的研究；④任务组及工作组委员的人选更新；⑤水准基点的强化（各领域中国际竞争地位的定位）；⑥研发战略和标准化战略的一体化；⑦要素技术的标签化。该路线

①吴松. 2007. 2006年日本科技发展综述（上）. 全球科技经济瞭望，(5)：23-31

②経済産業省. 技術戦略マップ2009. http://www.meti.go.jp/policy/economy/gijutsu_kakushin/kenkyu_kaihatu/str2009.html [2010-02-20]

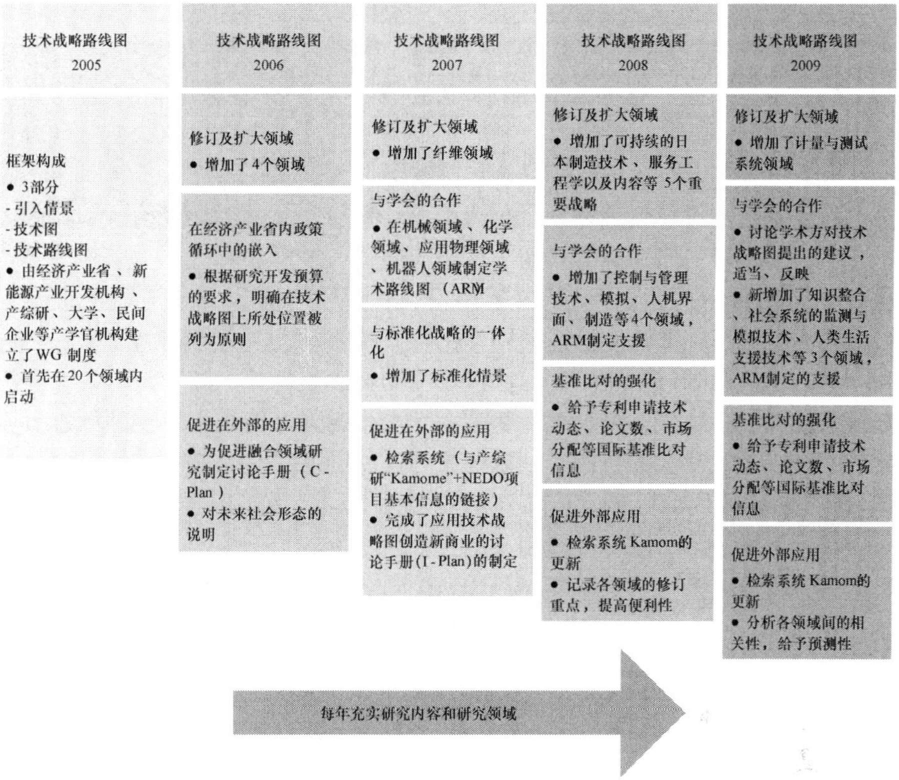

图 4-2　日本技术战略路线图的年度变化

图内容分八大类项目，总共有 31 个技术领域，如表 4-5 所示。参与此次修订的产学官方面的专家达到 835 人。

表 4-5　《技术战略路线图 2009》涉及领域

大类项目	技术领域
信息通信	半导体，储存、记忆体，电脑，区域网络，使用者可用性，软件系统
纳米材料	纳米技术，材料，光纤，绿色可持续化学
系统、新制造	机器人，MEMS，设计、制造、加工，航空，宇宙空间
生物技术	药物、诊断、治疗设备，再生医疗，防癌对策技术，生物机能活用
环境	CO_2 固定化、有效利用，去氟氯碳对策，3R 环境减量技术，化学物质管理
能源	能源，超导电力技术
软件	人类生活技术，工程服务，数位内容
融合战略领域	可持续制造业，计量、测量系统

《技术战略路线图 2009》的特点是：①反映了日本化学会及应用物理学会等五大学会汇总的建议；②重新整理了纳米科技领域的要素技术，使之体系化，明确描述了各要素技术的重要性及使用范围等，从而提高了其作为指南的易用性；③在可持续设计制造技术领域，分析了各要素技术与社会性需求的关联性，并运用统计学方法予以分组，探究了作为不同领域间实现技术融合的工具的可行性。例如，在纳米科技领域，对碳纳米管及富勒烯等纳米材料、显示自旋电子及近场光特殊功能的纳米属性、显示量子点及光电结晶等应用的纳米元器件，分别以从材料到元器件的关系，以及 IT 及信息领域的纳米电子、生命科学领域的纳米生物、环境及能源领域的绿色纳米等应用领域为轴进行了体系化。并且，该路线图对各要素技术加上了解说，在浅显易懂方面下了工夫。可以说，为了在日本视为强项的纳米科技领域进一步推进研发，此次路线图重构了纳米科技领域的示意图。

《技术战略路线图 2009》共分 31 个技术领域，以能源科技领域为例，细分出以下五个方面：①提高能源效率；②建立燃料和运输部门；③促进新能源开发；④核能利用；⑤稳定供应化石燃料。并制定了相应的政策目标及详细技术路线，图 4-3 即结晶硅太阳电池技术发展路线。

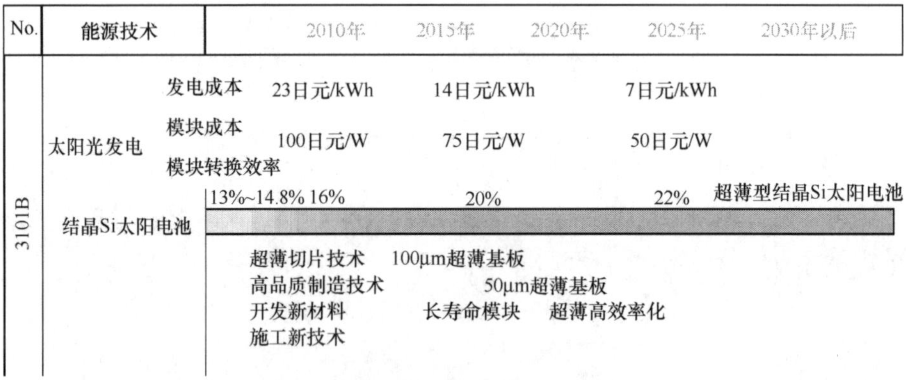

图 4-3　结晶硅太阳电池技术发展路线

《技术战略路线图 2009》完整呈现了最新技术动向及市场动向，以及对 2010～2030 年技术发展走向的预测。

3. 技术战略路线图的发展方向

1）促进路线图的交流

技术路线图作为产学官的交流工具开始得到积极的应用。经济产业省目前正在支持由学会承担的学术路线图的制定（日本机械学会、应用物理学会、日本化学学会、日本机器人学会、人工智能学会、日本人类工效学会、跨学科基础科学技术研究团体联合等)。通过学会的学术路线图、经济产业省的技术路线图、产业界的路线图之间的相互应用，顺利地推动了基础研究和应用开发研究的双向知识流动。

2）利用技术战略图做好技术秘诀和需求之间的技术匹配

创新正在向着开放化、领域融合及从技术秘诀库到需求库的方向发展。在网站上公布技术战略路线图，技术秘诀拥有者与维护站点的双方通过实时协作共同修改，在与产业技术综合研究所合作的基础上推动信息共享和信息交换环境的构建。今后将把技术战略路线图作为开放式创新环境平台使用，促进形成能够协调新技术秘诀和需求的企业之间的网络。

3）关于要素技术预测性的分析

技术战略路线图是由技术和产品形成的领域结构，考虑到不同领域的融合，如果能够跨越领域界限进行预测将会产生有意义的观点。因此，可从《技术战略路线图 2008》中各领域之间共同使用的一些词汇中挑选出认为重要的词汇，整理成表格的形式。具体的作法是：用计算机分析《技术战略路线图 2008》，抽取出各领域共用的词汇（约 27 000 余个），从中规范了技术上基本相同的单词，最终选取了认为重要的 1100 个词汇。并列出了《技术战略路线图 2008》所有领域中的预测性分析结果。

在讨论某些技术在其他领域是否也存在共用的可能性或者哪些领域可以成为突破口等课题时，这些研究结果可作为参考。

（五）社会经济类战略与规划

作为服务于经济的重要手段，科技战略与规划制订与社会经济的发展密不可分，日本在制定社会经济类战略与规划过程中也充分考虑到了科技在其中的作用。自 2005 年以来，日本在社会经济方面制定的重大战略与规划主要包括 2006 年的《经济成长战略大纲》、2010 年的《新增长战略》①，以下将分别进行介绍。

1. 《经济成长战略大纲》②

2006 年 7 月 6 日，由日本政府和执政党、在野党组成的财政与经济一体改革会议发布了《经济成长战略大纲》。该大纲综合了此前综合科学技

①経済産業省．新成長戦略（基本方針）．http://www.kantei.go.jp/jp/kakugikettei/2009/1230sinseichousenryaku.pdf［2010-01-20］

②吴松．2007. 2006 年日本科技发展综述（上）．全球科技经济瞭望，(5)：23-31

术会议提出的《促进创新综合战略》、经济产业省提出的《新经济成长战略》《新国家能源战略》和经济财政咨询会议制定的《全球化战略》等的精华，并将主管 IT、医疗卫生等其他政府部门的创新政策融入其中，提出了 2006 ~ 2015 年“日本式经济成长模式”和保持 2.2% 以上的 GDP 实际增长率的目标，并将各项政策措施具体分解，制定了推进其实现的“工程进度表”。

《经济成长战略大纲》主要由三大支柱构成：一是提高生产效率，特别是要将当时比重占日本经济 70% 但生产效率较低的服务业作为重点改进对象，打造推动日本经济成长的第二引擎；二是强化国际竞争力，推动以科技振兴和信息技术革新为轴心的技术创新，将日本建成“世界的创新中心”；三是通过实现东亚经济合作协定（EPA）等方式，借助亚洲经济的活力的东风，谋求与亚洲共同发展。

《经济成长战略大纲》中提出的与科技相关的主要政策措施和目标包括以下几个方面。

（1）强化促进科技创新的机制。在第三期“科学技术基本计划”和促进创新综合战略的指导下，尽快完善世界一流研究基地的建设，构筑大学、国公立研究机构、产业界及政府间紧密合作，以及研究与市场间双向高效互动的“创新超级高速公路构想”。为此，要放宽管制，发挥政府采购对新技术利用的促进作用，改善专利与标准等的工作效率，提供更多的官民对话的场所等，2006 年以后要进一步增加政策资源的集中投入。

（2）加强产学官协作，发展引领世界的新产业群。在 2004 年的新产业创造战略提出的燃料电池、机器人、信息家电、环境产业等战略领域的基础上，再增加下一代汽车电池、下一代环境飞机等具有发展潜力的新产业群。要求在 2006 年制订行动计划。

（3）推行《21 世纪新农政》，将防守型农政转换为进攻型农政。为强化农业的国际竞争力积极推进知识产权战略，2006 ~ 2010 年将植物新品种的登记申请量提高 50%。

（4）加速环境产业的发展。提高 3R 技术与系统的生产效率，在 2010 年前将资源生产效率（GDP/天然资源投入量）提高至约 39 万日元/吨，大力提高生物质能的开发利用水平。

（5）资源与能源政策的战略推进。推进“节能领先者计划”、“下一代运输能源计划”、“新能源创新计划”和“核能立国计划”等。在 2030 年前将能源利用效率至少再提高 30%，将运输部门对石油依赖度减至 80%，大力促进太阳能发电、风力发电和生物质能等新能源的开发利用，在 2030 年以后也必须使核能在发电总量中的比例达到30%～40%。

（6）通过信息技术创新提升生产效率。在2010年前实现世界顶级的IT经营；从版权法上明确对IP多媒体脚本播放的版权处理问题；形成高级IT人才培育基地等。

（7）推进地方活性化战略。在2010年前将农山渔村的先进事例增加到250件；从5000个项目取得成果并产业化，使科技型制造业中小企业数量倍增；在产业集群计划对象领域和对象地区实现4万项的新创业。

（8）提高生产效率的制度创新计划。推动人、财、物、技、智五个方面的制度创新。其中人才立国制度创新的内容包括：2007年开始实施全国范围的学力调查，在2010年前使日本达到国际学力调查的世界领先水平；培育30个世界顶尖水平的研究据点；实现人才培育方式与渠道的多样化；设立亚洲人才资金，融入世界“智力循环”当中去等。技术革新制度创新的内容包括：促进产学官的协作和不同领域知识与人才的融合；强化从基础研究到实用化研发，促进连续不断的创新活动；促进国际化知识产权的获得与强化知识产权保护；在2013年前将目前26个月的专利审查周期缩短至11个月，推进“专利审查高速公路”，最终将审查周期缩短至0；将知识产权的专业人才从目前的约6万人倍增至12万人；在2015年前使日本达到可与欧美比肩的引导国际标准化的国家；在2010年前实现达到世界最高水平的计量标准和制度等。

2.《新增长战略》①

从20世纪90年代日本出现经济泡沫破灭至今，日本经济低迷的状态已经持续约20年，经济发展遭遇瓶颈，发展速度也大大落后于亚洲各国及以美国为首的欧美国家，国民失去了往日的自信，对未来充满漠然和不安。2008年的金融危机对日本经济的发展来说无疑是雪上加霜，给日本各行业都造成了巨大创伤，财政状况已经恶化到第二次世界大战结束时的水平，社会也面临少子、高龄化所带来的各种问题。针对此，日本提出了针对全球变暖的对策和针对少子高龄化的对策两个国家目标，并于2010年6月发布了《新增长战略》，提出七个战略领域实施21个国家战略项目，到2020年在环境、健康、亚洲和旅游四个领域创造123万亿日元的新需求和499万个就业岗位，以提高国民生活水平。

《新增长战略》包括以下三个方面：发挥强项建立增长领域（环境、能

①中华人民共和国科学技术部. 2011. 2011国际科学技术发展报告. 北京：科学技术文献出版社

源、健康)；通过开拓新领域建立增长领域（亚洲、旅游、地区)；支撑增长的平台（科学技术、就业和人才)，并明确2020年应达到的目标、主要措施及发展方向，提出七个战略领域，包括环境能源大国战略、健康大国战略、亚洲经济战略、旅游观光·地区活力化战略、科技立国战略、就业和人才战略、金融战略。以下将分别介绍这几个战略到2020年的目标、实现途径及具体措施。

1）通过绿色技术创新实现环境能源大国战略

此战略2020年的目标为：在环境领域，创造超过50万亿日元的市场需求和140万个就业机会；使世界减少至少13亿吨二氧化碳当量温室气体排放。

实现此战略的主要途径是：通过扩充固定价格收买制度加大对可再生能源的支持力度；推广住宅、办公场所的零排放化；提前进行技术革新开发，在蓄电池、下一代汽车等技术方面创新，提高火电厂效率；推进改革，建立绿色税制，鼓励低碳投资项目。

具体措施包括：①利用“世界最好的技术”。日本曾以两次石油危机为契机，大力推动技术革新，最终获得了世界最好的环境技术。②建立世界第一环境与能源大国。通过推动绿色创新（环境与能源领域的革新）及实施综合性政策措施，以建立世界第一“环境与能源大国”为目标，促进并普及利用最高水平的环境技术。③通过绿色技术创新实现增长。扩大并普及利用可再生能源（太阳能、风能、水能、生物质能、地热等)，促进低碳投融资，利用信息通信技术，着力发展低碳经济，实现低碳型社会；安全使用核能；加速开发革新技术，实现蓄电池、下一代汽车、火电厂的高效化和信息通信系统的低能耗化等；通过推动运输模式转换、普及节能家电等方式，在运输和家庭部门中削减温室气体排放；通过使用信息系统连接电力供应方和用户方的智能电网解决方案，实现高效电力供需；支持企业积极开拓海外相关市场；实现国内资源的循环再利用，推动稀有金属、稀土元素等替代材料的技术开发。④通过提高舒适性和生活质量实现生活方式的变革。普及生态住宅，扩大可再生能源使用，100%实现LED或有机EL等下一代照明的普及，推进住宅和办公室等建筑物的零排放化。⑤通过重建、改建老旧建筑物等方式实现城市“绿色化”；加大对再开发、重建、改建陈旧办公楼的支持力度。

2）通过“生活创新”实现健康大国战略

此战略2020年的目标是：创造约45万亿日元的市场需求和280万个就业机会；促进医疗、护理及其他健康服务行业发展，满足国民需求。

实现此战略的主要途径：大力发展医疗、护理、养老看护及其他与健康有关的产业，鼓励民营企业参与相关产业发展；推进创新性药品、医疗及护理技术的研发及应用；促进医疗、护理及其他与健康有关的产业向亚洲和其他海外市场拓展；增加无障碍住宅供给；加强基础医疗和护理服务。

具体措施包括：①把医疗、护理、健康相关产业发展作为带动经济增长的产业。在全民医保制度下，以较低的成本向国民提供高质量的医疗服务，最终成为世界第一健康长寿之国；通过大力推进生活创新（医疗、护理领域革新），步入高龄化的日本将刺激和培育新的服务产业、制造产业。②推进创新性药品、医疗及护理技术的研发；推动具有较高安全性的优秀创新型药品、医疗及护理技术的研发。产学研机构要共同推动药品开发，促进新药、再生医疗等尖端医疗技术、远程医疗系统、医疗护理机器人等的研发及实用化。③向亚洲等海外市场的扩展。应把医药品的海外销售、以亚洲富裕阶层为对象的体检、治疗等医疗及相关服务与旅游业联合起来发展。④强化医疗和护理服务的基础。日本应该强化医疗和护理服务的基础，以便使高龄者能够消除对未来生活的不安。⑤实现高龄者的安心生活。医疗、护理和健康相关服务的提供者通过网络化进行合作，通过利用信息通信技术来推动居家生活支持工具的完善，构建在该地居住的高龄者能够自己主动要求接受服务的社会。

3）亚洲经济战略

亚洲经济战略2020年的目标是：创建亚太自由贸易区（FTAAP）；推动国内改革，实现亚洲区域内人员、物流、资金流增长一倍；实现亚洲地区国民收入增长一倍。

实现此战略的主要途径：以2010年在日本召开亚太经济合作组织会议为契机，制定亚太自由贸易区路线图；加强国际协调，在亚洲推广日本的“安全、安心”等制度；支持铁路、供水、能源等基础设施建设，发展环境友好型城市；将羽田机场发展为24小时国际枢纽，实施国际集装箱和散货港口发展战略；修订限制人财物流动的法律法规。

具体措施包括以下几个方面：①根据亚洲各国面临的环境恶化及城市化的问题，充分挖掘亚洲市场潜力。②把以往日本经济发展的经验与亚洲各国共享，在使日本在成为亚洲增长“桥梁”的同时，集聚在环境、基础设施等领域中所拥有的优势，在亚洲地区综合且战略地开展商务活动。③创造亚洲市场。在日本企业活跃的地区消除所有经济活动的壁垒。更加积极地促进贸易和投资自由化、便利化，建立知识产权保护体系。以2010年在日本召开亚太经济合作组织会议为契机，围绕2020年建立亚太自由贸易区的亚洲经济战略目标，制定日本自身的路线方针。④推广“安全、安心”等制度。参照日本在环境领域、产品安全等方面的技术或规定、标准，与亚洲各国共同实施国际标准化作业，逐步实现“安全、安心”制度的普及，创造有利于日本企业发展的市场环境；在亚洲乃至全世界范围内推广环境保护、基础设施维护等日本有优势的技术，努力把这些技术和经验打造成亚洲可持续增长的引擎。⑤实现亚洲市场一体化。以亚洲为中心，消除日本与外界之间人、财、物的流通壁垒，使世界与日本之间的人、财、物流通实现倍增；积极推进国内重点领域改革，如调整限制人财物流通的规定等。⑥逐步扩大的亚洲市场，输出日本的设计、时尚、料理、传统文化、媒体艺术等“独创性”产业信息，提高日本的品牌力量，强化外交能力。

4）旅游观光·地区活力化战略

（1）推动旅游立国。2020 年的目标为：外国游客人数增加至 2500 万人，未来可达到3000 万；所带来的经济效应：约 10 万亿日元的收入和 56 万个就业机会。主要措施包括：简化亚洲国家公民访日观光签证手续；研究制定“休假分散化制度”，通过各种途径增加休假时间。

（2）发挥区域资源优势，建立区域增长引擎。2020 年的目标为：充分利用区域资源，增强区域增长动力；优先发展机场、港口、道路、主要城市或地区基础设施等建设。主要措施包括：促进自主保护区域发展，支持偏远海岛、人口稀少地区、贫困地区的振兴；通过设立特殊发展区域，鼓励大城市周边地区加快发展；通过民间投资、公私合伙以及其他方式，加大城市周边区域基础设施建设力度。

（3）推动农林渔产业化。2020 年的目标为：食物自给率达到 50%，木材自给率超过 50%；食品、农林渔产品出口增长 2. 5 倍，达到 1 万亿日元。主要措施为：充分利用区域资源，鼓励农业、工业、商业之间的相互合作，实现农林渔业的产业化；完善道路等交通网络，培养相关人才，促进林业振兴；加快相关谈判，开辟新的销售市场，扩大农林渔及相关产品的出口。

（4）实施更加灵活的住房政策。2020 年的目标为：房地产、装修市场容量增长一倍；不满足抗震要求的房屋比例降低至 5%。主要措施包括：改善市场环境，鼓励消费者放心购房、改造现有住房，增加对老年人的房屋供应；积极利用反向抵押贷款和其他方式融资途径，增强消费能力；翻新、改造不满足抗震要求的房屋和其他建筑物。

5）科技立国战略。此战略 2020 年的目标为：领导世界范围内的“绿色科技创新”和“生命科技创新”；增加在各自领域内处于世界领先水平的大学和研究机构数量；理工科毕业博士实现全部就业；鼓励中小型企业拥有自己的知识产权；通过使用信息、通信技术，提高生活便利，降低生产成本；官民研发投入占 GDP 的比例超过 4% 。

实现此战略的主要途径是：加快大学和公共研究机构改革，为青年研究人员提供更多的职业选择；改革促进创新的制度和规则；提供“一站式”政府服务，鼓励利用信息和通信技术。

具体措施包括：①“智慧”和“人才”立国。通过推进培养优秀人才、改善研究环境、促进产业化三位一体化的进程，不断创新，强化软实力，开拓新技术新产业领域。加快大学和公共研究机构的改革，完善个人研究环境及多元化职业道路。从研究资金、研究资助体系、生活条件等各方面创造更具吸引力的研究环境，吸引世界各地的优秀研究人员。到 2020 年，研发投入占 GDP 的 4% 以上。重新审视科技政策推进体制，强力而有效地推动日本独有的尖端技术研发和创新。与发展中国家加强合作，推动国际合作研究。②信息通信技术立国。未来的发展思路是从“混凝土之路”转换为“光纤之路”，信息通信技术被全面应用到国民生活和经济活动中，彻底实现经济社会体系的高效化。信息通信技术成为产生创新的基础。虽然日本在信息通信技术水平和基础设施建设等方面已经达到世界最高水平，但与各发达国家相比，在信息通信技术的有效应用方面仍有差距，远未实现其潜在成效。

6）就业和人才战略

（1）就业战略。2020 年就业战略的目标为：非正式员工减半；减少失业人数，尤其是无教育或培训经历的失业人数；促进大龄人口、残疾人的就业；生育后，让所有希望就业者恢复就业；将就业卡持有人数增加到 300 万；鼓励带薪休假；提高最低工资；缩短工作时间。

实现此战略的主要途径是：提高年轻人、女性、大龄人口、残疾人的就业率；扩大就业卡发放范围，并将其纳入国家职业资格体系；增加当地就业机会，并确保所有工作均为“体面的工作”。

具体措施包括：工作和生活兼得。稳定就业、提升就业质量及消除生活不安是内需主导型经济发展的基础。就业质量的提升直接关系到企业竞争力的加强和发展，进而获得利益并将其合理分配，以扩大国内消费，然后重新进入下一个循环。为保障国民就业，需要扩大就业需求，要以当地增长领域为重点，促进当地就业。另外，少子、高龄化导致的劳动力人口减少，可能会减弱日本潜在的发展力，因此有必要提高生育率。

（2）人才战略。2020 年人才战略的目标为：创造有利于人口持续增长的环境，扭转人口数量迅速下滑的局面；扩大婴幼儿护理方面的就业；各类学术成果要以达到世界最高水平为目标。

实现此战略的主要途径为：修订规章制度，鼓励企业参与幼儿园、托儿所建设；建立更加灵活的婴儿护理体系（如缩短育儿期父母工作时间等）；提高教师素质，完善教育体系，鼓励私人参与教育发展；促进高等教育发展；改善社会环境，确保儿童安全。

具体措施包括：通过保障全体国民接受高素质教育，在各个领域建立雄厚的人才基础。所有儿童都须接受国家要求的教育，使其在积累人生基础力量的同时，成长为对日本、对世界都有用的人才。初中等教育方面主要通过提升教师素质，加强包含民营在内的地方教育资助体系等，提高教育质量。同时，通过实行高中义务教育制度，在全社会的支持下，保证所有儿童都能够接受后期中等教育。在高等教育方面，完善奖学金制度，保证大学教育质量，完善和强化研究生院教育，培养对未来挑战充满信心、能够在国际舞台上大显身手的人才。鼓励大学与国际接轨，积极接纳留学生。进一步挖掘教育方面的需求，推动职业教育。

7）金融战略

金融战略 2020 年的目标为：公私部门共同努力提供经济增长所需要的资金；增加日本公司的全球业务；使日本成为亚洲的主要市场和参与者；加强对国家金融资产的管理以使国民获得更多财富。

具体政策措施包括：改善市场环境，改革相关立法基础框架；发展专业投资者的债券市场，鼓励外企在日本获得资金；鼓励私人机构积极参与等。

第五章

科技人才政策

根据2010年12月日本总务省统计局公布的科技统计数据，日本研究人员总数为84万人①，近年来增长缓慢。据《联合国教科文组织科学报告2010》② 显示，2007年，日本研究人员占世界研究人员总数的比例为9.8%，仅次于美国（20%）和中国（19.7%）。日本每百万国民中研究人员数量为5573人，位居世界第一；而美国每百万国民中研究人员数量为4663人，韩国为4627人，中国为1071人③。日本每个研究人员的研发总支出为20.8万美元（购买力平价），仅次于美国（24.4万美元）和德国（24.8万美元）。

日本GDP近20年来徘徊不前，近年来日本的科技人才数量也增长缓慢，自然科学博士毕业生的数量从1993年到2007年徘徊于每年5000人左右。而同期，中国从每年2000人左右增长到2万以上，美国也从1.7万左右增长到接近2.5万人。日本科研体制中逐步显现出对人才成长不利的问题，如延长退休年龄使得固定职位减少，研究经费管理中的浪费等。2010年1月，日本学术会议发表《2020年世界与日本科学技术的基本认识》报告，分析了日本面临的少子、老龄化问题，认为到2020年日本人口将减少3%，特别是承担科学技术职位的20～39岁青年到2020年将减少约2630万人④。

日本视科学技术为立国之本，是开拓未来的关键，而支撑科技活动最主要的因素是人才。对科技人才的培养和使用进行改革，是左右一国科学技术和长期发展方向的重要因素。为此，日本非常重视人才培养与利用，尤其是帮助青年研究人才成长。

---

①总务省统计局. 2011. 平成22年科学技術研究調查. http://www.e-stat.go.jp/SG1/estat/List.do?bid=000001028692&cycode=0 [2012-08-20]

②UNESCO. 2010. UNESCO Science report 2010. http://unesdoc.unesco.org/images/0018/001899/189958e.pdf [2010-12-08]

③总务省统计局. 2011. 科学技術研究調查. http://www.stat.go.jp/data/kagaku/topics/topics38.htm [2012-09-20]

④日本学术会议. 2010. 2020年の世界と日本にする基本認識. http://www8.cao.go.jp/cstp/output/20091119yushikisha.pdf [2010-02-08]

一、宏观科技人才政策与计划

2003 年 10 月，综合科学技术会议提出了《关于科学技术相关人才培养与使用的意见》，该文件围绕科技人才的培养与使用，就教育体制改革、科技体制改革、公务员制度改革、社会保障制度改革和分配制度改革等提出了一系列积极而切实的政策建议，力主扶植本土高科技人才，引起国际社会的高度关注。其主要观点是：科技人才的培养必须从中小学生抓起；深化高等教育改革，提高大学的科技人才培养能力；通过对研究生教育改革的推进，构筑高层次科技人才的培养基地；根据科技事业发展的需要，加强管理型科技人才的开发；通过科技体制和人事制度的全面改革，促进年轻科技人才健康成长；有效利用各类社会科研资源，积极发挥女性和高龄科技人才的作用①。

近年来，日本发布的重要科技战略与规划中提出了人才培养与使用的重要目标和措施，将人才战略作为实现科技立国战略的主要手段。

（一）重大科技战略与规划中的人才政策

1.《创新 2025》将人才创新作为创新型国家的重要支撑

在 2007 年日本政府公布的长期发展战略《创新 2025》中提出，要一体化推进科学技术创新、社会创新和人才创新，人才创新作为日本今后建设创新型国家的重要支撑被提出。人才创新战略提出：创新的主角是人，为了使创新不成为独立的偶然行为，形成使创新成为连锁行为的社会，要明确日本需要培养出怎样的人才和怎样培养人才，并提出应采取的以下措施。

（1）培养多样性人才和领军人才。创新来源于人的创意。日本要开展创新活动，就要培养多样性、领军人才。要采取措施使青年人自己思考、行动，加强素质修养，如扩大从初等教育阶段与外国人的交流；在小学、初中、高中阶段，变记忆型学习为思考型学习，加强理科教育；充实对日本引以为荣的人、物、技术、传统、文化的体验学习；充实教师队伍，加强职业进修；在初中、高中期间，扩大交换留学生。

（2）培养知识面广和专业性强的人才。生硬的文理分科会减少学生在大学期间的学习科目及之后的职业选择。为了培养知识面广且深的人才，应实施以下措施：大学毕业前实习或现场体验最前沿的科学技术；修正文理分科

①高析．2010-07-07．国外实施人才战略的启示与借鉴．中国信息报，第 8 版

的现象；高考时利用档案与面试相结合的考试；加强大学教育，如奖励兼修多个学位的学生等。

（3）营造接收海外优秀人才的环境。在知识竞争时代，争夺世界水平人才（教授、学生）的竞争日益激化。在此情势下，为提高日本大学的国际竞争力，应营造接收海外优秀人才的环境，大力推进国际化。

（4）通过研修等职业教育培养自立心、创业精神。采取措施培养职业意识和自豪感，创造能够自行体验创新的环境，培养具有广泛知识面和创业精神的能够进行创新的人才。

（5）充分利用地方大学构建生涯教育体系。在符合个性的地方积极参加社会上的各类活动，通过补充新知识，使国民可以迎接更大的挑战。充分利用地方大学教育资源构建对应的再教育体系，发挥地方大学的教育能力。

2.《新增长战略》通过体制改革加强优秀人才培养

2009 年，为应对经济危机日本发布《新增长战略》，提出科技立国战略、就业和人才战略，作为支撑增长的平台。在科技立国战略中，提出通过推进培养优秀人才、改善研究环境、促进产业化三位一体化的进程来开拓新的技术和产业领域，为此要通过大学和公共研究机构的改革来完善个人科研环境、多元化职业道路。另外，从研究资金、研究资助体系、生活条件等各方面努力创造有吸引力的研究环境，以吸引世界各地的优秀研究人员。

在就业和人才战略中，提出通过保障全体国民接受高素质教育，在各个领域培养出雄厚的人才。在高等教育方面，通过完善奖学金制度、保证大学质量、大学与国际接轨、完善和强化研究生院的教育、推动职业教育如培养学生创业能力等，扩大升学机会，完善高等教育，培养出对未来挑战充满信心的能够在国际舞台上大显身手的人才。此外，还提出要进一步挖掘在教育方面的需求，并以该需求为增长领域，在积极接纳留学生的同时，寻求民营教育服务的健全发展之路。

3.“科学技术基本计划”以体制改革促进全方位、独创性人才培养

2006 年，日本出台第三期“科学技术基本计划”，提出大力实施科技立国战略，包括了人才战略、基础研究战略、技术创新战略、支柱技术战略和国际合作战略。其中人才战略提到，随着人口的逐渐减少及老龄化，日本更加意识到，确保一流人才的质量是实现其科技立国战略的当务之急。为此制定有利于优秀人才辈出的激励性政策，构筑新形势下的适才适用、注重能力的人才战略体系，为日本科技的可持续发展提供强有力的人力资源。计划提出了如下具体措施：确保优秀研究人才的体制建设，包括构建公正透明的人才录用及管理体系，搭建年轻研究人员施展才华的舞台，推进多元化优秀人才的研究平台的建设等；培养符合时代潮流各路技术精英。包括大学研究生院的制度改革，以产学官联合为载体的人才培养机制，鼓励博士人才供职于产业界，从政策上引导博士就职于民间企业；培养将知识与技术服务融为一体的多元化人才；作为人才培养的根基加强基础性教育。

2011 年，日本推出第四期“科学技术基本计划”，该计划中，日本政府将“重视人才以及培养人才的机构的作用”作为促进科技发展的三个基本方针之一，今后将全面推进科学、技术、创新一体化的科技创新政策，并将从国家层面上采取有重点的、横断性的人才培养措施。

1）培养全方位的科技人才

从日本科技发展中长期需求出发，战略性地培养肩负科技创新重任的各种人才。第一，为培养国际通用的各领域所需的优秀人才，要强化研究生教育。具体措施有：通过与国际网络和产业界的合作，实施统一的博士课程教育；创立人才培养协商会作为产业界和大学的对话平台，对人才培养达成共识；制定和实施《研究生院教育振兴政策纲要》，有体系地、集中地根据研究生教育的目标推动研究生改革的目标、方向及工作；调整国内与国际的评估标准和评价指标，促进大学按照功能和领域进行评估，推动大学评估的准确性；实施对大学的研究和专业方向的评估体系，推动设立人才培养的目的，以及实现目标、明确教育内容和方法、充实课程框架等；从多角度综合评价教师的教学工作，并将评估结果体现在教师的待遇上；实质性地开展师资进修工作，积极创造教师进修与钻研业务的机会，提高教师的水平；加强与国外的大学和研究机构的合作与交流，支持大学实行国内国外双学位，大力支持推动国际性教育合作活动。

第二，资助继续深造、实现职业前景的多样化。为让优秀本科生安心选择攻读研究生学位的机会，增加研究奖学金、教学补助金和研究补助金等补助型的经济资助；大学通过与产业界的合作，培养学生具有企业所需要的经营管理能力和多种专业技能；加强建立政府、地方自治体、大学、公立研究机构和产业界的合作关系，向学生提供实习机会，丰富工作经验。

第三，加强培养技术人员。政府、大学、职业学校和产业界建立合作与交流机制，制定各领域的技术人员培养目标，制作相关教材，提供实习机会，推进企业和学校之间的人才交流；促进技术人员资格认证制度的应用、普及，顺应时代要求，及时完善有关制度，产业界要建立技术人员评估的相关条例，以开拓他们的职业发展空间。

2）培养具有独创性的优秀研究人员

为使研究人员充分发挥自身潜能，能够尽早在研究职业中脱颖而出，大学和研究机构将进一步优化制度，营造良好的氛围。

第一，建立公正、透明的评价和人事制度。培养具有独创性的优秀研究人员，向青年研究人员提供更多的岗位，让他们获得自立和发展的机会，增强其实践能力，在录用时，本着从能力出发，建立公正、透明的人事体系。大学和公立研究机构评估研究人员的工作业绩以研究成果的质量为准绳，如研究的实用性、教育业绩、论文的国际评价等指标，从实际能力出发，进行公正、公开和具有弹性的评估；按照研究人员的工作和业绩改善其待遇；在国际上公开招聘，从国内外选拔优秀人才，根据机构的实际情况，逐步推行年薪制的雇佣制度。

第二，完善研究人员的职业前景规划。在确保稳定的同时，促使青年研究人员规划自己的职业前景，促进人才流动：支持大学落实和普及终身雇用制，使自然科学方向的终身制教师的比例达到占总数的30%；大幅增加优秀青年研究人员的特别研究奖金和研究经费，使青年研究人员能够专心致力于研究活动；大学和企业等合作，促进能够让优秀研究人员不断进步的人员交流，从而推动人才的流动；加强对留学生和向海外派遣人员的基金支持，让优秀研究人员和研究生能在国外积极地开展科学研究。

第三，促进女性研究人员的发展。要提供良好的环境，增加女性研究人员的录用率，使女性研究者的录用比例要达到全体人数的30%，为促进她们在研究领域发展，支持大学和公立研究机构调整研究资助体制，建立有弹性的雇佣制度和人事管理及评估体系，确保女性研究人员生育与研究工作两不误。

3）培养科技创新的接班人

由于日本对科学感兴趣、喜欢学习数理化的中学生的比例较低，政府希望通过加强青少年的数理教育和科学兴趣来促进更多的青少年投身科学事业。主要措施包括提升教师的科学素养，促进理工科方向或研究生学历教师的职业发展等。加强中小学的实验教学的实践活动，使其增加接触、观察和体验科学技术的实践机会；加强对专门培养科技接班人的超级科学高中的支持；鼓励中小学生参加国际奥林匹克竞赛等，提高中小学生对科技的兴趣；促进学生在高中阶段选修大学的自然科学的专业课程；从激发科技才能的观点出发，制定相关措施，让高中生能够掌握更前沿的知识，并改革大学入学考试的选拔方式。

由上可以看出，日本将科技人才作为科技立国战略的重要组成部分，并逐步采用积极的机制体制改革措施促进人才培养与发展，2013年尤其注重加强人才的战略规划与管理。2012年3月，综合科学技术会议提出按照目标导向改革现有体制，提出设置基础研究以及人才培养部门，目的是根据国际发展动态，提出基础研究及人才培养的相关政策措施及政策建议①。2012年4月，综合科学技术会议召开专门会议研讨从国家战略的视角关注支撑科技创新人才培养的议题。讨论认为，日本在人才利用方面体制不够完善，如博士后制度实行不力等。为此，要建设世界顶尖水平的大学，为使专业领域研究达到卓越水平，考虑合并或撤销某些大学；为集聚世界优秀的研究人才，考虑大学内实行新的编制和提高管理能力；为吸引海外最优秀的留学生，进行重点资源投入等。并提出若干重点政策与措施，如进一步强化大学功能以应对全球化；在保障教育质量的基础上进行体制改革，以保障研究质量，改善学习成果的评价和教师能力的审查；促进领先研究型大学的形成；修订博士后制度，推进博士就业的多样化，加强对博士生在学期间的经济支持；加快30万留学生计划实施的步伐；建设利用青年人才的平台以及新的社会体制的形成等②。

（二）科学技术人才计划

1. 科技人才开发综合推进计划

日本政府从2002年6月开始实施培养科技人才国家战略——“240万科技人才开发综合推进计划”，目标是到2006年，培养精通IT、环境、生物、纳米、材料等尖端技术人才达240万人，确保企业需求的具有实战能力的技术人才，从根本上改变大学现有教育体制。该计划由经济产业省和文部科学省负责，实施期限为五年，主要内容包括：大量培养实战技术人才计划、240万人终身教育计划、人才培养机构评价推进计划。

其中，实战技术人才培养以大学生、研究生和科研人员为对象，这种人才要求具有立即投入科研开发并能很快把技术转化为产品的能力。计划认为，学生培养仅靠积累知识远远不够，必须通过在企业的实际体验磨炼能力③。

2. 21世纪卓越研究基地计划

从2002年开始，日本实施“21世纪卓越科研基地计划”（21 century center of excellence program），旨在建立世界最高水平的教育研究基地，建设特色鲜明且具有国际竞争力的大学，从而培养引领世界的创新型优秀人才；

---

①総合科学技術会議. 2012. 科学技術イノベーション政策推進専門調査会ミッション及び期待される成果等. http://www8.cao.go.jp/cstp/tyousakai/innovation/1kai/siryo1-2.pdf [2012-03-28]

②総合科学技術会議. 2012. 国家戦略の視点から見た科学技術イノベーションを支える人材の育成. http://www8.cao.go.jp/cstp/gaiyo/yusikisha/20120426/siryoso-1.pdf [2012-05-20]

③新华网. 2003. 国际人才动向：日本科技立国靠人才. http://news.xinhuanet.com/world/2003-12/17/content_1236498.htm [2012-09-08]

政府把资金重点分配给具有高水平和发展潜力的研究生院的教育研究基地，引导和促进大学形成自身优势、个性和特色，创建具有国际竞争力的、特色鲜明的世界一流大学。

文部科学省负责该计划的实施，并为实施该计划专门设立了“研究基地建设补助金”制度，同时，成立本部设在日本学术振兴会内的“21 世纪卓越研究基地委员会”，每年选择 50 所大学的 100 多项重点科研项目进行资助，每个项目资助时间为 5 年，每年资助额度为 1 亿～5 亿日元。对先期项目相关成果的分析认为，该计划对于改善日本国内教育研究环境起到了积极作用，重点研究基地的获批有利于年轻的优秀科研人才的成长。

2007 年，日本政府在“21 世纪卓越研究基地计划”的基础上，启动了“国际卓越研究基地计划”（global COE program）。“国际卓越研究基地计划”的目的是根据各大学的特色在各学科领域建设具有世界顶尖水平的教育研究基地的同时，推动各大学进一步充实和强化日本研究生院的教育功能，培养世界顶尖科技创新人才，推进具有国际竞争力的世界一流大学建设进程。该计划将“21 世纪卓越研究基地计划”所资助的 274 个学科点削减为 150 个，同时把每个学科点年资助金额度的下限提高了 5 倍，其资助额度为每年 5000 万日元至 5 亿日元不等。

日本有一个宏伟目标，就是在 21 世纪头 50 年培养 30 名诺贝尔奖获得者，“21 世纪卓越研究基地计划”的目的就是要建立一流人才培养基地，在取得国际领先重大科研成果的同时，让一批国际顶尖级人才脱颖而出。

3. 科学技术人才培养综合计划

2004 年，文部科学省制订“科学技术人才培养综合计划”，目标是培养富有创造性的世界顶尖级研究人员；培养社会产业所需人才；创造能吸引各种人才，并使他们充分发挥才能的环境；建设有利于科技人才培养的社会。计划从 2004 年至 2008 年，建设具有国际竞争力的研究基地，重点资助被选中的基地，集中优秀人才，扩充设备；给予有潜力的博士生经济支持，为保证优秀学生专心致志搞研究，实行生活费补助制度；为了给青年科学家以动力，派他们到海外一流研究机构从事长期研究，派出时间从两年延长到三年。

2009 年 2 月，文部科学省发布“科学技术人才综合计划 2009”。该计划预算为 1975.63 亿日元，提出了新阶段的政策要点：①充实下一代承担理科和数学教育的青年教师。扩大对数理有兴趣的学生的视野；增加理科教师的编制；增加理科教育设备的经费；加强提高数理教师能力的培训事业；扩展对数理感兴趣的学生的能力。②加强大学培养人才的功能及培育产学合作人才。有组织地促进研究生院教育的改革；推进全球卓越中心项目；推进原子能人才培育项目；促进产学合作人才的培养；推进先进信息技术项目；促进地方的管理人员的培养；推进青年研究人员风险事业项目。③加强对承担创新活动的青年和女性研究人员的支持。充实特别研究员事业；推进青年研究人员体制改革项目；推进培养青年创新人才项目；充实战略性创新研究事业；增加青年人员研究项目经费；强化海外特别研究员制度；增加青年研究人员参加国际研讨等机会；促进培养女性研究人员的体制改革；促进外国研究人员在日的研发。④加强国民对科学技术的理解与科学意识。加强地方科学馆建设；加强科学技术信息的发布；加强国立科学博物馆的管理与运营；加强日本未来科学事业的管理与运营①。

4. 人力资源开发计划 2012

2012 年 4 月，为应对日本正面临的科技人才和劳动力的双重短缺问题，文部科学省发布“人力资源开发计划 2012”，目的是培养和支持青年科技人员的成长，以从质和量两个方面确保科技人才的供应，维持日本的国际竞争力，保持其持续创新的势头，进而构筑安全的、高品质的生活环境。计划由四大板块及多层次的具体执行计划构成：①培养青年科技人员独立主持科研项目，提升创新研究能力。在任期制度方面，顶尖研究人才的待遇要优于其他研究人员；对于独立行政法人聘用的符合一定条件的任期制研究人员，可以不将其作为行政改革削减人事费的对象。在战略性创造研究方面，面向经济社会需求和日本重要课题，开展新技术研发，推进基础研究；在特别研究员方面，设立卓越研究奖励资金。②充实理科与数学教育，培养科技创新人才。实施“科学教师培养计划”“理科教师指导能力提升计划”“未来科学家培养讲座”等系列计划。③强化国际合作的人才培养，推进产学合作的人才培养制度。实施“海外特别研究员计划”，增加到海外访问研究两年的青年科技人员的数量。加强培养产学合作领域实践型人才的制度。④培养创新人才。发挥青年、女性及外国研究人员的作用，吸纳国际顶尖人才，促进人才的流动，施行按成果定报酬的工资制度。国立科研机构必须制定具体的人才培养、使用和引进目标，促进研究机构向世界领先研究基地发展，并以此为平台吸引更多的世界顶尖研究人才②。

---

①文部科学省 . 2009. 戦略科学技術関係人材総合プラン2009. http://www. mext. go. jp/a_ menu/jinzai/seisaku/08082716/001. pdf [2009-02-26]

②文部科学省 . 2012. 成長を牽引する若手研究人材の育成・支援プラン2012. http://www. mext. go. jp/component/a_ menu/_ _icsFiles/afieldfile/2012/04/06/1309115_1. pdf [2012-05-10]

二、科技人才的培养与使用

（一）强化大学的人才培养机能

大学是科技创新和人才培养的核心基地，日本科技人才政策注重从各方面加强大学的人才培养机能，营造适宜的人才发展环境。

文部科学省支持各大学进行大学教育改革，充分发挥大学的特色和个性。文部科学省 2006 年 3 月推出了《振兴大学院教育政策实施纲要》，要实现研究生院教育的实质化、国际化，提高信赖度和竞争力；推出了“系统性推进研究生院教育改革项目”，以推进大学研究生教学的系统性，截至 2009 年，已经支持了 91 所大学的 221 个项目。

为了使大学教育能适应社会需要，综合科学技术会议基本政策专门调查委员会提出了“为了培养出支撑未来产业社会基础的科学技术系研究生的教育改革”，提出了培养具有国际通用知识和能力科技人才的具体方案建议。文部科学省推出了支持与地方产业界合作培养制造业人才的“制造业人才培养支援事业”及“服务业创新人才培养推进项目”，通过大学的产学联动推进人才培养。

有关大学、研究生院研究体制的研究认为，日本大学、研究生院开设的博士课程在应对全球问题、企业就职等方面存在不足，研究环境不利于专心进行基础研究。2012 年 6 月，综合科学技术会议公布大学改革实施计划，希望通过评价与竞争改革提高大学研究水平，进而建设人才大国。计划提出三大改革方向：一是提高研究生院的教学与研究质量，增强纳米、环境、信息技术等学科建设；二是重点开设有个性和特性的课程，实行严格的课业成绩管理；三是提升组织经营的灵活性，通过任期制和公开招聘录用新教师，并采取第三者评价与公布制度。

（二）为强化基础研究培养研究人才

日本在科技立国政策的支撑下，一直探寻强化基础科学实力，以创新促进经济复苏之路。2008 年，4 位日本学者获得诺贝尔科学奖，日本各界士气高涨，完成在 21 世纪前 50 年培养 30 位诺贝尔奖获得者的目标重新被提上了日程。日本政府指出，要想在国际人才争夺日益激烈的形势下，培养出具有独特个性、有丰富的创造力、有毅力、勇于挑战、能担负起基础科学重任的人才，就必须构筑新的体系，形成能够让青年人才发挥才能的、有发展空间的人才培养机制和富于创造力的研究环境①。

日本于2009年8月推出了《基础科学强化综合战略》，希望通过人才队伍建设，构筑有创造力的研究环境，提高日本的国际竞争力，提出：①加强对青年研究人才的培养，通过为青年研究人才提供发展的机会和良好的环境提高当前青年研究人才的研究能力，确保青年研究人员尽早自立。主要措施包括加强研究系统改革，形成有利于博士、博士后等青年研究人员参与各类卓越研究活动的、集研究推进和人才培养于一体的研究体系；为青年研究人员提供充足的科研经费，鼓励并赋予机会让他们承担具有挑战性和创造性的研究工作，投入300亿日元设立"青年研究人员国外派遣基金"，鼓励青年研究人员赴海外学习和与海外研究机构进行交流。②充实研究生院教育，加强国际化人才培养。重点推进国际一流水平的研究生院建设，开展英语授课，积极吸引海外留学生，与国外机构进行战略性合作，构建合作培养人才机制，致力于高级人才培养。另外，政府还将加强对研究生院的资金投入，保障教师、博士研究生等能够潜心开展研究；增加奖学金发放名额，减免学生学费负担，采取和学生家庭情况相符的细致的减负措施等。③从基础抓起，培养学生对数学和科学的兴趣。加强和充实从小学到大学各个阶段的数理教育和科学兴趣活动，将所有活动连成一体，构建具有丰富创造力的人才培养机制。④构建一切以研究人员为中心的资金分配制度。着眼于科学技术活动的整体发展，对研究资金的分配采取研究人员优先的弹性分配制度。例如，经费使用科目可由研究人员自由裁量，用于人员费、设备费、会议费，或是赠予研究团队成员；经费使用不再像过去那样受财政年度限制，允许跨年度使用。2009年，日本政府投入2000亿日元重点推进的"最尖端研究开发支援计划"（FIRST），即贯彻了"一切以研究人员为中心"的思想，灵活使用了资金分配制度，研究人员获得了极大的自主性。⑤加强对科研辅助人员的培养。加强项目主管等科技相关辅助人员的配置，以更好地支撑科研工作。

综合科学技术会议于2010年发表《强化基础研究的长期方针与政策》报告。报告建议政府围绕确保研究资金、培养研究人才和培育教育研究基地三个方面进行基础研究支撑体系改革，并对人才培养与使用提出建议，如加强对青年研究人员的资助；为向青年研究人员提供自立和发展的机会，支持"新预备终身制"，在对机构提供支持的同时，国家从国内外招收选拔优秀的

①中华人民共和国科学技术部. 2010. 国际科学技术发展报告2010. 北京：科学出版社：52

青年研究人员，在一定期限内向其支付人事费及研究费；大学通过努力大胆地谋求人事及工资费用的合理化及效率化等体制改革，确保青年研究人员的职位；扩大研究人才发展的空间，积极支持博士后与产业界的结合，与人事、工资方面的合理化与效率化相结合，努力利用高龄研究人员或退休后的研究人员①。

（三）帮助年轻研究人才发展与自立

历史证明，不论在何种领域，学术上的发现与发明、解决难题的新构想或革新性提案等，几乎都产生于年轻的头脑。为了培养青年成为创造未来新学术与新社会的人才，必须激发他们的积极性，培养其自信，并且完善能够创造贡献于世界成果的环境。

在日本，进入研究生课程的入学人数近年来保持稳定，但是进入博士课程的入学人数却有大幅度减少的倾向，其原因主要在于取得博士学位后面临严峻的就业问题和恶劣的博士后待遇问题，为此分析认为，如果不改变这种状况，那么倡导“科技立国”可能在与欧美国家甚至是各新兴国家的竞争中丧失学术上的国际地位②。为此，日本相关研究提出，研究机构在基于公正、透明的人事评估的竞争下，要给予青年人才自立与工作的机会，要确保大学里的助教工作并完善工作环境等。日本各部门都有具体的支持措施。

（1）为培养承担下一代信息通信领域研究的年轻研究人才，总务省通过战略性信息通信研发推进制度，实施了青年信息通信研究人员培养型研究开发，对年轻研究人员提案的研发课题给予研究资金的支持。

（2）为促进年轻研究人员活跃工作，2009 年文部科学省实施了用科学技术振兴调整费“促进年轻研究人员自立性研究环境的完善”，对任期制的引入、提供启动资金及保证研究空间等研究环境的完善给予了支持；文部科学省的科学研究费补助金，给予了缺乏经验的年轻研究人员获得研究费的机会，支持其作为研究人员有一个良好开端，完善了以年轻研究人员为对象的研究种类——“年轻人员的研究”等。

（3）对于优秀的年轻研究人员，日本学术振兴会通过所实施的特别研

---

①総合科学技術会議. 2010. 基礎研究強化に向けて講ずべき長期的方策について. http://www8. cao. go. jp/cstp/project/kiso/haihu11/siryo3-1. pdf [2010-03-08]

②日本学术会议. 2010. 日本の展望—学術からの提言 2010. http://www. scj. go. jp/ja/info/kohyo/pdf/kohyo-21-tsoukai. pdf [2010-04-29]

究人员事业，给予其在自由构想下自主选择研究课题的同时，又可以专注于研究的机会，并且通过海外特别研究人员事业等，提供积累国际经验、与海外研究人员切磋磨合的机会，培养可以活跃在国际舞台的研究人员。

（4）为推进承担未来厚生劳动科学研究的研究人员培养，厚生劳动省通过“厚生劳动科学研究费补助金”，公开招募“年轻人员培养型”的研究课题。

（5）作为“农林水产研究人才培养项目”的一环，农林水产省实施了以取得优秀业绩的未满 40 岁个人为对象的年轻农林水产研究人员表彰，以促进年轻研究人员研究意愿的进一步提高。

（6）农业与食品产业技术综合研究机构为支持年轻研究人员技术种子的开发研究，设立了竞争性资金的特别项。并且，农业生物资源研究所以大学研究生院博士课程的学生为对象，实施了在研究所在职工作的同时可以在校学习的年轻人研究制度，努力提高年轻研究人员的自立与研究意愿。

（7）经济产业省通过新能源与产业技术综合开发机构对年轻研究人员开展的以产业应用为目的的研发进行援助。

（8）环境省为推进年轻研究人员的研究，设立了竞争性资金的特别项，支持年轻研究人员的研究。

文部科学省自 2006 年开始实施科学技术振兴调整费“促进年轻研究者自主研究环境的建设”，引入终身制为研究机关提供支援。2009 年通过本项事业为 34 所大学引入终身制，2006～2008 年共 387 位年轻研究者被采用。日本还提出职业道路的“新预备终身制”。在预备终身制中，被选拔出来的青年研究人员在一定时期内如果能够继续从事研究并取得成果，就能够在接收单位中获得直到退休的职位。文部科学省为了增加预备终身教师的新增聘用数量，对预备终身教师的比例设定了具体的数值目标。为了达到这一目标，将对引进预备终身制的大学等提供进一步的支持。这种预备终身制对于确保并培养优秀的青年研究人员来说非常有效，今后需要进一步普及该制度并使其扎根。此外，由于现在政策的对象是大学等研究机构，作为支持对象的各个机构在执行时的措施方针不同，所以政策还没有扩展至一些没有得到支持的大学等单位。新预备终身制是在对机构提供支持的同时，国家从国内外招收选拔优秀的青年研究人员，在一定期限内向其支付人事费及研究费。同时，国家会选择那些已经准备好研究岗位或退休制职位来接收国家选拔的青年研究人员作为预备终身教师的大学等研究机构。通过上述方式被大学等聘用的青年预备终身教师，在一定期限内接受本人工资及研究费的资助从事研究，之后可以在该大学等机构中进入下一个稳定的职位。这种新的预备终身制具有由国家机构来招收选拔候补研究人员的特征，它可以与由大学等研究中心独自选拔的现行制度一起为青年研究人员提供新的职业道路。此外，通过这种新的制度，即使那些没有实施现行预备终身制的大学（如综合大学或专科大学），也可以获得确保引进优秀研究人员的机会。

2009年10月，综合科学技术会议发布青年研究人员培养制度的新调整试行方案，目的是对以提供青年研究人员自立与活跃的机会为长期目的进行长期聘用制的机构给予资助，并加大力度招募和吸引国内外优秀青年研究人员。2010年试行方案提出，以国家政府研究机构为主体进行青年研究人员的招聘，为遴选上的青年研究人员提供五年的政府基金，并获得在大学任职的机会①。日本2010年提出的研发体制改革也积极推动营造优秀人才积极表现的环境，进一步强调通过普及预备任期制等促进青年研究人员自立，通过共享人才信息促进青年技术人员自立。

（四）促进女性研究人员的活跃

在学术领域中，日本女性研究人员数量及在全体研究人员中所占比例方面在发达国家中依然非常低（2002年为10.8%，2008年为13.0%）。从竞争性资金的获取比例来看，至2007年，女性获取资助比例基本上与女性研究人员数量比例相近（12%），但获得金额极低为5%。面对老龄化及科技人才短缺的问题，日本积极采取措施促进女性研究人员的活跃。

日本第三期“科学技术基本计划”对女性研究人员的录用提出了具体目标，积极推动女性研究人员的录用和发展，女性研究人员数量呈现递增的趋势。第四期“科学技术基本计划”提出，日本女性研究人员所占的比例与国外相比还比较低。因此，要提供良好的环境，增加女性研究人员的录用率，并促进她们在研究领域的发展。具体措施包括：①综合考虑目前女博士所占的比例，早日实现第三期“科学技术基本计划”提出的“女性研究者的录用比例要达到全体人数的25%”的目标，下一步要达到30%的更高目标，即尽快实现理科20%、工科15%，以及农学、医学、口腔学、药理学等总共达到30%的目标。②支持大学和公立研究机构调整研究资助体制，确保女

①総合科学技術会議.2009.若手独立研究者育成のための新たな仕組みについて（試案）. http://www8.cao.go.jp/cstp/project/kiso/haihu8/siryo5-1.pdf [2009-10-09]

性研究人员生育与研究工作两不误。大学和公立研究机构建立有弹性的雇佣制度和人事管理及评估体系，工作条件许可的话可以考虑女性在家工作或短期工作的措施，进一步调整研究资助体制。

计划还提出，为完成上述目标，大学和公立研究机构需要制订具体的计划，促进女性研究人员的发展，实现女性研究人员的比例目标，积极地录用女性研究人员。并且按照职务的不同，公布每个部门的在职女性研究人员所占的比例。同时，推动对具有指导能力的女性研究人员、自然科学方向的女研究生、从事科学研究的优秀女性研究人员的培养。

2007 年的《关于科技技术相关人才培养与使用的意见》中针对女性研究人员提出了两项具体制度安排：一是实行女性特别研究员制度，由国家拨专款资助因生产、育儿而中断科研事业的女博士重返科研第一线；二是设立女性科技人才开发基金，对于女性科技人才密度较大的高等学校和公共科研机构，由政府拨专款资助她们改善科研环境与条件，增加高级岗位中的女性比例，促进女性科技人员健康成长与合理流动。

三、科技人才流动与引进

（一）国际人才流动状况

通过以大学及研究机构等组织的名义和个人名义开展各种各样的研究人员的交流活动，不仅可以促进科学技术、学术研究的发展，吸引国内外众多的优秀科研人员，同时也可以为科研人员参与国际水平的课题研讨提供平台。《令日本重新崛起的科技方式》报告分析显示出日本的国立大学、私立大学、试验研究机构等与外国研究人员的交流情况，包括接受与派遣出国的人数处于停滞不前的局面（图 5-1）。从地域上来看，亚洲、欧洲、北美地区的研究人员交流状况踊跃（图 5-2）。

为此，日本学术振兴会为了支持研究人员的交流，实施了“外籍特别研究员”等计划，并对于优秀的外国研究人员，提供在国内大学等从事研究工作的机会。作为优秀的日本研究人员参加国际研讨会的补充，通过海外特别研究员会议、林道 · 诺贝尔奖获奖者会议派遣业务、年轻研究人员的国际化 · 培训 · 项目等活动，向国外派遣本国青年研究人员，努力扩大在国外优秀研究机构的研究机会和与国外优秀研究人员的交流机会。

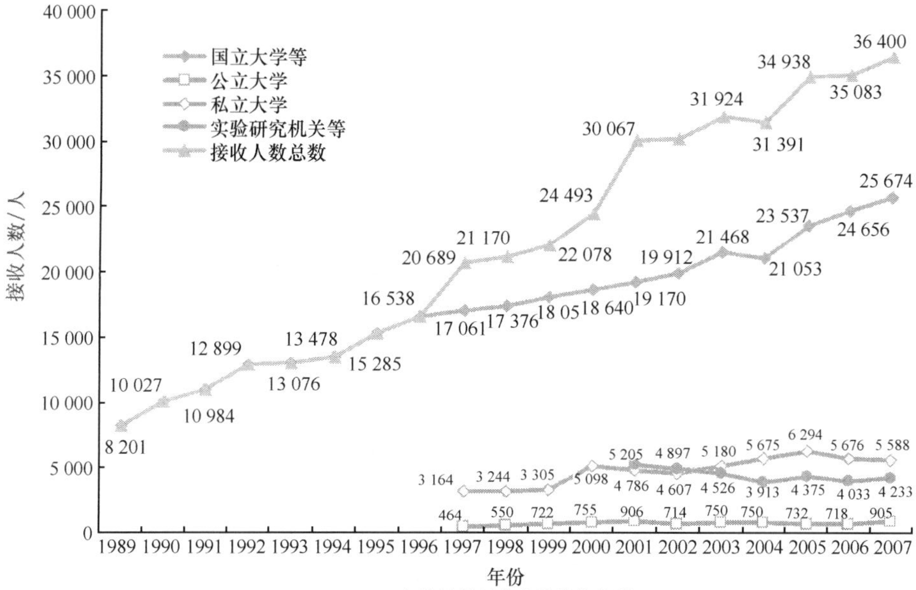

(a)各机关的研究人员接收人数

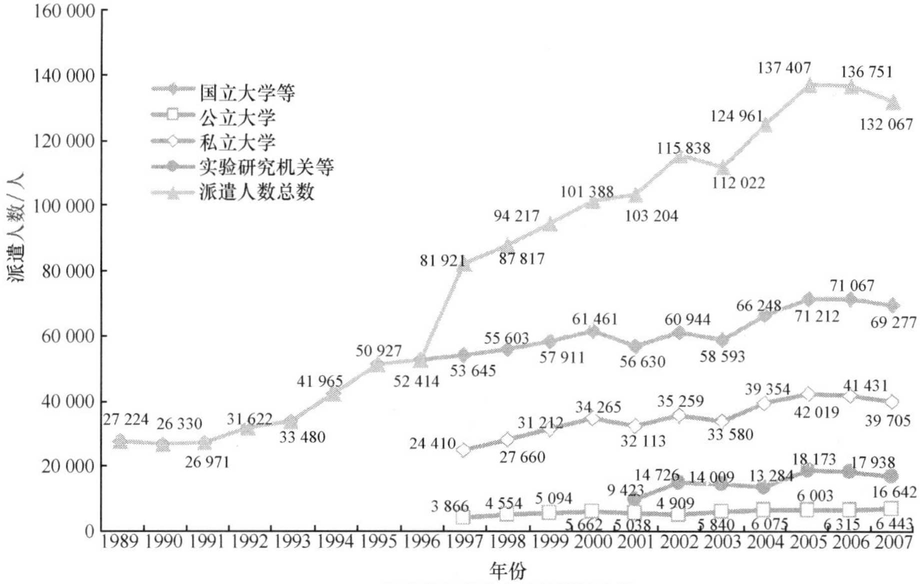

(b)各机关研究人员的派遣人数

图 5-1　大学、实验研究机关的研究人员交流的变化情况

公立、私立大学从 1997 年开始被列为调查对象，国立实验研究机关从 2000 年开始被列为调查对象

资料来源：由文部科学省制作

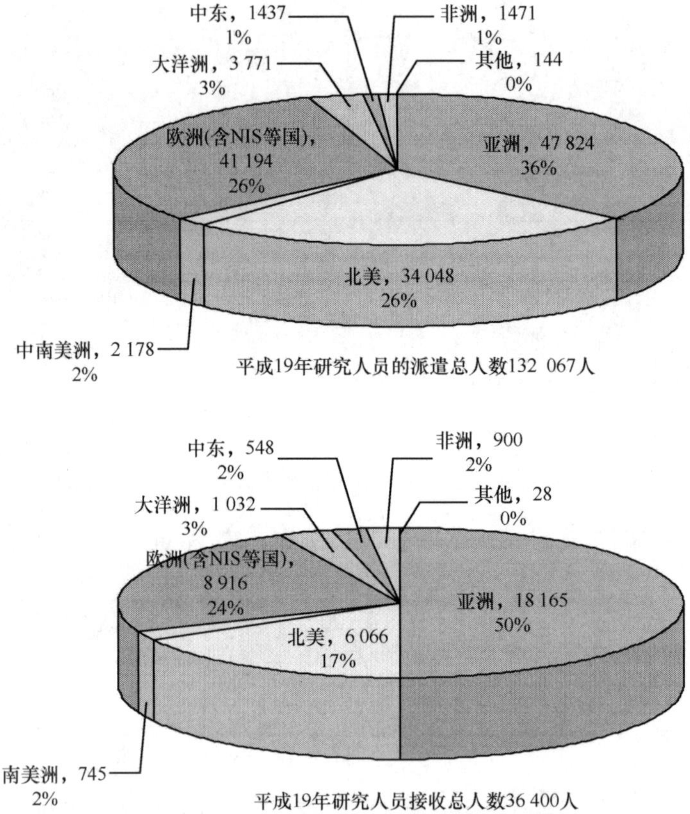

图 5-2　各地域研究人员的交流情况（派遣与接收情况）

资料来源：由文部科学省制作

（二）引进国际人才的政策措施

目前，日本社会正面临严重的老龄化和随之而来的人口减少问题，在这样的背景下，日本政府认为，从长远来看，吸引海外优秀人才是促进日本经济发展的关键因素之一，拥有不同教育、文化等背景的外国人才独有的想象力和策划能力，能够提高日本经济社会的活力和国际化程度。为改变在吸引海外人才尤其是高级人才方面的相对劣势，日本从推动海外人才就业、改善其生活环境等方面入手，采取了诸多切实可行的措施。

1. 人才引进的相关政策

2007 年 10 月，日本经过修订的《雇佣对策法》开始生效，这部法律明确将促进留学生等具备高级专业知识和技术的外国人在日本就业提升到国家级雇佣对策的高度，规定雇主有义务改善雇佣管理，使海外人才获得适当的受聘机会，并能够发挥自己的能力。此外，日本政府还就雇主应采取适当措施以改善外籍劳动者雇佣管理制定了指南。指南要求，雇主在外籍员工的考评、待遇、安置等人事管理方面实现透明化，努力营造人尽其才的环境。

日本从2008年起开始执行《关于通过推进研究开发体系改革，强化研究开发能力、提高研究开发效率的法律》（简称《研究开发力强化法》）。该法是1986年制定的《研究交流促进法》的替代性法律，法律在充分肯定第三期“科学技术基本计划”以来形成的各种政策和措施的同时，围绕人才战略，从不同侧面对完善创新环境、提高研究开发效率做出了具体规定。法律规定，国家科研机构（研究开发型独立行政法人）必须采取切实措施，制订具体计划，构筑招聘外国研究人员的体制和灵活运用外国人才智力的具体计划。同时，各研究机构必须通过制定具体的人才培养、使用和引进目标，促进研究机构向世界领先研究基地发展，并以此为平台吸引更多的世界顶尖研究人才①。

2. 30万留学生计划

面对人口急剧减少和就业人数严重不足的现实，2008年，文部科学省、外务省和法务省等六个中央机关拟定了30万留学生计划的纲要，提出要在2020年吸引30万留学生到日本学习，从而降低直接从海外引进高级人才的难度，并鼓励他们留在日本工作②，希望能从国际市场上“进口”高端人才。

为落实30万留学生计划，日本政府提出了具体措施和目标。

1）放宽限制改善服务，吸引外国学生赴日留学

计划明确指出，到2020年达到接收30万留学生的目标，是全球化战略的一部分，为进一步向世界开放，扩大与亚洲、世界各国在人员、物资、财经、信息方面的交流，提高大学及科研机构的国际竞争力，要从战略上争取各方面优秀的留学生。国家各部委相关机构要积极配合、统筹协调，共同推进这一计划的实施。

具体措施包括：通过完善的留学相关服务吸引外国学生赴日留学；改善入学考试、入国签证等方面的标准，使赴日留学渠道畅通，如加强大学的信息发布和更新，更加彻底严格地管理大学在籍制度，简化签证的手续等；推

①乌云其其格，袁江洋．2009．日本科技人才政策的国际化转向．自然辩证法通讯，31（3）：59-66

②高析．2010-07-07．国外实施人才战略的启示与借鉴．中国信息报，第8版

进大学国际化的进度，建设具有吸引力的国际化大学，如选定30所大学作为推进国际化的据点进行重点建设，在国际化据点大学和尖端重点研究中心推行只使用英语就可以取得学位的项目，并积极推进交换生项目、短期留学项目等；通过改善公费留学生制度，增加对留学生生活的支持力度，推动地方和企业为留学生的交流等创造良好的环境，使学生能够安心地学习和生活；为了建立国际化的日本社会，需要吸引并雇佣外国留学生在日就业。

2）完善接收环境，增强接收留学生能力

日本教育审议委员会留学特别委员会的消息显示，政府2009年计划投资434亿日元用于支持接收留学生，具体措施包括：第一，海外机构关于接收留学生方面的宣传及机构设置的支持，预算为7亿日元，目的是改善海外关于日本留学信息不足、手续复杂的现状。第二，完善接收留学生的环境，预算为420亿日元，主要是为改善目前接收留学生能力不足的状况，包括扩充外国留学生奖学金生名额、增加留学生宿舍、留学生就业支持、促进大学的国际化进程等。第三，促进日本学生海外留学，预算资金6亿日元①。

3. 吸引外国研究人员

在直接吸收高层次优秀外国科研人才方面，日本政府主要通过文部科学省所属的独立行效法人日本学术振兴会实施相关政策制度。

1）外籍特别研究员

日本从1985年开始推行特别研究员制度，一方面可以锻炼培养高水平的青年人才；另一方面也为富有才华的年轻人提供了一个必要的时间来等待高等院校或科研机构的就职空位。特别研究员制度分为四类：特别研究员（一般）、特别研究员（癌）、海外特别研究员、外籍特别研究员制度等，其中后两类主要是为了吸引外国研究人员。

外籍特别研究员制度分为一般和短期两种。外籍特别研究员（一般）计划1988年正式开始推行，主要是把法国、德国、英国、美国等欧美先进国家刚刚获得博士学位的年轻研究人员招聘到日本的大学或研究机构，在研究指导教授的指导下从事一年左右的研究工作。其目的是利用这些国家培养的研究人员来实施日本的科学技术发展规划，而且，通过与研究方法和学术作风不同的外国研究者进行合作研究，来激活日本的研究人员（特别是年轻研究人员）的研究热情，有助于日本学术研究的发展。初期，招聘外国人特别研究员的方向国仅为法国、德国、英国、美国四国，从1990年起增加了澳

①中国教育报．2009．日本新推30万留学生计划．http：//edu. xhby. net/system/2009/04/09/010478522. shtml［2012-09-29］

大利亚、比利时、加拿大、芬兰、意大利、新西兰、瑞典等 13 个国家，1994 年扩大到凡是与日本建立外交关系的国家都是招收对象国。申请者必须是年龄在 35 岁以下具有上述国家国籍和居民权的博士毕业生。

外籍特别研究员（短期）由日本大学等学术科研机构作为接收单位，专门向美国的取得博士学位后 10 年以内的青年科研人员提供其到日本在接收单位科研人员的指导下共同研究的机会，该项资助事业从 1997 年开始。外国人特别研究员的申请方法有以下两种：一种是由希望接收美国特别研究员的日本研究人员向日本学术振兴会提出申请，由“特别研究员审议会”组织选拔、录用；另一种是美国人通过本国的推荐机构申请。

2）外籍招聘研究员

经批准的日本大学、科研机构的日本学者邀请外籍研究人员，来日本从事共同研究及相关的学术交流活动。人员要求具有卓越研究业绩，获得博士学位或具有教授、副教授及助教职称的大学教师。设有短期和长期招聘项目，短期项目每年名额 300 人，在日本研究 2 周至 2 个月，日方资助国际旅费、生活费和 15 万日元在日研究旅费；长期项目每年名额 80 人，在日研究 2 个月至 10 个月，资助国际旅费、生活费、10 万日元研究旅费和 4 万日元研究经费。

3）外籍著名研究员

面向已取得开创性卓越成就的研究人员，应邀在 1 年内可以多次访问日本，向日方研究机构提出研究建议，指导研究活动。据悉，2013 年度外籍著名研究员项目将停止招募。

4. 通过体制改革促进国际智力循环

为加强日本的研发活动，有必要增加国内研究人员的海外进修机会。加强吸引国外研究人员，从而推进国际智力循环的形成。综合科学技术会议 2010 年提出的《研发开发体制改革建议》① 中提出，要实施以下改革促进国际智力循环。

（1）建立国际特区（暂称），改善研究环境，如使无日本医生许可证的外国研究人员也能参与临床试验等，使国外研究人员在日本也能进行与本国相同的研发。对外国研究人员，可以修改必要的规章制度，改善包括其家人在内的教育、居住、医疗、就业等生活环境。

（2）每家机构都公布作为专职录用外国研究人员、外国教员的职位数。

（3）研发机构的研发管理部门，要在培养确保英语能力可以进行国际交

①総合科学技術会議 . 2010. 研究開発システムワーキング・グループ報告 . http://www8. cao. go. jp/cstp/project/kenkyu/haihu13/siryo1-1. pdf［2011-01-20］

流的人才的同时，构建相关体制，以便为外国研究人员在日本进行研究时提供必要帮助。

在吸收国外研究人员方面，制定了以人才培养为目的的政策，以此为契机形成国际网络。例如，为增加青年研究人员在国外获得研究机会，加大所需资金的投入，研发机构应使一定数量的青年研究人员能够长期留居海外，积极实施把在海外的研究业绩也作为录用条件方面的评估，并努力形成国外网络。以拥有世界最先进的研发能力为目标的研发机构在海外建立研究基地，开展与世界科技创新活动融为一体的研发活动，进而努力推进以下工作：雇用当地优秀外国人员；从国内派遣青年研究人员；实施临床研究等海外相对容易实施的研究；实施获得当地国家竞争性资金的研究。

第六章 技术转移

本章以日本近年来出台的一系列技术转移政策和措施、技术转移计划、技术转移制度体系、技术转移机构等相关情况为主进行介绍。通过对日本技术转移的系列分析，了解技术转移对促进日本经济崛起的影响等。

在日本大学或企业建立面向商业应用的产业技术开发体系和技术服务体系，并制定一系列促进技术转移的法律、政策等是使日本迅速成为经济、科技强国的成功经验之一。为加强日本技术转移和推动基础研究、应用研究和开发研究的协调发展，强调国家与地方及民间团体、企业的协调和产学研的联合，是促进日本科学技术发展，经济力快速提高的必要措施。为了规范技术转移工作，1995 年，日本通过了《科学技术基本法》；为了加强科学研究的基础设施建设，加强研究与交流活动，促进新技术开发和技术成果的普及，1996 年日本又颁布了《科学技术振兴事业团法》；1998 年 2 月，日本文部省（现为文部科学省）和通商产业省（现为经济产业省）联合向日本国会提交了一份《促进大学等的技术成果向民间事业转移法》，其要点是通过该法案促进大学和国立研究机构将技术成果向企业转移，以帮助企业提高技术水平，为应用研究成果开拓新的产业；另外，日本政府还在通商产业省设立了“产业基础整顿基金”，对实施技术转移的大学提供资金支持和债务担保；日本文部科学大臣和经济产业大臣还要求采取措施努力推动民间事业者学习、掌握必要的知识和技术，对技术成果转移过程中的相关的专利费和手续税费给予特殊政策等。

（1）公务员制度改革的推动作用如下。

2001 年日本政府推行的公务员制度改革，对推动大学和国立研究机构主动进行技术转移发挥了巨大的作用，许多大学和科研机构都把 2001 年的这次改革作为其开始大规模推动技术转移工作的新起点。2001 年以前，日本所有的国立大学和科研机构都是直属于政府部门的机构，其经费由政府财政全额支出，其教师和职员全部为国家公务员。改革后，日本所有的国立大学和科研机构全部转变为独立行政法人机构，所有教师和职员脱离国家公务员序列。这一改革全日本共涉及14万多人。特别值得一提的是，改革方案规定，各国立大学和科研机构转变为独立行政法人后，其国拨经费每年递减1%。此外还规定，对应用研究机构和大学的国家各项科技基金和科研资助总额的2/3要支持大学、研究机构与企业合作的项目。公务员制度改革极大程度地影响和推动了日本大学和科研机构从事技术转移和科技成果转化、服务社会和企业的积极性①。

（2）技术转移采取的措施②如下。

1951年，日本政府制定了《引进技术补助》，通过政府改革直接组织或干预技术引进，制定一系列措施。例如，凡从国外引进最新机械设备的企业，可获得相当于进口价格1/2的补助费及长期的低息贷款；对引进的新设备实行特殊折旧；对引进重要先进设备实行减免进口税等。据统计，1950～1981年，日本从外国引进技术共38万项，几乎吸收了全世界半个世纪开发的全部先进技术，使日本掌握这些技术的过程节省了2/3的研发时间和90%的研发费用。

对于技术转移，日本政府不仅很早就采取了一系列技术政策，而且还制定了一整套措施来保证政策的实施和作用的发挥。

多年来的技术转移措施主要包括指导培训、经济交流、情报支撑和基础创新，缺一不可。若缺乏资金就不能进行技术的转移和评价，缺乏必要的情报或技术实施所需要的人才，技术转移就无法进行。要使技术转移顺畅高效地运行，就必须将各种政策措施相结合，互相协调，相互配合等。下面对这些措施进行简短说明。

指导培训：培训的过程就是教人如何直接将技术变成人的本领，这是技术转移情况下应该考虑的方法。指导培训中最重要的是帮助企业和有关机构培训人员、提供资金、减少税收、促进技术转移的实施。从质与量上满足技术吸收、消化、创新和扩散的需要，源源不断地提供技术转移和技术创新过程中的人才需求。

经济交流：经济交流和政策是技术转移政策的核心，其中最重要的是各手段（包括金融财政、通商和税收等手段）的联合使用和互补性。在促进技术转移方面，日本采用的金融财政政策主要有：更新设备的资金信贷政策，防止公害的资金优惠政策，取得国外专利的补助政策等；通商政策主要包

①柳建尧. 2008. 日本如何推动技术转移. http://news. sciencent. cn/dz/dznens-1［2011-12-02］

②阎莉. 2001. 战后初期至经济高速发展时期日本技术转移政策综述. http://www. cnki. com. cn［2011-12-02］

括：促进外国投资，进行贸易限制，进出口审查等；税收政策主要包括：特别赔偿制度，新技术进出口免税制度，以及技术出口收入的特别控制制度等。这些经济政策和制度的制定，促进和激励了技术转移适时、适宜地进行，保护了日本经济技术的健康发展。

情报支撑：创造技术转移的机会首先是情报，这是实施技术转移政策的重要支柱。没有可靠的情报源，没有顺畅的情报流通渠道，要实施技术转移政策是不可能的。日本政府非常重视技术知识和科技研究成果的普及，通过内外科学技术及专利的情报中心事业等政策和制度普及技术知识，通过技术改善研究发布会和国有专利的利用推进普及科技研究成果。这些情报政策的实施，为技术转移提供了大量的信息和渠道。

基础创新：包括提高技术吸收能力，创造技术革新的精神，创立技术革新气氛，形成技术转移代理人，建立信息产业，培养大量科技人员等，这是完善和充实技术转移的基础。其宗旨是基于各企业间相互扶助的精神，携手合作以谋求公正的经济活动和经济水平的提高。这些基础手段的运用与发展，对促进技术转移的高层次发展起着重要的推动作用。

（一）技术转移制度体系

日本政府开始着手重建经济科技体制，恢复和建立技术转移体制实际上从第二次世界大战后就开始了，并在经济发展的不同阶段，建立了不同时期的不断发展的技术体制。例如，1948 年成立日本学术会议及技术行政机构的工业技术厅，1949 年成立通商产业省，并在通商产业省辖各产业部门设立技术协议会，探讨如何提高产业技术的对策。进入 20 世纪 50 年代以后，日本由科技体制的创立阶段进入到实行具体的振兴政策阶段。1950 年和 1953 年众议院制定了关于振兴科学技术的决议，1956 年成立了官厅性质的科学技术厅，1957 年在科学技术厅下设日本科技情报中心。科学技术厅作为科技情报中心的中枢机构，对技术转移意义重大，后来的发展也证明了这一点。

在对发展中国家技术转移方面，技术合作政策最重要。日本同发展中国家的具体技术合作方式有三种：一是为发展中国家培训技术人员；二是派遣技术专家和青年海外合作对象；三是向发展中国家提供机械设备。所有这些为促进日本的技术和设备输出起了很大作用。

1.《大学技术转移促进法》

大学技术转移的定义是指把归属于大学的技术研究成果（如专利等）或归属于国内外学者（大学或研究者个人）的研究成果，以适当而确切的形式向地方或民营企业转移的一种活动。大学技术转移一方面给日本经济带来了新的活力，另一方面充分发挥了大学给中小企业产品开发带来的促进作用。大学通过技术转移把沉睡于校园里的科技成果挖掘出来并使之产业化，在这方面日本已经尝到了甜头。为了规范大学的技术转移行为，日本模仿美国的做法，制定出台了日本独立的《大学技术转移促进法》。

1）《大学技术转移促进法》出台的背景

20 世纪 90 年代中期以来，随着日本出生率的下降，日本大学争夺生源的竞争越发激烈，特别对私立大学而言，其经营的基础主要依赖于学生缴纳的学费，没有生源，也就意味着没有收入来源，其经营将难以维系，而要摆脱这种状况就必须另辟财源。财源之一就是把大学拥有的科研成果向企业转移，从而获得相应的回报，以此再推动大学的发展和扩大大学的财源。因此，大学对建立科研成果转让机制非常积极。《大学技术转移促进法》的颁布和实施，满足了部分大学的需求①。

1998 年 5 月，日本政府颁布了旨在促进大学和国立科研机构的科研成果向民营企业转移的《大学技术转移促进法》。以期通过大学科技成果的转移来配合日本产业结构的调整，提高产业技术水平，创造出新的高新技术产业，使大学的研究更加富有活力。《大学技术转移促进法》的核心内容是构建技术转移机构，推进大学的科研成果向企业转移。政府从制度与资金方面对科研成果转移给予了积极的法律支持，出台了《大学技术转移促进法》②。

《大学技术转移促进法》以产业的灵活开发和学术的推进为目的，将大学的技术和研究成果通过正常渠道转移到民营企业。为此大学纷纷提出申请设立技术转移机构（Technology Licensing Organization，TLO）。技术转移机构是国家批准和认可的技术转移机关，是代表国家进行技术转移的中介执行机构。

《大学技术转移促进法》以促进学术进步为目的，通过大学技术转移把大学或国家研究机构的有关技术研究成果有效向企业转移，并随着新业务领域的开拓和产业技术水平的提高，大学技术转移业务还应该包含以下内容：①发掘、评价和选择可进行企业化转变的研究成果；②向企业提供有关研究成果的技术信息等；③向民营企业承诺和推广专利权的实施等；④专利实施推广及研究成果转移费等收入的循环管理；⑤专利开发管理建议、技术指导

①中川和郎 . 2003. 産官学連携の新たな動向 . http://www2. ngu. ac. jp/ ~ kkojima/seminar/02e/337. pdf［2011-04-08］

②梁波 . 2010. 日本技术转移机构的政策导向及其运行模式 . http://www. syb. ac. cn/zt/2009lwj/201003/t20100317_2799131. html［2011-03-17］

及研究；⑥专利管理及研发的财政支持；⑦其他研究成果的有效转移活动等。

技术转移相关业务还包括为技术转移而发行公司债券、承担借款担保等措施，积极调配和筹措技术转移所需资金等。

另外当通过上级主管部门许可，实施技术转移资金超过3亿日元时，中小型企业投资育成公司可接受股份性质的销售转移或股份持有权。当然，企业接受国家实验研究机构专利转让或技术转移业务，也须经所属国家实验研究机构上级主管部门的认可。被批准的技术转移可享受专利费的减免优惠等。

2）日本大学技术转移的相关政策及其促成的组织①

日本政府一向强调科技立国的产业政策，积极与产业界密切合作，寻求产业结构调整的新途径，于20世纪90年代中期出台了一系列科技创业扶持政策，其目的在于发展新兴产业，创新兴企业，促进技术发展，培育并有效配置科技人力资源，从而改造高成本产业结构。在日本政府产业政策扶持下，以大学等学术机构为主体的教育科研机构作为先进知识技术的重要源泉，纷纷主动寻求与产业界合作的计划，主动设置技术转移机构，不仅致力于以科技成果商品化为目的技术转移，还通过提供技术、管理人才等间接或直接投资等方式开展大学创业活动。除技术转移机构外，在产业技术转移方面，还衍生出许多其他相关技术转移组织（表6-1）。

表6-1　日本大学技术转移相关政策及其促成的组织

项目	主要政策及组织
1996年成立科学技术振兴事业团	根据《科学技术振兴事业团法》，成立科学技术振兴事业团，其运行费用由政府拨付和向社会筹资两部分组成，隶属于文部科学省学术政策司，面向全国企业、大学和国立研究所开展科技信息流通和技术转移等业务
1998年成立日本先进科学技术孵化中心等	根据《大学技术转移促进法》，支持大学成立科技中介机构，允许大学教师兼职技术转移工作和技术入股或投资，接受大学及研究者个人委托，负责为科研成果申请专利、开展技术营销、实施技术转移。当时典型的技术转移组织有：日本先进科学技术孵化中心（CASTI，1998年9月成立）、东北技术使者（Techno—Arch，1998年11月成立）、关西技术转移机构（1998年10月成立）、东京大学“尖端科学技术孵化中心”（1998年12月成立）和东京工业大学技术转移机构（1999年9月成立）。它们都以股份制公司运行，采用会员制，开展寻找研究成果、进行评价筛选、专利代理、信息互惠服务、成果或专利转让、为企业组织研发等业务

①刘峰．2007．技术转移创新——日本大学技术转移协会．http://www.istis.sh.cn/list/list.aspx?id=4238［2011-12-04］

续表

项目	主要政策及组织
1998 年设立技术转移办公室	批准建立有权申请专利和转移大学发明的技术转移办公室，以推广非国家发明等
2004 年	日本大学技术转移协会（UNITT）成立

资料来源：上海科技情报研究所搜集整理。

3）大学技术项目的推进和转移①

日本的研究资源大多集中在大学（包括高等专科学校及大学等共同使用的机构），因为大学有产生高水平研究成果和技术创新的巨大潜能。所以，可通过专利制度的有效使用等将大学的有关技术和研究成果有效地转移到民营企业。研究成果被产业界有效利用，对企业开拓新的业务领域和提高产业技术水平是极为重要的。

促进技术从大学向产业界转移，对大学来说就等于是信息和资金向大学的回流，这对大学搞活研究活动是有益处的。

因此，通过推动技术转移业务的健康发展，可促进特定研究成果企业化和被社会有效利用。同时，通过推进研究成果企业化得到的资金又可反哺帮助大学进一步展开研究活动，并由此构建一个良性的循环机制。

执行大学技术转移的公司或个人是：股份公司、有限责任公司、一般社团法人、一般财团法人、特定非营利活动法人、学校法人和其他法人（包括在日本有个人住所或居住地的外国法人）等，他们根据技术转移的目的而分别展开着各自的转移活动。

第一，大学技术转移业务的相关内容及要求如下。

大学技术转移业务具体是指把被发掘、研究、评价和被选择的指定研究成果。确切、适当地转移给民营企业去开发，具体包括以下内容。

（1）挖掘、评价和甄别可企业化的研究成果。①通过与大学和研究者构建的合作伙伴关系，可稳定获得大学和研究者提供的研究成果和信息，企业在研究成果的开发中也可一边进行信息搜集，一边挖掘信息；②企业也可以市场需求为基础，从项目开发的可行性、可盈利性和专利申请的可能性出发，甄别和评价大学提供的研究成果，并在此基础上，尽可能努力获得研究成果的转让或专利权等。对没有申请到专利权或已经停止支付费用的专利，应尽力把专利权返还给研究方或转让方。

①曹阳．2007．国际重点技术转移机构及转移模式研究．http://www.hjkj.gov.cn/pages/ihfoshow [2012-12-07]

(2) 研究成果转移信息的提供等。①向民营企业提供的信息，应该是从大学或研究人员手中转移出的企业化程度高的研究成果信息。②向民营企业提供的研究成果信息，应该是公平的、没有任何歧视性的可处理信息。③采用会员制。优先向会员提供的研究成果信息，不得出现任何歧视性的内容，这也是作为广招会员、成为会员的基本条件。④提供公开前的专利信息时，应充分注意内容的保密，避免发明新颖性的丧失。

(3) 向民营企业承诺专利权的实施等。积极向民营企业推荐从大学和研究人员那里转移出的发明专利、实用新型专利，包括电子线路的发明等，并保证民营企业得到专利的实施权。通过发明或研究成果的企业化等，实现企业高利润收益。

(4) 财政援助。向接受研究成果转移的民营企业介绍研究成果企业化所必需的资金调配情况，让民营企业了解大学研究成果或技术项目等的转移是以企业的股份交换为条件的。通过股份的购买或新股权销售附带的与债券发行有关的形式，购买新股权（包括股票发行和股份转移等）或新股发行公司附带债券的持有等，通过种种手段达到民营企业资金的顺利调配。

第二，经营管理方针及中长期业务发展规划的制订和人才培养内容如下。

实施大学技术转移的人员，应在制定基本经营管理方针的同时，以企业生存为未来目标，针对技术转移实施的情况制订中长期业务发展规划，培养技术转移人才，确保顺利完成技术转移工作。

2. 中小企业技术创新制度

中小企业技术革新（small business innovation research，SBIR）制度①，即中小企业者新事业（新技术、新商品、新服务、经营革新等）创新统合支援制度。

SBIR 制度的“官”包括：总务省等七个省厅和总务省管辖的情报通信研究机构，文部科学省管辖的科学技术振兴机构，经济产业省管辖的新科技产业统合开发机构、情报处理推进机构、全国中小企业团体中央会、日本商工会议所和全国商工会联合会等 12 个特定独立行政法人机构。SBIR 制度的“学”包括全日本的大专院校等。

1）日本中小企业政策特点及发展方向

日本是世界发达国家中中小企业政策最主动、最稳定、最完善的国家之

①经济产业省 . 2006. 中小企业技术革新制度 . http://www.civillaw.com.cn/wqf/weizhang.asp? id=43560［2011-10-28］

一。第二次世界大战后，日本经济的腾飞很大程度上归功于政府制定的一系列推动技术创新的政策，支持和扶植中小企业，并建立起了完善的产官学研相结合的中小企业技术创新服务体系。

日本政府以制定法律和条例、理顺税制和信贷等方式，引导和鼓励企业技术创新，并开始向注重基础研究和独创性自主技术开发的“科学技术创新立国”的战略转变。通过颁布《传统工艺品产业振兴法》《产地中小企业对策临时措施法》《融合化法》等新法规，大力扶持中小企业开发新技术、新产品，使其重新焕发活力。《中小企业基本法》是中小企业发展的纲领性法规，为其技术创新提供了良好的外部环境。

（1）日本中小企业政策形成背景及指导思想[①]如下。

日本中小企业政策是随着第二次世界战后日本经济恢复逐步形成。在经济恢复过程中，经济政策重心是把资金和材料等重点投入到某些基础产业部门，扶植大企业。而中小企业因资金取得困难，无法进行必要投资，机器设备老化等，与大企业差距越来越大，形成日本经济独特的“双重结构”。同时，由于对外贸易扩大和现代科技发展，大企业向中小企业领域扩张需求也急迫起来。在这种状况下，日本政府开始认真对待中小企业问题，从纠正“双重结构”目标出发，先后制定了一系列政策，并于1963年制定了作为中小企业政策纲领性法规的《中小企业基本法》。

《中小企业基本法》的指导思想在于：改善大企业与中小企业间生产力、工资、就业结构等各方面差距，提升中小企业生产力，以实现中小企业产业升级，成为日本经济中一支十分活跃而重要的力量。其政策体系是以推动中小企业设备现代化、事业共同化、企业规模适度化等各种政策所组成。强调应改善不利于中小企业活动的市场环境，如防止过度竞争、确保公平化外包交易及事业活动机会等。重视政府政策性介入市场，以改善中小企业所处交易、竞争、需求环境等。

（2）日本中小企业政策特点[①]如下。

第一，政策理念上重视中小企业的再生。从把中小企业当成弱势群体，提供政策保护，促进企业现代化，壮大企业规模，调整产业结构，到发现中小企业的重要作用，支持创业、技术和商业模式创新，鼓励和支持参与国际竞争，重视中小企业的再生作用，政策理念和认识上有了很大转变。

第二，政策的系统性、全面性和可操作性。日本的中小企业政策把人

---

①蓝寿荣. 2009. 国外科技型中小企业创新制度述要. http://www.civillaw.com.cn/wqf/weizhang.asp? id=43560［2011-05-08］

才、金融、技术、环境、创业、再生等全面纳入法制管理轨道，支持经营革新与创立新事业的对策，支持中小企业改善结构的政策、中小企业金融税制，提高技术水平的支持政策，支持中小企业信息化对策、能源环境对策、组织化政策、防止破产政策、国际化对策等。政策配套性强，内容具体，可操作性好。

第三，政策的时效性和继承性。日本中小企业政策在不断完善和发展，针对国内外形势和企业发展中出现的新问题，政府及时出台了相应的政策，制定了很多临时措施。同时，一旦情况发生变化，马上就进行完善，政策的修订频率很高。

第四，政策的针对性。日本制定了很多针对具体地域和行业的政策，对发展区域经济和行业起到了关键的作用，如 1956 年制定的《机械工业振兴临时措施法》和《纤维工业设备临时措施法》，对日本的机械行业和纤维行业意义重大。

第五，政策制定及实施机构的权威性和系统性。由中小企业厅总负责，政策多数都以法律形式发布，一旦获得国会通过，各部门都要执行，不会出现扯皮现象，中小企业厅在中小企业政策上有绝对的权威性。

第六，政策和信息的公开性。中小企业厅每年都汇编正在执行的中小企业政策，以及当年中小企业的各种统计信息，向日本全社会公开。

第七，长期坚持推行系统中小企业政策。日本政府一直支持和扶植中小企业发展，主动对中小企业在国民经济中分工地位与关系进行政策指导和整合。依据不同时期经济形势特点与中小企业任务，重点推出某一方面政策措施，根据形势变化及时调整，并长期坚持不懈。

第八，重视中小企业集群发展。为加强中小企业横向联系，促进技术创新，日本政府建立了“园地协同组合”制度，作为倡导和扶植中小企业高度化事业的一种形式。所谓“园地协同组合”就是将分散在市区的中小企业组织起来，迁移到市郊指定地区集中在一起，建设现代化生产和生活设施，使中小企业技术水平和结构得以改善，同时也有利于整顿市容市貌、防止污染、解决交通运输困难等。据调查，1990 年仅东京都特别区内机构金属行业中小企业园地就有 23 个，其中最著名的为大田金属制品小企业园地。

“园地协同组合”制度的建立，解决了单一中小企业规模小、资金匮乏、无力进行独立技术创新或者严重的技术创新规模不经济等问题，通过各个中小企业在地域、产业、生活等方面联合协作，共同进行对各方有利技术创新活动，从而提高了各个单一企业的技术创新能力与效率。

(3) 重视中小企业技术创新。

为扶持中小企业技术创新，日本政府采取了一系列政策措施。

第一，制定相关法律法规。例如 1985 年颁布《中小企业技术开发促进临时措施法》，大力推行中小企业研究、开发新技术，提高它们自身技术水平；对开展经过都道府县知事认可的技术开发中小企业，采取补助金、融资、税制减免等资助措施。

第二，对中小企业进行技术开发指导。建立技术顾问制度，目前在全国设立 200 多个公立试验机构，聘请有丰富经验的专家、工程技术人员担任顾问，就提高中小企业产品技术水平进行可行性研究和试验，对存在的问题提出具体建议，并以“巡回技术指导事业”等形式派遣技术顾问到现场具体指导。同时积极促进中小企业管理现代化，如 1983 年建立的“中小企业办公室自动体系中心”，对中小企业管理部门使用计算机、提高管理水平等进行业务指导。

第三，对中小企业技术创新提供税收优惠。一是增加试验研究经费税额抵扣，这是 1967 年修改税制时出台一项政策，目的是促进企业的试验研究经费能够正常、合理地增加，推进企业技术开发。二是对中小企业的技术基础强化税制，这项措施设立于 1985 年，规定中小企业在税制适用年度投入试验费总额的 6% 可从法人税或所得税中扣除，但扣除额不能超过税制适用年度法人税或所得税的 15%，目的是要进一步调动中小企业开展试验研究的积极性。

第四，对中小企业技术创新提供资金补助。专门制定了技术开发补助金制度，对中小企业技术开发给予 50% 赞助，资助下限为 500 万日元，上限为 2000 万日元。还制定了促进中小企业技术改造措施，1985 年对中小企业技术改造提供 5000 万日元补助金，20 世纪 90 年代以来已达到 10.7 亿日元。日本通商产业省在 1997 年技术开发政策重点中，在研发方面设立了 5.15 亿日元对构思阶段技术开发进行补贴的补助制度，支持风险企业、中小企业进行技术开发，并对处于基础-应用阶段构思技术或自有技术开发进行资助。

第五，扶持中小企业技术开发。1992 年日本政府推行“确保中小企业劳动力对策技术开发”，针对中小企业劳动力不足状况，倡导中小企业把其所必需技术委托民间团体进行技术开发。同时创办公立“国际技术创造研究”试验研究机构，帮助中小企业有效利用国外研究机构和提高各种研发能力。

第六，为中小企业培养技术人才。在都道府县建立中小企业技术人员研修制度，支持中小企业进行技术交流。为通过不同领域经营资源融合开拓新领域，开办不同产业的中小企业交流“技术市场”。

（4）对企业技术转移思想的理解如下。

技术转移是社会实践的现实需要与必然产物，其内涵和重心是随历史发展与具体国情而不断演化的。按照我们的理解，现阶段技术转移应当将成果转化的知识流和信息流的成分包括在内，即一方面注重现有技术与服务的输出、扩散，但另一方面则更重要，就是注重市场需求，以科研机构和团队的核心能力与核心技术为基础，以开发新工艺和新产品为目标，独立或合作开发新技术或进行技术集成。换言之，技术转移应侧重以应用者和市场需求及信息交流为中心，其产出明确指向直接应用于生产实践，实现技术开发与集成及其产业化一步到位。完成这一过程反过来也将使核心能力与核心技术得到提升，形成螺旋式上升良性循环。这或许就是技术转移的现实意义与独特价值所在①。

日本的技术转移是国家创新体系的重要组成部分②。通常认为，技术转移是沟通高校、科研机构与企业间技术供需的桥梁。日本企业技术转移的最大优势在于把产品制造的技术、技能诀窍和组织（企业）文化转移到民营企业甚至日本以外的国家。这种把技术与实践、大学与企业结合的行为统称之为“技术转移”。而“技术转移”对日本企业，特别是对民营企业来说，是一种优势互补的支援行为。

（5）对中小企业技术转移的措施如下③。

第一，融资帮助。在日本，为中小企业海外投资提供融资帮助的最主要政府金融机构是中小企业金融公库和商工组合中央公库。它们以因经济结构变化而向海外发展的中小企业为对象，按照海外展开资金贷付制度，提供长期低息贷款。与此同时，中小企业申请使用国际开发银行提供的长期低息贷款，向发展中国家投资时，还可向海外贸易开发协会申请使用长期低息的中小企业海外投资协力资金贷款。

第二，财政支持和税制优惠。日本政府对中小企业海外投资的财政支持主要体现在两个制度中：一是海外技术者研修制度。根据此制度，中小企业需要对其海外员工进行培训时，可委托海外技术者研修协会进行，政府对此提供一定比例的补助金。二是海外投资调查辅助制度。根据此制度，中小企业需要组团赴海外进行现场调查时，可申请政府资助。

---

①林耕．2006．关于技术转移和 SYNTTC 面临的机遇与挑战．http://www.brandcn.com/yingxiao/yingxiaoqudao/200605/31385.html［2010-07-23］

②经济产业省．2007．日本企業“技術移転”コンサルティング．http://www.nuture.co.jp/nuture_site/Nuture-Asia/node_889/node_892［2012-12-05］

③吴松．2010．日本支持中小企业技术创新的政策与措施研究．全球科技经济瞭望，（3）：40-47

与此同时，日本政府针对企业海外投资的税收优惠主要服务对象也是中小企业，主要体现在两个方面：第一，对于企业的海外投资、资源开发投资、海外工程承包，允许将投资的部分资金计入“投资损失准备金”，以免缴企业所得税。如投资受损则可从中得到补偿；第二，对于企业在海外的子公司（包括合资公司）、分公司及代表处的盈利，其在外国缴纳的所得税，在一定额度上可以从日本母公司的法人税中扣除。

第三，保证与保险。为了弥补政府金融机构的资金不足，提高民间金融机构向中小企业海外投资提供贷款的积极性，一些政府金融机构（如中小企业金融公库和商工组合中央公库等）都向中小企业提供贷款担保服务。而且，政府在各都道府县都建有信用保证协会，中小企业因对外投资而从金融机构贷款时，可申请使用“海外投资关系信用保证制度”，由对方提供贷款的债务保证。

另外，在政府的影响或作为再担保的前提下，一些民间组织和大企业也向中小企业海外投资提供贷款担保服务。与此同时，为了不让东道国突发事件使企业受损或阻碍企业开展技术转移活动，日本政府推行了“海外投资保险制度”。

3. 产业活力再生特别措施法①

归纳起来，日本产业政策的鲜明特点是帮扶衰败产业与提携新兴产业，这或许是其最鲜明的特点和最基本的功能。

1）扶助衰老产业是日本产业政策的重点

第二次世界大战后不同发展时期，随着日本国内外经济环境的影响与产业结构升级变化，有一部分产业进入衰老阶段，如纺织、煤炭业等逐步走向衰退。积存了大量过剩生产能力和劳动力，呈现“结构性萧条”。对难以维持且对国民经济有较大影响的衰退产业提供帮助，使之脱胎换骨，焕发青春活力，防止大量工厂倒闭和工人失业引发严重的社会问题，这一直是日本产业政策的主攻方向之一。经济产业省将此类政策称为《产业活力再生特别措施法》。

第二次世界大战后，日本共出台了五个产业的《产业活力再生特别措施法》，对不同时期的衰老产业进行了及时的再生救助，使其在退出与再造中克服产业结构性危机，出现振兴的希望②如表 6-2 和表 6-3 所示。

---

①曹勇，邢燕菊，赵莉．2009. 日本推进产学研合作创新的立法效果及启示．情报杂志，(10)：191-196

②王元京．2007. “扶老携幼”是日本产业政策的鲜明特点．投资管理参考，(12)：5-6

表 6-2　日本产业活力再生特别措施法变化表

项目	《特定不佳产业安定临时措施法》（1978 年）	《特定产业构造改善临时措施法》（1983 年）	《特定事业革新特别措施法》（1995 年）	《产业活力再生特别措施法》（1999 年）	《产业活力再生特别措施法》（2003 年）
背景	石油危机、基础产业需求不足，过剩设备投资	石油危机、国际产业结构调整	房地产泡沫破灭之后带来的产业低迷	亚洲金融危机以来产业长期低迷	景气回升但尚未改变产业低迷
目的	通过对不景气产业设备处理克服困境	特定产业结构调整与再造	经济多元化	产业重组、鼓励创业、中小企业新业务开拓、振兴研发活动、产业活力再生	产业重组、鼓励创业、中小企业新业务开拓、振兴研发活动、产业活力再生
计划	设备处理事业转换	设备处理事业转换新产品开发事业提携	产业创新计划、新产品开发、振兴产业计划	产业再造计划、振兴产业计划	产业再造计划、振兴产业计划、经营资源再配置计划、企业创新计划
税收	欠税延期减免税特别偿还	欠税延期营业税减免特别偿还不动产税减免	设备更新特别偿还、营业税减、不动产税减免、增加研发费、资产置换特例	设备更新特别偿还、营业税减、不动产税减免、欠税延期、资产置换特例、债权放弃、中小企业特别税、资产变现优惠	设备更新特别偿还、营业税减、不动产税减免、欠税延期、资产置换特例、债权放弃、中小企业特别税、资产变现收益税收优惠等
开发银行基金	债务担保	债务担保	融资		
产业基础基金（中小机构）			出资、债务担保、开发银行出资贴息、情报搜集整理	出资、债务担保、开发银行出资贴息、情报搜集整理	债务担保基金
信用保险			给予	给予	给予
商法特例				开办企业便利、促进企业合并兼并、简易营业特许	开办企业便利、促进企业合并兼并、简易营业特许

表 6-3　现阶段日本部分高新产业的振兴

项目	生物工程产业的振兴	纳米产业的振兴
涉及产业	化学发酵、环境、电子、机械、农业、医疗、情报	新材料、信息技术、医疗、机械、环境、电子等
市场预测、	2010 年达到 25 万亿日元规模	2030 年将达到 26 万亿日元规模
研发	新医药开发、临床研究、国际合作	新技术开发、各种基础技术、制成品开发
事业化支援	创业支援（资金、人才、税制、技术转移等）	开发制成品市场投入、取得盈利
产业发展	知识产权保护、人才培养、税制、规制改革	事业扩大、销售、生产体制整合、量产化
财政支持	2007 年 221 亿日元，年度增长 2%	财政将给予研发事业总额为 21 亿日元
官民对话	政府、研究机构、产业界联系，定期官民对话，实现国民理解	通过纳米事业推进协议会（NBCI）促进大学、制造业大企业、中小企业、商社、个人的交流、融合

2）日本产业政策最核心的功能是“扶弱”①

美国休帕特里克教授在评论日本产业政策的成功经验时认为，在日本一旦某种产业被选定为重点产业，日本政府就会提出一揽子综合支持措施。在不同的经济发展阶段，日本采取了对尚处于弱小阶段的、有望成为未来栋梁之才的产业给予重点支持政策。可以说，用有限的政策资源，培育未来产业主角的“扶弱”政策一直贯彻至今。1984 年 11 月 27 日，日科学技术会议向首相提出“振兴科技政策大纲”，包含三大部类和 96 项重大研究课题。但是，因为泡沫经济崩溃，民间财力不足，日本高科技发展一度受挫。20 世纪 90 年代以来，日本又重整旗鼓，加强了“国家研究与发展计划”计算机、机器人、数据库、材料与加工、超音速/特超音速运输系统计划，并开展了“未来工业基础技术研究与发展计划”（新材料、生物电子学计划）。进入 21 世纪，随着全球经济一体化的发展，在新的国际产业分工合作与竞争格局的大背景下，日本从国家战略高度，制定了高新科技的新的发展政策框架。2001 年由日本产业结构审议会把发展半导体、生物工程、纳米新材料、宇航领域、海洋开发等 15 个经济增长新领域发展纳入新世纪产业政策框架。围绕研发、事业化支援、产业化发展三大环节，提出了资金援助、官民对话、知识产权保护、人才培育、技术、信息、税制改革等一系列支持政策措施，

①王元京 . 2007. “扶老携幼”是日本产业政策的鲜明特点 . 投资管理参考，(12)：5-6

完善了高新科技产业发展环境，为实现经济结构全面转换，抢占高科技国际制高点，保持产业国际竞争力具有重大推动作用。产业政策归根结底是政府部门运用公共资源为产业发展创造良好环境和促进产业结构调整的工具。

4. 产业技术能力强化法

日本为缓解经济长期低迷状态，近年提出了“科学技术创造立国”的基本国策，出台了《产业技术能力强化法》《国家研究开发评价大纲》“经济结构调整与创造行动计划”，制定了促进科研成果向企业转移的法律。在纳米技术等领域，取得了一大批成果，有些已经实现产业化，如日本制造的多种纳米管，已能批量生产。专家预测，纳米产品产值到2010年将达10万亿日元。在生物技术领域，开发生物医药及相关设备的企业纷纷成立，2002年已达300多家，有人预测到2010年这类新兴企业将增至1000家，生物技术产品的市场份额将达25万亿日元。智能机器人在日本发展也很快，统计表明，日本目前共有39万多台机器人，数量居世界第一，创产值4100多亿日元，专家预测，到2010年日本的机器人市场规模将达3万亿日元。

1）第二次世界大战后日本的技术引进及其成效①

第二次世界大战结束后的日本，经济上极度萧条，技术水平上又一次远落后于欧美发达国家。据日本政府1949年的《技术白皮书》统计，与美国企业相比，日本造船部门技术水平落后30年，钢铁部门落后20～30年，最发达的纺织部门机械化水平也落后10年。为了赶超欧美经济，日本政府推出了“产业合理化计划”政策，大规模引进国外先进技术。根据日本长期信用银行的调查，在1955～1970年的15年间，日本差不多吸收了世界半个世纪开发的全部先进技术，节省了大约90%的研发费用和近70%的研发时间。

为了指导企业引进技术，日本政府制定了一系列有关经济和科技的法律、政令。其中，1949年12月颁布的《外汇法》和1950年5月10日颁布的《外汇及外贸法》，对日本引进外资、扩大对外贸易和引进外国先进设备、技术，起了巨大的推动作用，使日本的技术引进工作逐步走上正轨。根据这两部法律，日本将技术引进-技术援助合同分为甲、乙两种。前者受外资法的制约，目的在于获取专利使用权和技术资料使用权；后者受外汇法的制约，目的是获取技术文件、聘请外国专家到日本讲学和派遣日本专家去国外学习考察。在1959年以前，主要签订的是乙种合同，1960年以后，甲种合同才在数量上超过了乙种合同。

---

①张雄辉．2011．日本技术引进的经验及对中国的启示．http://www.ltbka.com/html/c19/2011-04/2479.html［2011-05-27］

到了20世纪60年代，作为放宽外资引进措施的一环，对技术引进的限制也开始得以放宽。技术引进“自由化”与国内市场经济的“自由化”同步进行。在自由化的国内市场上，如果本国产品不能抢先满足市场需要，那就等于将部分市场让给其他国家的同类产品。在这种情况下，谁能够抢先拿出新技术产品，谁就取得了这一产品最初定价的主动权。这就需要宽松自由的引进政策，为了适应这一形势，日本政府本着“观念本身放松”的原则，逐步放宽了对技术引进的限制。

到了20世纪80年代，随着海外投资的剧增，日本的技术引进策略也发生了变化。逐步推行“技术立国”战略，重点整顿和健全研发体制，扩大加强具有基础性、先导性的研发活动。同时增加研发投资、着重培养科技人才、加强科学技术方面的国际交流合作等。这时日本的大企业纷纷在国外投资创办高技术研究所，雇用当地的科研工作者，从事科学技术研究。

日本在第二次世界大战之后从国外引进先进技术，其数量之多、范围之广，超过了世界上任何国家。正是因为这样，才使得日本制造业的技术水平在短时间内赶上甚至超过了欧美等发达国家。可见，日本通过引进先进技术完成了产业结构的升级，并使出口得以增加。日本经济研究中心利用生产函数对1955～1970年的经济增长进行测算，结果（包括技术和组织进步、劳动者素质的提高以及经济规模等）对日本经济增长的贡献率是47%。1956～1966年，技术进步对制造业产量增加的贡献率为41.4%。可见，技术引进是第二次世界大战后日本产业结构升级和技术转移的关键性因素之一。

2）《产业技术力强化法》概要①

日本通商产业省于2000年4月颁布了《产业技术力强化法》。该法后来有些小修改，但基本内容没有大的变化。

（1）制定该法律的目的。在国际竞争力日益激烈和产业结构的不断调整中，日本很担心产业技术能力不强而引起国家产业竞争力的降低，并使日本过去擅长推行的低成本、高质量的技术创新不能适应市场需要，为此，日本必须首先整顿技术环境，加强提升产业技术能力，开辟新事业、新市场，尽量针对相关课题或项目，与各研究主题单位合作，构建可进行技术革新的技术开发体制。

（2）加强有关产业技术能力的基本对策事项。①国家，地方自治体，大学及经营管理者的责任和义务。②相关对策的基本事项：保证、培养和提高

①通商産業省．2000．産業技術力強化法．http://www.meti.go.jp/kohosys/topics/00000087/gaiyou.pdf［2011-04-26］

研究人员等的素质；整顿研发基础设施等；重点配备研发资金等；加强大学与企业的合作；促进研究成果的转移。

（3）激活大学的研发活动。①民用企业应尽可能不定期地向国公立大学提供返还资金；②根据产业界必需的研发课题，制定了向大学教师和产学结合的研究项目提供资助的制度（2000 年预算约为 26 亿日元）；③在针对大学研发成果产业化中，尽量减轻大学及大学教师的专利申请费用，提高大学和大学教师取得专利的机会。

（4）积极推进研究成果向产业化转移。2000 年 6 月，通过设置在内阁的“国立大学教官等兼职民营企业干部问题联络会议”的讨论，2000 年 11 月内阁会议决定，为了研究成果的转移，可放松对国立大学教师、国立试验研究所研究人员（包括国家公务员）兼职民营企业干部的管理。允许他们将专利或研究成果转移到民营企业。为此，《产业技术力强化法》明确规定了干部（包括地方公务员）兼职的性质（包括公益性）。并规定大学教师和研究人员有免费使用“大学专利部”和“大学校园”等国有资产的权利。

（5）整治研究成果向民间转移的环境[①]。①研究成果向民间转移。政府将针对民间应用技术开发情况提供资助。像未被开发的专利一样，社会上也存在被埋没的技术系列。但为了加强产业技术能力和基础研究，将对直接把研究成果实用化、产品化联结的应用技术开发给予资助（2000 年预算约为 31 亿日元）。②减免中小企业创新（主要针对试验研究费等收入比例超过 3% 的人群）的专利费等。包括：发文规定申请专利时，专利费（第 1 至第 3 年）可减免申请审查请求手续费 1/2［2000 年 4 月 19 日产业技术能力强化法实施令（2000 年政令第 206 号）和 2000 年 4 月 19 日产业技术能力强化法实施规则（2000 年通商产业省令第 99 号）］；向国家研究机关、产业界等派遣青年研究人员，创办产业技术人才培养事业（2000 年预算约为 18 亿日元）。

（6）对 2009 年 6 月 22 日以后实施的“产业活力再生特别措施法及产业技术能力强化法”等进行了法律性质的更改（主要在法律名称及专利费等的减免对象方面做了更改）[②]。例如，把原来的《产业活力再生特别措施法》更改为法律上的《产业活力再生及产业活动革新特别措施法》，并追加了专

①通商産業省．2000．産業技術力強化法 http://www.meti.go.jp/kohosys/topics/00000087/gaiyou.pdf［2011-04-26］

②経済産業省．産業活力再生特別措置法及び産業技術力強化法等の改正．http://www.jpo.go.jp/torikumi/hiroba/pdf/web_tokkyo/no4_01kaisei.pdf［20110-05-08］

利费减免对象等内容。

（二）技术转移计划

技术转移是指技术（或研究成果）在某国家、地区、行业内部或之间及技术自身系统内出口与进口的活动过程，包括技术成果、信息、能力的转让、移植、引进、交流和推广普及，简称“技术转移”。而技术转移计划则是针对“技术转移”活动制定的一个中长期战略，具有长期性和战略性。

联合国将技术转移定义为“系统知识的转移”①，即将生产者生产的知识转移给知识的使用者。一般而言，知识可区分为两种：一种是没有产权的公共知识，如科学知识；另一种是有产权归属的技术知识。公共知识的传播属于教育和科普的范围，而技术知识的转移主要是指能产生经济效益的专利和研究成果行为。

大学和科研单位承担国家科研项目，做出来的某种器件、设备或软件原型（称为成果）其实并不重要，重要的是研制过程中获得的新知识。技术转移的关键在于“技术能力”的转让等，即把研制者头脑中关于如何做某种器件、设备或软件的思想（特别是前人没有的新知识）告诉想生产这种产品的企业。转移计划就是按时间安排或秩序把企业需要的技术和研究成果进行转移。

技术转移就是技术转移机构可利用专利制度的灵活性等，把大学等产生的技术或研究成果转移到民营企业去，通过企业的有效开发和利用，再把技术转移所得资金等返还给大学，可更有助于促进大学等研究活动的开展。大学和企业在研究成果转移和研发资金的循环资助方面可得到企业和大学的支持。

实际上日本很早就对技术转移工作给予关注了，从20世纪50年代开始就有正式的文件和相关法规颁布。

1952年3月，日本政府开始实施《企业合理化促进法》；1956年5月，颁布实施《中小企业现代资金资助法》；1963年3月31日颁布了《中小企业现代化促进法》；1963年7月15日发表《中小企业指导法》；1963年7月20日颁布《中小企业事业法》；1956～1971年的《机械工业临时措施法》，1957～1971年的《电子工业临时措施法》；1970年5月12日颁布《承包中小企业振兴法》；1971～1978年的《振兴特定电子工业及特定机械工业临时

①李国杰. 2006. “技术转移”：我国自主创新最薄弱一环. http://scitech.people.com.cn/GB/4814719.html [2011-05-28]

措施法》；1978～1985年的《特定机械情报产业振兴临时措施法》；1977年12月5日，日本政府公布了《中小企业防止破产共济法》；1983年5月16日，日本政府颁布实施了《高度技术工业密集地区开发促进法》；1983年7月14日颁布了《高度技术工业密集地区开发促进法施行令》；1985年出台了《中小企业技术开发促进临时措施法》；1985年2月15日，日本通商产业省和邮政省共同制定以设立基础技术研究促进中心等为主要内容的法律——《顺利推进基础技术研究法》，该法于同年6月15日公布执行；1986年出台了《特定中小企业者事业转移对策临时措施法》和《特定地区中小企业对策临时措施法》；1988年出台了《关于融合跨领域的中小企业者的知识，促进开拓新领域的临时措施法》；1988年5月6日颁布了《促进大学有关技术的研究成果向民间事业者转移的法律》（简称《成果转移法》）；1989年6月28日，颁布实施《顺利推进特定新兴事业实施临时措施法》（简称《新型事业法》），1995年11月公布该法的施行规则，同年8月颁布了关于特定新兴事业实施的指导方针，1996年5月公布了该法的施行令；1995年，日本制定了《关于促进中小企业创造性事业活动临时措施法》；1995年3月，日本政府颁布实施《关于顺利推进特定事业者事业革新临时措施法》（简称《事业革新法》）；日本通商产业省于1995年4月设立了“机械产业恳谈会”，作为其私人咨询机构；1995年7月公布实施《科学技术基本法》《新事业创出促进法》；1997年3月颁布《关于特定产业密集活性化的临时措施法》（简称《产业密集法》）；1998年12月18日，日本颁布《新事业创出促进法》；1998年8月，出台了《产业活力再生特别措施法》（简称《产业再生法》），并于1999年7月颁布实施，2009年6月最后一次修订，系日本政府出台的一项旨在通过税收减免等政策杠杆，推动企业重组，支持中小企业发展及鼓励企业进行研发投资，以增强产业活力，促进产业结构调整的政策法案。1999年7月实施《中小企业经营革新支援法》，2000年4月更名为《中小企业支援法》；1999年日本国会通过了《确保中小企业劳动力及改善雇用管理法》；1999年3月，日本颁布了《制造基础技术振兴基本法》；2000年8月，颁布了《产业技术竞争力强化法》（简称《产业技术强化法》）等。

另外，技术转移机构的宗旨就是推进研究成果的转移，实现产学官合作和技术思想创新。其主要任务包括：首先，帮助和促进大学实现技术转移。其次，扶持企业实现技术转移。保证知识产权在企业的实施；发掘、评价和甄别研究成果。最后，加强专利申请。专利申请及手续和流程的告知；专利事务处理等；提供企业适用的情报；保证专利权利的实施；调查专利等使用费的收取及专利实施分布范围；保证技术转移机构活动的顺利进行及专利业务的有效展开等。

（三）技术转移机构

说到技术转移机构，不得不提及日本乃至世界著名的科学城——筑波科学研究集群。根据科学技术、学术研究以及知识教育时代的要求，日本从20世纪60年代开始规划、构建了高水平的研究及教育集群——筑波科学城（日本称其为筑波研究学园都市）。日本筑波科学城①是日本著名的科学研究和知识中心，现集中有300多家研究机构和2万多名研究人员，聚集了全国31%的国立研究机构及私人研究所，代表了日本的主流科学发展力量，也发挥着技术转移源地的作用。

1. 技术转移机构设立的背景

技术转移机构是进行技术转移的中介机构。它犹如桥梁，把大学、研究机构等的科研成果、专利、源源不断地转移到企业。

技术转移机构最早诞生于美国，目的在于促进科学技术向企业的转移，提高科技成果转化率。日本借鉴美国的经验，首先为科学研究成果转移营建一个适合的法制环境，于是1998年颁布了《大学技术转移促进法》。颁布该法的目的在于鼓励大学设立技术转移机构，推进研究成果转化。

在政府产业政策的扶持下，大学等学术机构以先进的科学研究成果作为知识与技术的主体，纷纷设置技术转移机构，并主动与产业界合作，致力于以科技成果商品化为目的技术转移。通过向企业提供技术和人才，或大学直接投资等方式开展创业活动。

2001年之后，日本的国立科研机构和大学基本都把技术转移作为优先的重点工作，如设立专门的转移机构和制定严格的转移制度等。一些大学和科研机构的负责人还担任技术转移机构或相应机构的领导，或派出专门人员担任转移机构的工作人员。迄今为止，日本大部分大学和科研部门都设有技术转移机构，如东京大学和京都大学，其技术转移机构还承担了大学孵化器的职能，代表大学行驶技术转移权益。东京大学还与社会资本相结合设立了旨在推动技术成果产业化的大学生创业风险投资基金。

1）关于技术转移机构

将技术从大学向民营企业转移，是促进产业经营的灵活化管理的一种形

①王瑾.2010. 日本自主科研基地：筑波科学城.http://news.sciencenet.cn/sbhtmlnews/2010/9/236481.html［2011-09-08］

式，技术转移收益的一部分可再返还给大学和研究人员手中，以进一步促进学术和研究的发展。民营企业过去费尽心思挖掘大学的研究成果，其目的就是解决研究成果企业化和企业发展的问题。技术转移机构存在的重要性就在于它发挥了民营企业（产）和大学（学）的作用。

文部科学省和经济产业省批准并被授予了证书的技术转移机构，从2005年7月7日开始至今，在日本已有46家（表6-4）。

表6-4　被批准的日本技术转移机构一览表

序号	被批准的技术转移机构名称及主页地址	所属管辖机构	批准日期
1	东京大学技术转移机构(http://www.casti.co.jp)	东京大学	1998年12月4日
2	关西技术转移机构(http://www.kansai-tlo.co.jp)	关西技术转移机构网络(由京都大学、和歌山大学、京都府立医科大学、奈良县立医科大学、立命馆大学等组成)	
3	东北化工技术转移机构(http://www.t-technoarch.co.jp)	东北大学等	
4	日本大学产学官合作知识产权中心(http://www.nubic.jp)	日本大学	
5	早稻田大学产学官研究推进中心(http://tlo.wul.waseda.ac.jp)	早稲田大学	1999年4月16日
6	庆应义塾大学知识资产中心(http://www.ipc.keio.ac.jp)	慶應義塾大学	1999年8月26日
7	山口技术转移机构(http://www.crc.yamaguchi-u.ac.jp/tlo)	山口大学	1999年12月9日
8	兵库新产业创造研究机构(http://www.niro.or.jp)	兵库县内大学等(神戸大学·关西学院大等)	2000年4月19日
9	名古屋产业科学研究所(中部技术转移中心)(http://www.ctlo.org)	名古屋大学、岐阜大学等	
10	九州产业合作机构(九州大学技术转移机构)(http://www.k-uip.co.jp)	九州大学	
11	东京电机大学(产官学交流中心)(http://www.dendai.com)	东京电机大学	2000年6月14日
12	多摩技术转移机构(http://www.tama-tlo.com)	工学院大学、东洋大学、首都大学等	2000年12月4日

续表

序号	被批准的技术转移机构名称及主页地址	所属管辖机构	批准日期
13	明治大学知识资产中心(http://www.meiji.ac.jp/tlo/index.html)	明治大学	
14	横滨技术转移机构(http://www.yokohamatlo.co.jp)	横滨国立大学、横滨市立大学等	2001年4月25日
15	四国技术网络(四国技术转移机构)(http://www.s-tlo.co.jp)	四国地区大学(德岛大学·香川大学·爱媛大学·高知大学等)	
16	生产技术研究奖励会(http://www.iis.u-tokyo.ac.jp/shourei/fpis-tlo)	东京大学生产技术研究所	
17	大阪产业振兴机构(大阪技术转移机构)(http://www.mydome.jp/osakatlo)	大阪大学等	2001年8月30日
18	熊本技术产业财团(熊本技术转移机构)(http://www.kmt-ti.or.jp)	熊本大学等	
19	农工大学技术转移机构(http://www.tuat-tlo.com)	东京农工大学	2001年12月10日
20	新潟大学技术转移机构(http://www.niigata-tlo.com)	新潟大学等	2001年12月25日
21	北九州产业学术推进机构(http://www.ksrp.or.jp/tlo)	九州工业大学等	2002年4月1日
22	三重技术转移机构(株)(http://www.mie-tlo.co.jp)	三重大学等	2002年4月16日
23	金沢大学技术转移机构(有)(http://kutlo.incu.kanazawa-u.ac.jp)	金沢大学、石川工业高等专门学校	2002年12月26日
24	校园创建(株)(http://www.campuscreate.com)	电气通信大学	2003年2月19日
25	日本医科大学知识产权推进中心(http://tlo.nms.ac.jp)	日本医科大学、日本兽医生命科学大学	
26	鹿儿岛技术转移机构(株)鹿儿岛TLO(http://www.ktlo.co.jp)	鹿儿岛大学等	
27	信州技术转移机构(株)(http://www.shinshu-tlo.co.jp)	信州大学、長野工业高等专门学校	2003年4月18日
28	宮崎技术转移机构(株)(http://www.miyazaki-tlo.jp)	宮崎大学等	2003年5月16日
29	大分技术转移机构(有)(http://tlo.radc.oita-u.ac.jp)	大分大学等	2003年8月26日
30	东京理科大学技术转移机构(http://www.tus.ac.jp/tlo)	东京理科大学等	2003年9月30日

续表

序号	被批准的技术转移机构名称及主页地址	所属管辖机构	批准日期
31	広島产业振兴机构(広島技术转移机构)(财)(http://www.hiwave.or.jp/tlo)	広島大学等	2003 年 10 月 9 日
32	冈山县产业振兴机构(冈山技术转移机构)(财)(http://www.optic.or.jp)	冈山大学等	2004 年 4 月 28 日
33	奥姆尼研究所(株)(http://www.omni-ins.co.jp)	长冈技术科学大学·兵库县立大学等	2005 年 2 月 24 日
34	佐贺大学技术转移机构(http://www.alis.saga-u.ac.jp/saga-tlo02/index.html)	佐贺大学	2005 年 7 月 7 日
35	丰桥校园创新(丰桥技术转移机构)(株)(http://www.kktci.co.jp)	丰桥技术科学大学	2005 年 9 月 5 日
36	千叶大学产学合作知识产权机构(http://www.ccr.chiba-u.jp)	千叶大学	2006 年 7 月 7 日
37	东京工业大学产学合作推进本部(http://www.sangaku.titech.ac.jp/index.html)	东京工业大学	2007 年 4 月 2 日
38	富山大学知识产权本部(http://www3.u-toyama.ac.jp/chizai/index.html)	富山大学	2007 年 6 月 12 日
39	群马大学研究知识产权战略本部(http://www.rip.gunma-u.ac.jp)	群马大学	
40	奈良尖端科学技术大学院大学产官学合作推进本部技术转移机构(http://ipw.naist.jp/sankan/index.html)	奈良尖端科学技术大学院大学	2007 年 12 月 18 日
41	东海大学产官学合作中心(http://www.pr.tokai.ac.jp/ipm/index.html)	东海大学	2008 年 3 月 21 日
42	东京医科齿科大学知识产权本部技术转移中心(http://www.tmd.ac.jp/tlo)	东京医科齿科大学	2008 年 3 月 31 日
43	山梨大学产学官合作研究推进机构/产学官合作研究推进部(http://sangaku.yamanashi.ac.jp)	山梨大学	2008 年 4 月 1 日
44	神户大学支援会(http://www.kobe-u-llc.co.jp)	神户大学	
45	北海道大学产学合作本部技术转移机构(http://www.mcip.hokudai.ac.jp)	北海道大学等	2009 年 5 月 1 日
46	静冈技术转移合同公司(http://stto.jp)	静冈大学等	2010 年 5 月 28 日

注：技术转移机构，由政府根据促进大学等研究机构的研究成果向民间企业转移的有关法律批准或认定。至 2010 年 9 月 10 日止，政府已经批准了 46 家大学技术转移机构，享受财政补贴与贷款担保等优惠政策。

资料来源：http://www.jpo.go.jp/kanren/tlo.htm

被批准的技术转移机构，应该是被社会广泛认同的机关，这是诚信推进技术转移活动必不可少的。诚信是大学、企业、行政机关推行技术转移的保证。

以文部科学省、经济产业省为首的各类国家机关还针对技术转移活动或项目，从资金和人才各方面给以积极支持。

2010年9月10日前，由文部科学省或各省主管大臣批准、不享受补贴和贷款担保的4家技术转移机构，如表6-5所示。

表6-5 日本不享受补贴和贷款担保的技术转移机构

序号	被批准的技术转移机构名称及主页地址	所属相关机构等	指定日期	审批机关
1	日本产业技术振兴协会/产总研创新(财)(http://www.jita.or.jp/)	(独立法人)产业技术综合研究所	2001年4月13日	经济产业省
2	健康科学基金振兴财团(财)(http://www.jhsf.or.jp/)	厚生劳动省等所管研究机构	2003年5月1日	厚生劳动省
3	农林水产技术情报协会(社)(http://www.afftis.or.jp/)	农林水产省等所管研究机构	2003年6月2日	农林水产省
4	电信尖端技术研究中心(财)(http://www.scat.or.jp/)	(独立法人)独情报通信研究机构	2004年4月1日	总务省

资料来源：http://www.jpo.go.jp/kanren/tlo.htm

2）技术转移机构的新建问题①

上面提到的筑波科学城，现在已经成为与大学和中小企业合作的技术转移中转站。筑波科学城的技术转移领域包括高等教育、建筑科学、物理科学、生物和农业研究及部分公共设施等。另外在超导材料、有机光学薄膜、极端高压的真空方面的技术转移，都取得了创造性的突破。筑波科学城作为国家的科学研究重镇，在地震安全防御、环境保护、道路研究、发酵科学、微生物学及植物遗传学等研究领域与企业都建立了广泛的合作关系。

深化科学技术、学术研究和教育是时代的要求，为此应建立可进行高层次研究和教育的技术转移基地，而筑波科学城是日本推进“技术转移”的不二选择。当然仅筑波科学城作为技术转移机构是不够的，还应该根据技术转

①経済産業省.2007. 大学におけるライフサイエンス分野技術の. 移転の現状と問題点に関する調査研究.http://tlo.opric.gunma-u.ac.jp/cms/wp-content/uploads/2007/05/e383a9e382a4e38395e382b5e382a4e382a8e383b3e382b9e8aabfe69fbbe6b4bbe58b95e5a0b1e5918ae69bb8.pdf [2011-05-10]

移工作的深度发展，另外构建一批新的实验研究机构或其他教育机构等。

新建技术转移机构应遵循以下基本原则①。

（1）新建技术转移机构时，应首先参考筑波科学城当初的建设计划大纲，结合现代高水平的研究教育活动及再建环境等，进行有效的规划，同时，还必须确保将来这些转移机构能得到充分使用，真正起到技术转移的作用。

（2）新建技术转移机构实际上从1975年年底就开始规划了，从规划时间看是做了充分的准备，希望在实际构建时不要出现任何障碍。新建技术转移机构在基础设施的配备方面既要考虑相关公益事性，又要确保技术转移的顺利推进。

（3）在给新建技术转移机构配置转移设施时，还应充分考虑各转移机构间的相互配合和有机联系，并注意制定预防公害和灾害的措施。

（4）在社区或教育机构建立的技术转移机构应该是无障碍和立体型的。社区技术转移机构的功能应以技术转移教育活动为主。

（5）积极引进与国家研究活动有密切关系的民营研究机构，希望与国家研究部门有同样研究能力的最好的民营研究机构或个人能够应聘。

2. 技术转移机构的发展概况及运行模式

1）发展概况

日本为实施《大学技术转移促进法》制定了一系列配套法规。1999年10月，日本政府颁布实施了《产业活力再生特别措施法》，对经文部科学大臣与经济产业大臣批准的技术转移机构，实行3年内的专利费和专利审查申请费减免半额的政策措施。2000年3月，文部科学省根据人事院制定的规则给各国立大学发出通知，在不影响正常教学的情况下，允许国立大学教师在技术转移机构兼任负责人和参加技术转移机构的技术咨询工作。2000年4月颁布实行的《强化产业技术能力法》，允许技术转移机构免费使用国立大学的校园设施，同时进一步放宽了国公立大学教师到技术转移机构和技术成果转移对象的企业兼任负责人并参与经营活动的规定。2001年，经济产业省发布了“3年建立1000家大学风险企业”框架。2002年，将《产业活力再生特别措施法》第30条（被称为“日本版拜杜法”）适用于政府各部门的委托研究项目，当年适用范围达到57%。同时，修订《大学技术转移促进法》，每年投进18万美元支持政府批准设立技术转移机构。继续修改人事院规则，将国立大学教师兼职审批权下放到国立大学校长。2003年又进一步规

①经济产业省. 新生技术转移机构的基本方针与原则. http://www.mlit.go.jp/crd/daisei/tsukuba/data/010.html［2011-09-12］

定，在大学技术转移机构和研究成果转移的企业兼职的国立大学教师，可在一定条件范围内，上班时间从事兼职工作。

此外，《大学技术转移促进法》实施后，经济产业省还根据新成立的技术转移机构的实际情况，采取了支持日本技术商业中心（财团法人）向技术转移机构派遣专利流通专家的措施，并负担相关的费用，迄今已向17家技术转移机构派遣了专利流通专家。通常情况下，技术转移机构向该省提出派遣专利流通专家的申请后，该省根据技术转移机构的经营状况，最多可连续5年对同一技术转移机构派遣专家进行帮助。派遣去的专利流通专家，从经营、财务、法律等方面协助技术转移机构开展工作。

为了有序推动技术转移，保证大学和科研机构的科研教育活动与技术转移活动互相促进、协调进行，日本的国立科研机构和大学还着力在制度规范上入手，各自建立了一整套规范技术转移的制度体系。这些制度或体系根据各自的情况，各有各的特点。

在知识产权归属方面，一般都明确规定，职务发明或专利、产权归发明人所在单位所有，但有的机构不将该项知识产权纳入技术转移机构的管理范围，如筑波大学规定研究人员个人有权将该项知识产权自行转移，且可在一定时间内持专利离开大学或兼职创办企业，其主要收益归团队所有，而个人只得部分收益。东京大学则规定，凡是学校雇员的职务发明或专利，其收益按大学、所系和发明人或团队3∶3∶4的比例分配。且规定在职员工不得兼职创办公司，但经过批准可在公司投资或担任顾问或董事等非专职工作，若专利或知识产权发明人必须参与创办企业，必须办理休职手续，但休职最长不能超过两年时间。这些制度较好地解决了技术转移、科研机构投资企业与大学和科研机构教学科研活动的冲突问题。

日本各级政府都成立了许多中介机构，如日本中小企业事业团的使命是推动产官学研联合的具体项目，促进中小企业技术进步，加强人才培养和信息交流，对企业进行技术和信息流通指导，尽可能为大学和科研机构提供成果转移和技术的合作平台，支持风险投资，支持针对企业的技术转移和技术交流活动，为了促进中小企业开拓新领域、开发新产品、提供新服务，中小企业事业团还组织跨行业、跨领域、跨地区的交流活动，开办技术市场，派遣技术专家，提供交流咨询。为了推进技术转移和开展研究支援活动而成立的日本科学技术振兴事业团，在推进技术转移活动中，致力于将大学和研究所的科技成果产业化，培养和造就新的产业；同时积极推进与提高与当地人民生活水平密切相关的科学技术实用化，积极支持和参与新技术的委托开发和中介服务，日本科学技术振兴事业团通过举办信息发布会、学习会和网络等形式征得用户的理解；国立机构还可通过委托开发和合作开发两种方式“合同”联结技术所有者和使用者。中介机构的服务一般不免费而是有偿服务的，即它向技术所有者收取技术转让推介费，再向技术使用者收取技术使用费，收取比例根据介入的程度由双方确定。对于支付困难者，可通过技术持有者申请“研究成果展开推进费”，或由使用者（一般为中小企业）申请“新事业助成金”等方式提出费用减免申请，还可以由日本中小企业事业团提供“风险事业融资担保”；若合作双方均为公立机关，经审定也可免除技术推介费和技术使用费。

日本科学技术振兴事业团和日本中小企业事业团分别隶属于文部科学省和经济产业省（中小企业厅），相关职员都是国家公务员，大部分预算来自于国家拨款。民营机构通过技术的公开、专利形成、市场化、转让协议、偿还技术使用费等阶段进行技术转移。在扣除专利申请费用和企业资源调查等费用后，技术转让费在研究发明者、中介机构、研究者所在部门间进行分配①。

除了这两家以国家主导的大型技术转移机构外，日本的地方政府、大学、大型科研机构及民间，近年来也成立了许多类似的机构，参与技术转移的中介服务，对推动日本官产学研的结合和技术转移与技术合作发挥了重要的促进作用。

从总体看，日本的大学和科研机构的技术转移数量占其拥有的知识产权的比重还很小，所获得的收益也不大（如东京大学通过技术转移所得收益在总经费中还不到1%），但近年来发展很快。可以相信，日本技术转移政策的牵引和制度规范的推动，对日本社会和企业的发展会起到更大的作用。

2）运行模式

在日本各种各样的中介机构不下千余家，归纳起来有两类，国立公立机构和民营私营机构。主要做法分为委托开发、开发斡旋、独创性研究成果育成事业和支援成果专利化。政府对科技中介机构提供法律、资金和风险等支撑。

（1）日本大学技术转移机构的运行机制如下。

技术转移机构作为科研成果产业化过程中的中介机构，性质上属高校（研究院所）的衍生机构。其产生原因是多方面的，既有观念、政策上的原因，也有利益驱动方面的原因。就观念而言，大学教师或学生等学校关系者（技术发明人）不再从观念上抵触从事技术转移工作和创办企业。就政策而

①经济产业省．2008．推动产学研联合的具体项目．http://www.meti.go.jp/main/pblicy.html［2013-10-15］

言，政府扶持中小企业尤其是创新型中小企业的发展，学校也对从事科研成果产业化的教师给予鼓励。

观念创新、政府扶持、校方鼓励和社会需要，都为技术发明人或学校从事科研成果转化的专门机构提供了成立衍生企业的直接诱惑，即可以通过衍生企业获取某种物质或非物质方面的满足。这种诱惑取决于以下原因。

第一，技术发明人的技术，若不能为投资者所认可，无法实现传统的技术转移模式时，就有可能采用衍生企业的形式。

第二，一项技术发明，尚无法找到合适的投资者时，也可能采用衍生企业的模式。

第三，技术发明人担心对技术失去控制，因此不愿将技术转让给企业使用，而衍生企业则希望和发明人保持经常的、可靠的合作，发明人也可以直接参与企业的经营。就技术转移机构的运行机制而言，一般可以分成三个阶段，通过不同主体之间的相互交流形成一个正反馈系统（图 6-1）。在这个系统中，技术转移机构始终起着中转交互的枢纽作用。

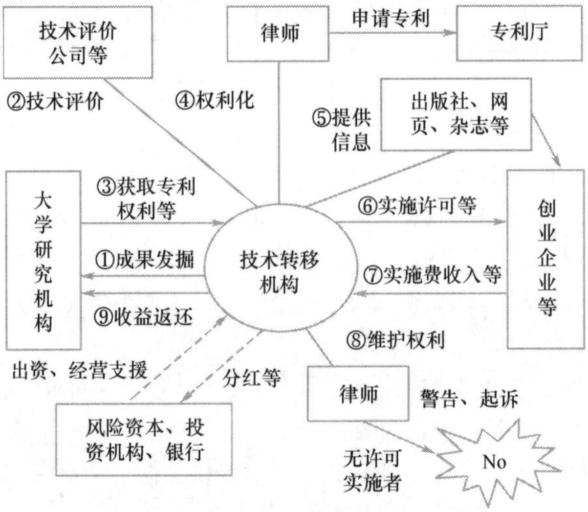

图 6-1　日本技术转移机构运行机制

日本大学技术转移机构的运行机制基本上采用美国斯坦福大学的技术转移机构模式，但技术转移机构具有多样性，不仅有大学校内机构，还有股份公司、财团法人、有限公司等组织类型。据统计，2004 年经文部科学省和经济产业省认可或批准的大学技术转移机构共有 39 家，其中以股份公司形式注册的有 14 家，大学校内机构 12 家，财团法人 10 家，有限公司 3 家。日本技术转移公司有近一半机构的名称是以技术转移机构命名的，其他机构的名称有产业振兴机构、科技研究振兴会、产业科学研究所等。可以看出多数技术转移机构是在原有机构基础上改造而成的。

日本政府根据机构性质和所属领域，实施两类管理政策：第一类是政府批准技术转移机构，可享受年度上限为3000万日元的财政补贴、上限为10亿日元的贷款担保等优惠政策。资格需要获得文部科学省和经济产业省的共同批准，如东京大学技术转移机构中心等。第二类是政府认定技术转移机构，可获得免除专利申请、注册手续费等优惠政策，但不享受财政补贴和贷款担保。资格只需文部科学省或各主管部门的审批即可，不需要联合批准，如一部分政府部门支持下的科研机构的技术转移中心等。2004年政府研究机构改革后，政府认可的技术转移机构数量明显增加，已占全部技术转移机构的95%。

日本的技术转移机构运行机制都是独立经营，自收自支，但技术转移机构组织形式各有差异。日本的国公私立大学各采用哪些不同的技术转移机构形式，这取决于大学的专利治理与专利许可能力。

（2）组织形态与治理模式多样化如下。

在国立大学独立行政法人化尚未正式实施前，国立、公立大学自身还不具备法人资格，依托于这些大学的技术转移机构必须设立于大学外围，以便理顺法律关系，确保技术转移活动发挥应有的作用。而私立大学本身即为学校法人，不存在制度性障碍问题，因此技术转移机构全都设立在大学内部。但国立、公立大学把技术转移机构设置于大学外围的选择是灵活多样的。当前，国立大学主要采用技术转移机构股份有限公司和技术转移机构非营利性财团法人两种模式，其中也有少部分大学采用有限责任公司形式。在运营方面普遍采用会员制，会员企业缴纳会员费、享有优先获取专利技术相关信息的权利。独立行政法人化后，公立大学新设技术转移机构是否会选择大学内部模式呢，不同的组织形态对实施技术转移运作会产生怎样的影响和效率呢，这是值得进一步研究和探讨的课题。

实施技术转移的具体运作方式各技术转移机构必然有所差异。一般而言技术转移机构负责人员为掌握研究动态、发掘具有专利潜力的研究成果会尽量与相关大学各研究室教授保持密切联系；在此基础上请知识产权评价委员会或技术转移潜在对象企业等第三方组织对其进行技术评估；技术转移机构可对国内外相关专利信息进行调查、确定其首创性后向发明人提出申请，尽可能获得专利权；随后技术转移机构委托知识产权律师处理专利申请业务等相关事宜；取得专利权后进入技术营销和实施阶段，技术转移机构可选择对专利实施商品化有意愿、有潜力的企业作为技术转移对象，经过谈判订立专利使用许可合同和收取专利费使用费等。随后可将技术转移产生的收益回馈给相关利益群体。

随着技术转移机构的不断创立、大学技术转移力度的日渐强化，大学独立创业企业开始大量涌现出来。

日本技术转移机构分为两类，根据不同的分类提供不同的扶植政策与待遇："批准技术转移机构"指得到文部科学省和经济产业省大臣共同批准的大学技术转移机构，主要任务是就国立、公立、私立大学以及研究者个人拥有的知识产权实施技术转移，并享受财政补贴与贷款担保等优惠政策；"认定技术转移机构"则由文部科学省或各省主管大臣认定，负责国有知识产权的技术转移和申请，注册专利时免除手续费与专利费，但不享受补贴和贷款担保①。目前日本的"批准技术转移机构"已达46余家。大学申请的专利数量在连年大幅增长，2001年的一年时间便达到700多项，技术转移比率达到15%以上，大学创业企业数字也在成倍上升。

日本技术转移机构体制虽然起步较晚，但在促进产学联合、加快技术转移、实现科研成果专利化产业化等方面取得了较为显著的成效。

（3）大学技术转移机构制度环境如下。

日本1998年颁布了《大学技术转移促进法》。鼓励大学设立研究成果转化的中介机构。日本政府还采取多种措施支持大学技术转移机构的发展：如对技术转移机构给予资金支持，减免技术转移机构专利申请费用，向技术转移机构派遣专利事务顾问，组织大学专利知识产权讲座，举办专利流通展示会等。例如，从法律上明确大学及研究职员对政府资助的研究项目拥有知识产权，从法律上保障大学技术转移的促进；赋予技术转移机构经济职能而不仅是专利事务职能，即建立经营技术的技术转移机构，保障技术转移机构对大学技术转移的促进；为技术转移机构的成长提供各种支持政策，解决技术转移机构初期建设和作用发挥中的必要条件；只录用和聘请专业化人才作为技术转移机构成员，解决技术转移机构活动的效率和发展成员的动力条件。

只有在制度层面上解决了难题，才有能力促进大学专利技术的有效转移。

---

①佟桂先，洪栖川. 2004. 日本大学技术转移组织与大学创业活动互动性研究. 日本问题研究，(1)：37

（4）技术转移机构对大学的影响①如下。

技术转移机构促进了大学技术转移活动的展开，但也可能影响了大学的正常教育和科研活动。如何处理好大学教育、科研活动与技术转移的“三大功能”关系是亟须解决的问题。实际上，技术转移成效明显的大学能够争取到更大的社会声誉和来自各方面的赞助。此外，一个国家的技术转移传统和贸易文化也对技术转移机构的作用与发展产生影响，反过来对教育和科研会有更大的促进作用。实际上日本很多大学虽然都已建立了技术转移机构，但收效并不明显，大量非职务成果仍由教师私下转移，提交给技术转移机构帮助转移的往往是市场远景还不明朗的发明或成果。

技术转移机构不会取代大学开展技术转移，教师个人的技术转移行为、成立独立的研究公司等与技术转移机构是一种竞争关系，何况技术转移机构运行机制本身也有待进一步发展完善。但技术转移机构以其在专利许可方面的专业化服务，有力地推动了大学的公共投资和项目、专利技术等向企业的有效转移，这在日本已是有目共睹的事实。

（5）技术转移机构运行示范②如下。

按组织形式，日本的技术转移机构分别以财团法人、大学法人组织、股份有限公司等形式进行注册。根据出资方的不同，各自以不同的模式运行。图 6-2 表示的是日本技术转移机构业务运行示意图。

采用财团法人形式创办的技术转移机构，大多为挂靠于已有的财团法人下，经过对现有财团法人的改组，使大学与其合作，开展科技成果转让业务。

采用股份公司形式创办的技术转移机构，作为国立大学设立的校外机构，大学不出资，由大学教师个人出资或与社会上的企业、团体合作共同出资受理的科研成果主要归属大学教师个人所有。技术转移机构运行资金主要包括 4 个部分：发起人（教授）资金、会员会费、“独立行政法人中小企业基础建设机构”提供的基金资助、专利、科研成果转让的收入等。

采用大学法人组织形式设立的技术转移机构，是作为校内的一个机构而设立的，使用大学的资金和设施，受理的科研成果主要是本校教师的职务发明，成果理应归大学所有。不具法人资格的技术转移机构，其运行资金除大学出资的部分外，还有“独立行政法人中小企业基础建设机构”提供的基金

①刘彦. 2010. 促进大学专利技术转移的机制探索与国际比较. http://www.chinabaike.com/z/shangbiao/227059.html［2012-04-15］

②梁波. 2011. 日本技术转移机构的政策导向及其运行模式. http://www.syb.ac.cn/zt/2009lwj/201003/t20100317_2799131.html［2012-03-18］

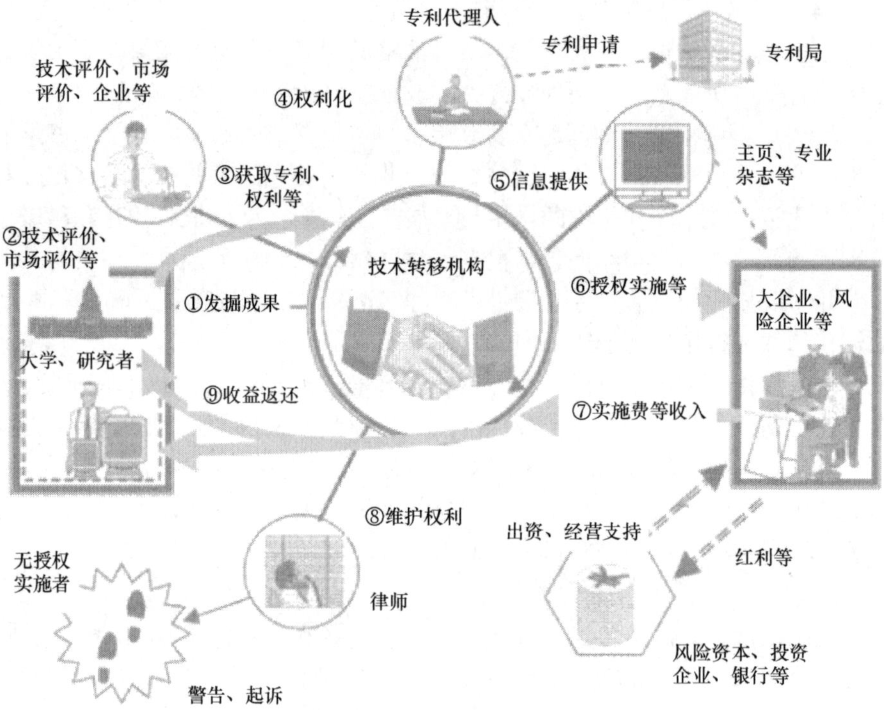

图 6-2　日本技术转移机构业务运行示意图

资助等。

技术转移机构能帮助大学的研究成果申请专利，并且把这些专利技术转移到社会的公司。技术转移机构作为工业和大学之间的媒体，在工业学术联合中起着重要作用。获得专利技术的社会企业将会创造出新的商业价值。

技术转移机构作为科技中介机构，成为大学与企业界沟通交流的重要窗口，在实施技术转移的同时得以掌握并迎合双方需求、降低了信息不对称程度，因而理论上技术转移机构对大学创业活动及大学创业企业的成长有正面的促进作用。此外，大学创业企业通常是大学技术转移机构实施技术转移活动的重要载体，其数量与质量不仅是衡量各大学科技创新水平与科研成果商品化能力标准，也可能反映出相关技术转移机构进一步实施技术转移活动的潜力。

目前，东京大学正积极推进与技术转移有关的工作。设置在东京大学内的产学合作本部对东京大学内研究人员的全部知识产权项目实行一元化管理。另外，先进科学技术孵化中心和产学合作本部与东京大学签订了知识产权管理业务委托契约。换句话说，先进科学技术孵化中心已成为东京大学的知识产权向企业转移的窗口。而这个窗口实行一元化管理并不意味知识产权管理的通道变窄了，而是更明确了东京大学知识产权的运行方法和目的，东京大学最终的目标是把知识产权进一步向企业展开和推进。先进科学技术孵化中心作为批准技术转移机构，今后将以圆满、顺利的技术转移活动为目标，积极开展专利的产权化管理，并在社会开展市场化的知识产权营销和活动。

第七章
国际科技合作

经过几十年的发展，日本的国际科技合作可以大致归纳为六大类型：一是对等互利型，如与欧美国家进行的知识产权与技术合作，以及与韩国的家电联合开发等；二是技术引进型，如与欧洲的大型火箭及新型客机合作；三是资源引进型，如生物领域主要从国外获取遗传信息资源；四是人才引进型，如从海外招收博士后等；五是信息引进型，如主办国际研讨会或招聘高级学者等；六是以企业海外研发活动为主的市场开拓型。

目前，日本的国际科技合作主要有六大领域，即基础科学、航空航天、信息技术、生物科学、环境、专利等。

一、日本的国际科技合作政策与战略

（一）国际科技合作的战略方向

近年来，全球化进程加快，世界面临的多数问题非常复杂，不可能由任何一个国家单独解决。日本政府致力于加强科技外交，推进国际科技合作力度，以提高日本的国际影响力。

1. 强化科技外交

2009 年 5 月，综合科学技术会议出台“加强科学技术外交战略”，确立推进科技外交的基本框架。明确了全方位推进科技外交的四个基本方针和三大具体战略。其基本方针是：①建立日本与合作国家的互利体系；②发挥科学技术和外交的协同作用，解决人类面临的全球性课题；③加强外交人才培养；④加强日本的国际地位。三大具体战略是：①围绕解决全球性课题，加强与发展中国家的合作。一是实施科技合作项目，提供科技成果及进行实用化验证。根据发展中国家的需要，积极推动在应对全球变暖、传染病、水资源与粮食、灾害等全球性课题方面的国际科技合作，积极向发展中国家提供日本节能环保等先进技术并进行本地化实证试验。二是面向发展中国家实施由日本主导的人才开发项目，通过政府开发援助经费开展合作研究等方式，促进发展中国家的人才培养。②开展日本尖端科学技术的国际合作。一是发挥国际合作研究中的主导作用。推进低碳技术开发、全球变暖对策等世界性课题的研发，构建新的国际合作政策框架，推进政府或研究机构间的多边合作研究，在国际合作中发挥日本的主导权。二是推进尖端研究的基础建设与共享。③加强科技外交基础建设。一是以发展中国家为主，加强日本研究人员在当地的活动。二是针对增强国际合作的主导权，加强外交人才培养，在应对世界性课题具有重要影响力的国际组织中发挥主导作用。三是加强环境建设，支持民间企业在发展中国家开展活动。具体做法：为增强日本的国际话语权，向国际会议及国际组织派遣高层次专家，争取担任国际会议的主席，发挥领导作用；通过居住在国外的专家收集当地情报和加强宣传；加强政府内部各部门的合作，推进科技外交；通过灵活应用研究人员和民间组织开展科技外交，为驻外使领馆配置科技专家，通过培训让外交官了解科学技术，让研究人员了解外交等，加强科学技术外交人才的培养；以驻外使领馆为中心，与日本科技相关机构派驻海外的事务所形成网络；国际组织对于解决全球性课题、达成共识发挥主导作用，扩大日本在国际组织中的任职人数，加强在国际组织任职职员的培养制度等①。

2. 积极开展多边合作

积极开展多边合作尤其是重大国际计划和大科学项目的合作，是日本国际科技合作的一个引人注目的地方。20 世纪 90 年代前后，通过多边科技合作，日本启动和参与了几个重要国际科技计划。例如，日本与美国、欧盟和俄罗斯一起参与的国际科技中心。该中心是根据 1992 年 11 月美国、日本、欧共体和俄罗斯的合作协议于 1994 年在莫斯科成立的，目的是为曾参与苏联大规模杀伤性武器研制的科学家和工程师从事和平的研究提供支持。日本为 106 个项目提供了 2800 万美元的支持。在航天科技方面，日本积极参与国际空间站计划，与美国、欧洲和俄罗斯合作；在原子能方面，积极参与国际热核实验聚变堆计划；在生物技术领域，积极倡导并大力支持人类前沿科学计划，积极参加人类基因组计划；在制造技术领域，积极启动智能制造系统计划等。

3. 加强与亚洲国家的合作

加强与中国、韩国的合作。2007 年，第一届中、日、韩三国科技合作部长级会议在韩国首尔举行。三国对通过科技合作寻求本地区共同问题的解决

①総合科学技術会議 .2009. 科学技術分野における国際戦略主要論点（案）. http://www8. cao. go. jp/cstp/sonota/kagigaiko/6kai/siryo3. pdf［2011-06-30］

方案达成共识，基本确认了今后的合作方向。2007 年日本文部科学省部长与中国科技部部长签署共同声明文件。包括《关于应对气候变化科技合作的联合声明》《加强聚变能研究合作协议》等内容。2008 年，在东京召开中日科学技术合作部长会议。

加强与东盟国家的合作。2008 年，日本科技政策大臣参加了在菲律宾举行的东盟国家科技部长会议，就科技政策等方面同东盟诸国进行了交流。2008 年第三届东盟-中日韩部长级别会议在马来西亚召开，日本同各国就未来科技合作构想交换了意见。与此同时，日本与各国正式成立了东盟科技合作委员会。

加强与亚太经合组织会员国的合作。亚太经合组织产业科技工作组现在正实施科技合作课题的研究及各国科技政策的交流等工作。文部科学省参加了产业科技工作组实施的科学技术人才培养计划。

4. 加强与欧美国家的合作

与欧美国家的科技合作主要围绕生命科学、精密材料、环境、核能、宇宙开发等课题展开。基于日美科技合作协议，2006 年，召开了第十届日美科技合作项目高级委员会会议，内阁大臣、文部科学省大臣出席。2007 年，第十二届日美科学技术合作项目实施委员会会议在东京召开。此外，与英国、德国、法国、意大利、瑞典、芬兰、挪威、荷兰、瑞士、俄罗斯、波兰、捷克、匈牙利等国家达成了科学技术合作协议，成立了科学技术合作委员会。2009 年，日本政府与欧盟签订了日本-欧洲共同体科学技术合作协议。

5. 加强与非洲等其他各国的合作

2008 年，在日非部长会议上，双方都认识到科技在解决诸多问题上的重要性，并就科技部门的相互了解和扩大科技合作方面进行了切磋。日本与澳大利亚、以色列、南非、巴西等国家在科技合作基础上还开展了情报交流、研究人员交流、共同研究计划等合作。

（二）加强国际科技合作的措施

科技是人类认识和改造世界的智慧结晶，在解决世界性难题方面发挥着主导作用。日本积极与世界各国建立合作关系，出台国际科技合作的举措，大力推进了科技合作活动的进展。

1. 推进国际型的研究活动

1995 年，日本科学技术会议在主题为“21 世纪日本科技政策的国际展望”报告中首次将国际合作研究列为一项基本方针，并制订了一系列推进日本科学研究国际化的行动计划。其基本方针的内容包括：①加强同发达国家的合作，以此作为发展科学技术的推动力；②根据合作对象的实际情况，推进与发展中国家的合作；③在国际一致同意的基础上建立国际科技关系的基本原则。日本要实施国际合作战略，必须要从地区、研究领域、政策等不同角度对国际合作的对象进行充分的调查和分析，对日本的科技实力进行客观评价。对未来的科技发展做准确的预测。在此基础上采取“竞争型合作”“合作”“援助”等不同方式，针对不同领域和不同国家采取区别的对策。竞争型合作是以竞争关系为前提的合作方式，主要是与欧美国家在前沿科学、新兴产业领域进行的合作。同时也要考虑与合作对象国进行人才、资源等方面的合作，增进共同利益，注重竞争与合作的平衡。互补型合作的方式主要是不以竞争关系为前提与对象国建立相互补充型的合作关系，主要在传染病、地球环境问题等世界共同关注的问题进行相互补充的合作研究。援助型合作是以日本处于优势地位为前提，主要以发展中国家为对象，从援助方式向合作方式转变。例如，当对象国的人才培养有利于解决世界共同的课题或有助于改善日本的研究环境时，宜采取援助型合作的方式。

1996 年日本实施的第一期“科学技术基本计划”提出，积极参加对地球环境问题的科学研究；加强国际上的交流与合作，扩大促进国际共同研究制度和国际共同研究机构，充实特别研究员制度；促进国际合作项目的开展。积极参加国际空间站计划，参加国际热核聚变实验堆计划等。

第二期“科学技术基本计划”提出“科学技术活动的国际化”的观点。主要内容包括：①开展以我为主的国际合作。针对全球变暖、能源短缺、传染病等问题，要提出并实施汇聚世界智慧的合作项目，为世界做贡献。②加强向国际上发布信息。为保证日本科技能够得到承认和评价，使世界一流人才和最新信息进入日本，一个重要措施就是积极主动向世界宣传日本的科技成果。③国内研究环境国际化。在研究机构中，对于外国研究人员根据其成果和能力进行评价，改善外国研究人员的待遇及居住环境和条件。④为青年研究人员的研究和交流提供更多的机会等。

日本国立大学及科研机构等与国外研究人员交流人数都呈现增长趋势，同亚洲、欧洲、北美地区的研究交流活动更为活跃。日本政府也希望通过交流活动吸引更多的优秀研究人员。

2. 实施国际合作项目

1）国际热核聚变实验堆计划

国际热核聚变实验堆计划吸引了包括中国、欧盟、印度、韩国、俄罗斯和美国等世界主要核国家和科技强国共同参与，其目标是论证建造一个可持续燃烧的托卡马克聚变反应堆的工程可行性，包括选址、费用、采购责任、管理和运行等。

2）国际宇宙空间站

国际宇宙空间站有美国、俄罗斯、日本、加拿大及多个欧洲国家参与，它将保证由7名宇航员组成的乘员组在40万米高度的轨道上长期飞行和工作。日本负责空间站“希望”的研发运用和空间站的补给开发等。

3）大型强子对撞机

大型强子对撞机建立在瑞士日内瓦的欧洲核子研究组织。在欧洲20个欧洲核子研究组织成员国和日本、美国、俄罗斯等6个观察国，以及加拿大、中国等共同参与下，2009年首次实现了第一束流贯穿整个对撞机。日本在大型强子对撞机计划推进过程中积极筹措经费资助加速器的建设，做出了很大贡献。

二、国际科技合作现状

（一）国际科技合作经费投入

近年来日本科技经费逐年增加，其中国际科技合作经费占科研经费的近9%。例如，2001年科研经费为31 567亿日元，其中国际科技合作经费为2760亿日元，占科研经费总额的8.7%；2002年科研经费为32 860亿日元，其中国际科技合作经费为2735亿日元，占科技经费总额的8.3%。科技合作经费按日本“科学技术基本计划”的重点领域分类：生命科学、信息通信、地球环境、物质科学经费比例基本相同；而能源、前沿科学也占了相当的比例，特别是原子能关系的经费占的比例较大。

日本科技合作的类型包括国际共同研究与科学技术合作、国际机构等的合作研究、研究人员交流三种类型。从国际合作经费总体来看，国际共同研究与科学技术合作约占50%；国际机构等的合作研究约占40%；研究人员交流约占10%。在科技合作项目经费中研发项目和宇宙与原子能计划约占总国际科技合作经费的1/3。

（二）国际科技合作研究预算规模

科技合作项目的研发课题的经费基本上为100万~5亿日元，数千万日元的课题最多。宇宙/原子能关系的国际合作的经费已超过50亿日元，其中有包括宇宙空间站计划、观测卫星等在内的 6 个与宇宙开发相关的研究课题。

国际机构的合作项目中最高达数百亿日元，一般以数千亿日元的合作基金比较多。与科技合作项目课题开发经费相比较，超过 10 亿日元的项目很少。

研究人员交流合作的课题研究比较少，数千万日元的预算颇多，超过 50 亿日元的预算基本上没有，数千万元日元的规模为多。研究人员的合作经费占合作总经费的 10% 。根据研究人员的交流制度，合作经费的主要用途是旅费、滞在费等费用①。

通过对科学技术国际合作经费数据进行分类可以看出，日本的国际科技合作经费在多边国际合作方面投入最多；其次为双边国际科技合作。在一般的研发项目上，日本与亚洲的合作较多，也投入较多经费在自然科学、农业科学、医学等领域的合作。与发展中国家的合作经费大部分来源于政府提供的开发援助经费，并且基本上是与亚洲地区开展的合作。合作领域主要是农业、地球与环境、能源、制造技术等。从这里可以看出，日本的研发项目以亚洲为中心，宇宙与核能领域以欧美为中心。

（三）国际科技合作研究特征综述

1. 国际科技合作经费

日本的科学技术国际合作经费的总额，占科学技术相关经费的不到 9% ；国际共同研究等的研发课题和投入国际机构的资金合作经费，达到每项几千万日元预算规模的最多；日本的科学技术国际合作经费多数用于多国间合作，用于两国间合作的较少；在科学技术国际合作经费中，用于宇宙/核能计划的经费约占 1/3，几乎全是国际共同研究、科学技术合作经费。

2. 国际科技合作研究领域

总体来说，在日本科技合作的领域中，工程、技术领域约占一半。欧美发达国家主要是在航空航天、核能源领域开展多边合作；以亚洲为中心和各国的合作中，以开展自然科学、农学、医学领域双边合作为多。

3. 与发展中国家的国际科技合作经费

与发展中国家的国际科技合作经费大多数是以政府开发援助为主体，其

①文部科学省 . 2003. 科学技术与学术活动的国际合作推进方案 . http://www. mext. go. jp ［2011-04-06］

次是国际组织的筹款和会费，这是主要的合作形式。与亚洲地区的合作，在农业、地球环境、能源、制造技术领域比较多。另外，日本国际合作经费中多边合作的投入较多，双边合作的投入较少。

4. 国际合作经费资助的重点领域

宇宙/原子能领域约占国际合作项目的1/3，基本上是国际共同研究与科学技术合作经费，与欧美先进国家和多边合作较多。除此以外，一般研发项目，如自然科学、农业、医学，主要以亚洲为中心，其中大半是与国际组织合作共同分担经费。

5. 研究人员交流经费

研究人员交流经费约占国际科技合作经费的10%，主要是以亚洲、欧洲为主体。与亚洲地域的合作领域主要是农业、地球科学、能源、制造技术等。

6. 国际科技合作最新变化

国际科技合作最近变化包括：加强了对国际共同研究的重视，民间企业成为参与国际合作的重要方式，加强了与亚洲地区研究人员的交流，积极探讨促进与发展中国家合作的机制，与亚洲国际科技合作在环境与能源领域占有很大比例。

（四）日本在各领域的国际合著论文分析

1. 日本的主要科技合作国家

根据日本与其他国家的SCI论文合作情况，可以分析日本的主要科技合作国家。数据来源于2010年的日本SCI研究论文，共119 674篇①。结果显示，在2010年发表的SCI论文中，日本与世界上100多个国家和地区进行了合作，国际合作论文有29 918篇，占总论文数的25%。与日本合作较多的国家和地区及合作论文如表7-1所示。美国是日本最主要的科技合作的国家，合作论文10 920篇，占日本总论文数的36.5%。亚洲主要是中国和韩国也是主要的合作伙伴，此外，德国、法国、英国、加拿大、印度、俄罗斯、意大利、澳大利亚、西班牙也与日本有较多的合作论文。

①Scimago Lab. 2014. Japan ranking. http://www.scimagojr.com/countrysearch.php?country=JP&area=0［2014-03-04］

表 7-1 2008 ~ 2010 年日本国际科技合作主要国家和地区构成（单位:%）

领域	第一位	第二位	第三位	第四位	第五位	第六位	第七位	第八位	第九位	第十位
全领域	美国	中国	德国	英国	韩国	法国	加拿大	意大利	澳大利亚	中国台湾
	36.5	16.4	10.0	9.8	7.8	7.5	5.4	4.5	4.5	3.5
化学	美国	中国	韩国	德国	法国	英国	印度	加拿大	中国台湾	澳大利亚
	22.6	20.3	8.7	8.3	6.5	5.8	5.5	3.4	3.3	3.2
材料科学	中国	美国	韩国	英国	德国	印度	法国	澳大利亚	加拿大	泰国
	29.5	16.5	12.5	6.1	5.3	5.2	4.9	3.3	3.2	1.9
物理学/	美国	德国	英国	中国	法国	韩国	俄罗斯	意大利	西班牙	加拿大
宇宙科学	39.0	19.7	15.6	15.3	14.2	10.4	10.2	9.8	7.2	6.9
计算机科	美国	中国	德国	法国	韩国	英国	加拿大	意大利	中国台湾	西班牙
学/数学	22.6	18.8	8.5	8.4	8.0	6.8	5.7	4.5	3.5	2.8
工程学	中国	美国	韩国	英国	德国	法国	加拿大	澳大利亚	中国台湾	俄罗斯
	24.0	23.8	9.2	6.8	6.3	5.0	4.3	3.5	3.2	2.5
环境/生态/	美国	中国	英国	德国	法国	加拿大	韩国	澳大利亚	俄罗斯	印度
地球科学	34.6	20.0	10.1	9.5	8.7	7.2	6.6	5.9	4.3	4.0
临床医学/	美国	中国	英国	德国	加拿大	澳大利亚	法国	意大利	韩国	荷兰
精神医学/	53.0	12.4	10.4	8.3	6.4	5.7	5.5	5，5	5.0	4.7
心理学										
基础生命	美国	中国	英国	德国	韩国	法国	泰国	加拿大	澳大利亚	意大利
科学	38.8	12.9	8.7	7.4	6.7	5.2	4.9	4.9	4.1	2.6

资料来源：日本科学技术政策研究所. 世界研究活动与日本的状况（2011 年）

2. 日本在各领域的国际合著论文分析

本部分利用了与第三章同样的研究工具，对日本的核心论文及合著论文情况进行统计与分析。本部分采集了 ESI 及 SCI 2010 年 7 月 1 日公布的 2004 ~ 2009 年的日本核心论文 308 篇，其中国际合著①论文 188 篇。

日本在粒子物理与宇宙学、凝聚态物理、纳米科技、合成与应用化学、地球科学、生物学、医学七个大类中的国际合著率与合著论文中第一作者比例分布情况，如图 7-1 显示。

由图 7-1 看出，日本在地球科学大类的国际合著率最高，达到 85.7%；粒子物理与宇宙学大类的国际合著率为 78.8%，在七个大类中国际合著率最

①国际合著（co-authorship）指标是衡量跨国知识流的指标之一，从一个侧面反映了国与国之间的合作研究情况。国际合著率为该国作者参与的、有多国著者的论文数占该国总论文数的百分比。合著论文中第一作者比例为国家合著论文中该国作者为第一作者论文数占该国国际合著论文数的百分比

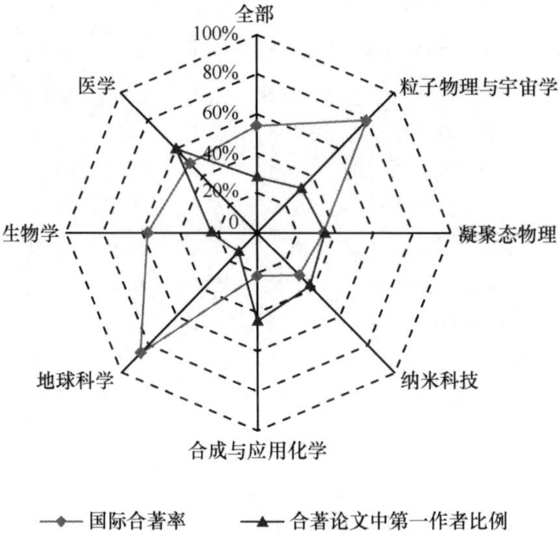

图 7-1　日本在七个大类中的国际合著率与合著论文中第一作者比例分布图

高，这与相关究领域本身的特点有关系，日本由于受自身环境与资源条件的限制，地球科学相关研究领域科研活动的开展需要依赖国际合作；粒子物理与宇宙学大类的相关研究工作需要借助大型仪器设施及装备开展合作研究，并且科研人员之间对相关科研数据的共享程度较高，因此也就形成了较为活跃的国际合作研究。在地球科学领域中，合著论文中第一作者比例与其他大类相比最高，可见，在地球科学相关领域的国际合作研究中，日本处于主导地位。

日本在合成与应用化学大类的国际合著率最低，为 21. 4% ；纳米科技的国际合著率为 29. 9% ，在七个大类中国际合著率相对较低；在这两个领域中，合著论文中第一作者比例相对其他大类较高。可见，日本在这两个大类的相关国际合作研究活动中处于较强地位。

凝聚态物理学、生物学及医学三个大类的国际合著率及合著论文中第一作者比例在七个大类中均处于中间水平。

总体而言，日本各领域的研究积极参与国际合作，合著论文数比例占到核心论文总数的 53. 8% 。尤其是在地球科学与粒子物理与宇宙学国际合作研究活动相当活跃；纳米科技与化学合成的自主研究程度相对较高；在凝聚态物理学、生物学及医学大类，国际合作研究与自主研究相结合开展相关领域的研究活动。

三、政府资助研究机构的国际科技合作

（一）理化学研究所的国际合作与交流

理化学研究所与日本其他国立研究所的不同之处在于它的开放性和流动性。有大量的访问学者在理化学研究所从事研究，他们来自其他国立研究所、大学和企业，还有一部分来自国外。访问学者的人数约为该所固定工作人员的3倍。这些流动的外来人员中有很多优秀的学者，他们给理化学研究所的研究工作带来了活力。理化学研究所也允许本所的科研人员到附近大学兼职，它是第一个这样做的日本政府资助的研究所。理化学研究所在1917年建立时就强调了与其他国家交流科学家的重要性。现在，这种交流不断扩大，不仅是科学家个人对个人的交流，而且成为整个研究所在各个科研领域的有计划、有系统的交流。特别是1986年开始的“前沿研究计划”，给理化学研究所的科研活动增添了新的国际化色彩和更多的流动性。该研究计划的经费独立核算，所有研究人员都为流动合同制，而且待遇优厚，有1/3是外国人。迄今，理化学研究所已与20多个国家和地区的研究机构签订了研究合作协议。理化学研究所所有的研究室每年都要向社会开放一天，任何人均可参观。理化学研究所还经常接受中小学生前来参观和学习。

（二）理化学研究所国际合作战略

理化学研究所为加强国际合作，制定了相应的战略与方针：吸引世界上最优秀的人才，连接世界上最高级的智慧；为了科学创新和解决全球性问题，齐心协力共同奋斗；面向未来，投资下一代。

过去理化学研究所是日本物理学研究者的圣地，今后理化学研究所要成为世界上优秀科研人员向往聚集的屈指可数的研究机构之一；理化学研究所将提供世界上最有魅力的研究环境，包括研究水平、学术环境、人力资源、设备仪器、技术支持等。

理化学研究所提出要确保面向世界的开放性和流动性。具体包括统一对外联系窗口，做到不依赖个人关系也很容易跟理化学研究所进行接触和合作；简化外国研究者来理化学研究所工作的手续；建立研究者离开理化学研究所后的国际性支持系统；构筑国际研究机构间的战略伙伴关系，保持国际合作事业的互惠双赢，提倡合作者全体的互惠多赢；构筑国际研究机构间的战略伙伴关系，为解决全球性的社会问题做出贡献。

（三）理化学研究所国际合作伙伴和项目

在理化学研究所，为使得研究活动更加活跃、有效率，从而取得更优秀的成果，其通过共同研究、委托研究等形式积极开展与国内外大学、研究机构、企业的合作研究。理化学研究所认为国际合作对提高研究水平极为重要，并积极致力于与世界各国科研人员的交流。作为各个科研人员间交流的平台，理化学研究所与33个国家150多个研究机构展开积极的研究合作①。表7-2为理化学研究所的主要国际合作情况，表7-3为理化学研究所与中国研究机构、大学的共同研究情况。

表7-2　理化学研究所的国际合作

外国机构	国别	合作领域
中国科学院（CAS）	中国	友好协议
巴斯德研究所（Pasteor Institute）	法国	生物技术
马普学会（MPG）	德国	友好协议
韩国科学技术研究院（KIST）	韩国	友好协议
卢瑟福-阿普尔顿实验室（CCLRC/RAL）	英国	μ介子科学
韩国化学研究院（KRICT）	韩国	友好协议
布鲁克海文国家实验室（BNL）	美国	自旋物理
魏兹曼科学院（WIS）	以色列	友好协议
路易·巴斯德大学（ULP）	法国	友好协议
国家研究理事会（NRC）	加拿大	友好协议
越南原子能委员会（VAEC）	越南	核科学
麻省理工学院（MIT）	美国	脑科学
国立卫生研究所（NIH）	美国	基因组科学
达斯伯里实验室（CCLRC/DL）	英国	分子生物学等
核研究联合研究院（JINR）	俄罗斯	核物理学
国立科学研究中心（CNRS）	法国	友好协议
卡罗林斯卡研究所（KI）	瑞典	友好协议
科学技术研究厅（ASTAR）	新加坡	友好协议

①理化学研究所. 2012. 组织概要. http://www.riken.go.jp［2012-03-08］

表 7-3 理化学研究所与中国研究机构、大学的共同研究情况

中国研究机构、大学	共同研究领域
中国科学院高能物理研究所	太阳中子的共同观测（西藏羊八井）
中国科学院近代物理研究所（兰州）	加速器科学
中国科学院上海生物化学与细胞生物学研究所	基因材料开发-抗癌基因物质的抗癌机理探索、局部化学设计-纳米构造表面
中国科学院中国科技大学	脑科学-Machado Joseph 病的分子病态研究
中国科学院上海植物生理与生态研究所	植物荷尔蒙
中国科学院薄钢板成型技术研究会	素型材工程学
北京大学	加速器科学、RI 光束接收、重离子核物理（接受北京大学研究生）、有机金属化学（接受北京大学研究生）
清华大学	X 线干涉光学（SPring-8）
上海交通大学	生物体分子工程学
复旦大学	原子物理
复旦大学神经生物学研究所	免疫多样性
中国医科大学	基因材料开发-抗癌基因物质的抗癌机理探索
南京林业大学	杨树分子育种研究
南京大学医学院	变形性关节炎的致病基因研究
中国核物理学会	核物理
兰州生物制品研究所	实验小鼠管理技术的进修

理化学研究所注重国际科技合作，与世界各国签署了许多科技合作协议，并在美国、英国、中国、韩国等重点合作国家建立了科研合作派出机构，以有效利用对方的科技人才与资源，如图 7-2 所示。

1997 年 4 月，理化研究所出资在美国布鲁克海文实验室建立理化学研究所-布鲁克海文国家实验室联合研究中心（RIKEN-BNL），其目的是加强与美国在高能物理和对撞机方面的交流和合作研究，从而借助美国的先进研究环境为日本培养相关方面的青年科学家。

该研究中心是典型的一方出资、双方受益的机构，理化学研究所除向理化学研究学-布鲁克海文国家实验室联合研究中心提供经费外，还要负责理化学研究学-布鲁克海文国家实验室联合研究中心的主要管理任务。虽然理化学研究学-布鲁克海文国家实验室联合研究中心的主任是诺贝尔奖得主李政道博士，但是，中心的副主任、主任助理和 4 名行政管理人员都是日本

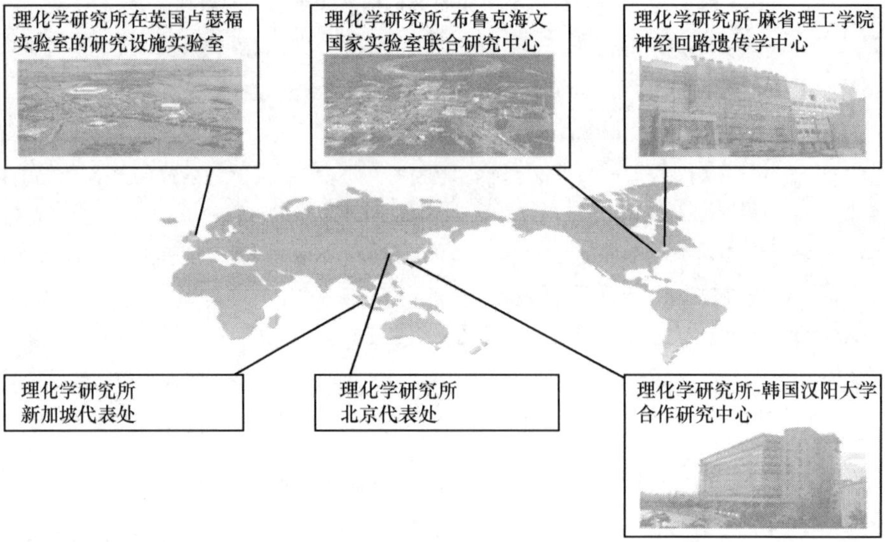

图 7-2　理化学研究学的国际合作派出机构分布情况

人。此外，4 名日常事务秘书是日本、美国各 2 名。布鲁克海文国家实验室主要负责每年在布鲁克海文的年度项目规划中明确提出理化学研究所-布鲁克海文国家实验室联合研究中心承担的部分，将若干研究和实验项目分配给理化学研究学-布鲁克海文国家实验室联合研究中心的日方科学家独立进行，从而满足了日方希望培养其青年科学家的目的。此外，布鲁克海文国家实验室对日方人员的生活都给予了相当细心的照顾，从住宿、饮食、医疗，甚至理发方面都已为日方人员联系了价格便宜的指定服务机构。

第八章 日本近期的科技创新举措

本章主要分析日本近年来关注的政策议题，包括科技对社会问题的应对、创新体制的改革、研发机构法人功能的强化，以及在科技领域采取的新举措等。

一、近年关注的政策议题

（一）加强科技应对重大社会问题

日本在经历了高速的经济发展之后，与世界上其他发达国家一样，正面临着资源不足、能耗严重、环境破坏、核安全隐患等各种危及可持续发展的问题。由于自身资源匮乏与依赖大量能源消费的生产生活方式，日本在资源与能源方面面临严峻挑战。此外，长期的工业发展也带来了严峻的环境污染与生态破坏问题，所以妥善处理人与自然的关系，维持可持续发展成为日本最需攻克的社会难题。

此外，步入老龄化社会的日本在税收、社会保障、医疗、基础设施等方面迎来一系列新的挑战。出生率的减少与老龄化趋势相结合，使得日本劳动力减少，带来沉重的社会负担。

日本于2010年4月发布的《展望日本——学术建议》与6月制定的“新增长战略”中，均提出应加强科技力量来应对重大社会问题。

1. 结合人文科学与自然科学，重筑人类与社会关系

日本学术会议于2010年4月发布《展望日本——学术建议》，认为应将人文社会科学内容重新纳入到科技的定义中，使科技与人类的社会生活紧密联系，并为之提供服务；应通过科技重筑人与自然、人与人及人与社会的关系；应通过科学家团体、大学等研究机构采用创新方法加强科技对于重大社会问题的应对能力①。

---

①日本学术会议. 2010. 日本の展望—学術からの提言 2010. http://www. scj. go. jp/ja/info/kohyo/pdf/kohyo-21-tsoukai-12. pdf［2010-07-30］

报告针对保障人类安全、促进生存环境可持续发展等问题提出以下措施：①借助学术研究对地球环境问题的产生与变化进行讨论，开展科学评估与技术预见，为解决问题所需的政策及实施方法提供建议；②依靠国际合作解决区域性的环境问题；③推进普通公民积极参与解决环境问题；④引导公民对大量消费型的生活方式进行反思；⑤推动所有学术领域开展协同合作，发挥学术的综合力量，为构筑可持续发展世界做出努力。

针对老龄化及其引发的相关问题，报告认为应设立长期的调查审议机构，对税制、社会保障、就业政策、医疗体系等开展持续的综合分析研究，以制订合理的改革计划。改革具体内容包括：以多元化的生活方式为前提，采取“组合型”应对方式（以保障最低生活费及住宅条件为基础，根据需要增加就业保障、教育支援、保健医疗、看护服务及福利服务等措施）；建立参与型医疗及国营急救体制，随时为公民尤其是老年人提供健康保障服务。

此外，为加强科技对社会的正面影响，构建可应对风险的社会，报告认为应建立能全面显示各类风险的指标，并在此基础上试行风险评估，运用科学方法及时降低其不确定性；应建立结合自然科学与人文社会科学的风险管理科学；应对科技发展带来的社会影响进行制度化的评估，在技术发展早期对其未来影响开展预测。同时将科学信息转化为社会资产，通过及时更新、保存并深入研究分析重要科学数据来应对危及国民生活的重大问题。

2. “绿色创新战略”与“生命创新战略”

继2009年12月前内阁提出以“创造新需求”为基本方针促进经济增长后，2010年6月，日本内阁确定了面向2020年的10年经济增长新战略，提出以“强的经济”“强的财政”和“强的社会保障”为宗旨的战略方针①。2011年1月，经济产业省发布《实现新增长战略报告》，提出了7大领域与21个国家战略项目。其中“绿色创新战略”聚焦环境、能源等可持续发展重要问题；“生命创新战略”则面向医疗、护理等方向，针对老龄化问题，将压力转化为发展的推动力。

“绿色创新源战略”：日本希望通过采取综合政策、发展绿色创新、改革生活方式、创建绿色城市等手段，至2020年建成50万亿日元以上的环境领域新市场，在全球范围内减少13亿吨以上的温室气体排放量，从而缓解能

---

①党倩娜. 2010. 日本2020新增长战略——实现强劲的经济、稳健的公共财政、强有力的社保体系. http://www.istis.sh.cn/list/list.aspx? id=6868 [2011-09-27]

源与环境等可持续发展问题。其具体措施包括：通过改革电力的固定价格买断制度等方法普及可再生能源；通过普及生态住宅及热泵等，实现住宅和办公室的温室气体零排放；通过提高蓄电池、下一代汽车及火力发电厂的效率，加速开发革新技术；灵活运用绿色税收改革等综合措施，为创建低碳社会而集中投资项目。

“生命创新战略”：日本希望能培养符合医疗、护理、健康相关服务需求的产业并创造就业机会；至2020年建成大约45万亿日元的新市场，新增280万人的就业机会，以应对老龄化带来的挑战并解决就业难题。其具体措施包括：医疗、护理、健康相关行业的产业化；促进日本的创新性药品、医疗及护理技术的研发并向实用化推进；促进向亚洲等海外市场发展医疗、看护、健康相关产业；促进无障碍式住宅的供给等①。

（二）改革研究和创新体制

日本目前的科研体制具有独立法规指导、研究机构职责分明、研究成果产业化等优势。但同时仍存在一定问题，如科研资金相对缺乏、预算执行不灵活，研究人员积极性不高、流动性较差，研发法人科研效率不高等。而全球性的问题及日本近十几年来的经济低迷使得日本的发展面临内外挑战。在此背景下，日本决定推进科研体制的改革，以在今后的科学技术与创新发明中居于世界领先地位。

1. 在研发各阶段实施改革

2010年2月，综合科学技术会议成立基本政策专门调查委员会，在讨论制定第四期“科学技术基本计划”时，将研发体制的改革作为重要课题。并同时成立研发体制工作小组，重点就研发部门的组织分工、资金分配、人才管理等内容进行探讨，认为科研体制的改革须采取以下措施②：①明确国家与研究部门的职能分工；②改革资金制度；③完善人才环境；④构建利于创新发明的平台；⑤促进研究成果产业化、构建知识产权国际标准。

2011年年初，综合科学技术会议发表《改革研究开发体制的报告》，提出的研发体系改革的主要内容②包括以下几个方面。

---

①経済産業省. 2009. 新成長戦略（基本方針）～輝きのある日本へ～. http://www.sg.emb-japan.go.jp/jp_new_growth_smmy_j.pdf［2010-01-20］

②総合科学技術会議. 2010. 研究開発システム報告. http://www8.cao.go.jp/cstp/project/kenkyu/haihu13/siryo1-1.pdf［2011-02-16］

（1）资金分配阶段的改革，包括重要任务型项目实行资金分配的一体化推进；跨越部委之间的壁垒、对最具能力的研发部门进行竞争性机动性资金分配；统一竞争资金的使用规则，加强对资金分配主体的评价。

（2）研发实施阶段的改革，包括对国立大学法人应采取适合研发的独立法人运营方式；对承担国家战略研发的独立法人机构，设置国立研究开发机构制度；通过普及终身教职制度等促进青年研究人员的自立；促进研发运营人才的培养；在待遇中反映评估结果，提高个人积极性；确保优秀人才的研究岗位；加大对资金与人才的集中投资；推进开放创新、创建特区功能的尖端研究中心。

（3）研发各阶段的改革，包括促进研发独立法人与高校等获得外部资金；完善研究成果返还社会的规章制度；构筑知识产权与国际标准化战略；提高研发能力的研发评价体系，实现高效率、高产出的研发体制。

2. 新建与调整科研管理机构

2012 年 3 月，为加强科技创新司令部的职能，日本内阁决定成立科学技术创新战略本部，该机构比综合科学技术会议权限更大，更能发挥科技创新政策指挥部的作用和职能，同时设立科技创新顾问并加强事务局的调查分析职能。科学技术创新战略本部享有政策制定、预算分配、综合调整等法律权限。在此基础上，日本内阁在《推进科技创新政策》报告中提出，将成立能充分反映产业界意见的平台——科技创新战略协议会，以构建产学官通力合作的科技创新体制。除协议会外，综合科学技术会议提出以目标导向改革现有体制，将新建多个科研管理部门①，如表 8-1 所示。

表 8-1　日本新建科研管理部门及其使命

新建部门	使命
灾后重建、绿色科技和生命科技创新战略协议会	制订重要科技政策与行动计划的方案；汇总有关体制改革，包括规则、制度改革的意见，向科技创新政策推进专门调查会提出建议方案
“基础研究以及人才培养”部门	根据国际发展动态，提出基础研究及人才培养相关政策措施及建议；汇总和制定具体的推进方针，向科技创新政策推进专门调查会提出建议方案

①胡智慧，李宏，张秋菊，等．2013．2012 年世界主要国家和组织科技与创新战略新进展//中国科学院．2013 科学发展报告．北京：科学出版社

续表

新建部门	使命
“信息和通信技术基础技术研讨工作组”和“纳米技术与材料共性技术研讨工作组”	把握和分析国内外技术动态，从国际竞争的视角研究促进信息和通信技术、纳米技术及材料技术的发展
科技外交战略特别工作组	建立“科技外交合作推进协议会”，依据2010年“科技外交要点”提出具体政策与措施，并提交给科技创新政策推进专门调查会

2013年1月11日，文部科学省对内部部门及重要岗位也进行了调整①，具体包括：①改革现有组织。强化信息情报推进体制；把教育政策的计划功能与调查分析功能相结合；设置信息教育处；设置创新基础局（原科学技术与学术政策局取消），强化创新战略、制度与计划的推进体制。②新设置重要岗位。在高等教育局和研究开发局设置医学教育、产学研合作、交叉领域研发及航天航空科技负责人的职位。新增重要岗位主要负责：在科技方面，构建大规模产学研合作的研发基地，加强大学研究能力的促进体制，加强癌症治疗装置等医疗仪器的研发推进体制，加强和加速对海洋与陆地的活断层的评价体制，加强建立面向海洋资源调查研究能力的体制，加强建立原子能伤害赔偿业务的实施体制等；在教育方面，建立针对学生安全措施的推进体制，加强震后学校重建及设施经费的执行体制，加强地方教育行政制度的根本改革，加强国立大学改革的推进体制等。

3. 重组科研机构

为应对不景气的经济形势，日本政府希望通过国家科学体系改革，合并一些重要的科研机构来节约成本。2012年1月，日本政府出台计划，拟加强日本理化研究所与国家材料科学研究所、日本海洋-地球科学技术研究机构、国家地球科学与灾难防御研究所及日本学术振兴会的基础研究实验室网络，拟建立一个综合性实体来监管这五个机构，使五个机构之间能够共享其研究和管理资源，并弱化五个机构中一些执行主管的权限②。

（三）强化研发机构法人功能

经过重组调整，日本目前共有41家研究独立法人，接受国家科学技术

①平成25年度文部科学省機構 . 2013. 定員要求（変更）について, http://www.mext.go.jp/component/b_menu/other/_icsFiles/afieldfile/2013/01/11/1329773_2.pdf［2013-02-16］

②Fanuno I. 2012. Japan plans to merge major science bodies. http://www.nature.com/news/japan-plans-to-merge-major-science-bodies-1.9954［2012-09-24］

预算的30%（约1.1兆日元）展开研发活动。由于这些机构法人化时间不长，尚存在职责不够明晰、科研效率不够高等问题，所以，在2007年出台的日本长期战略方针《创新2025》的指导下，综合科学技术会议就如何强化研发机构的法人功能进行了探讨①，指导公立研发机构实现发展基础研究源、解决国家政策课题、创造公共价值、应用成果于社会等目标。报告对研究独立法人的职责进行了准确地界定，并就提高其研发能力提出了具体措施。

1. 确定研究独立法人应承担的责任

研究独立法人应主要承担为达成国家的政策课题进行研发，提供科研基础设施共享，交付研究资助金这三大责任。具体包括：培育植根于基础研究的研究源，推进国家路线图中的项目，将成果应用于社会；根据国家中期目标及其揭示的政策课题设置研发成果目标，实施具体的研究计划，配备必要的运营费交付金；利用国家的竞争性资金与其他机构协同合作，为解决政策课题做出积极贡献。

2. 提高研究独立法人研发能力

综合科学技术会议认为，应通过对研发环境、研发管理与改革来提高研究独立法人的研发能力。

营造环境吸引优秀人才，激发人才潜能。应削减运营费交付金等资金中的人事费以确保重要研究人员的费用；利用竞争性资金为主的外部资金提高研究人员的薪酬；充实和强化相应支持体制以促进国外优秀研究人员的引进；打破研究独立法人界限，促进人才流动，构建整合研究独立法人、大学和民间力量的合作体制。

充实研发资金，推进制度改革。应实施资金制度改革以保证研究资金公平、透明、高效的分配与使用，具体包括：构建弹性灵活的预算机制；建立可吸纳外部资金投入的研发机制；跨年度灵活使用研究经费；三年内向独立法人移交竞争性资金执行权；实现30%的间接经费；确立公正透明的资金管理体制，解决经费滥用、重复与过度集中等问题。

推进科研管理模式的改革。应将以目标为导向的管理方式改为以结果为导向的管理方式；对受国际性限制的研发项目，根据国际分工设定相应管理办法；打破平均分配的薪酬制度，奖励获得卓越成绩的研究人员；实行国际化标准提升研发独立法人的国际竞争力；充分利用研究经验等有价值的无形

①総合科学技術会議.2007. 研究開発独立行政法人の在り方について. http://www8.cao.go.jp/cstp/siryo/haihu70/siryo2-1.pdf［2008-03-03］

资产，从根本上强化研发人才个体收入。

二、政府研发投入战略的改变

《科学技术基本法》中规定将制订五年一期的“科学技术基本计划”，并在其中确定每一阶段的优先研究领域。自1996年开始，日本先后制订了四期“科学技术基本计划”，为日本的科技研发活动提供了重要的指导方向。根据国情的需要与国际科研趋势的变化，日本对优先研究领域及其制定进行了相应的调整。同时，为了更好地引导科研机构与研究人员的研发活动，提高研发投入的成效，日本政府对科技预算的编制与科研经费的分配进行了改革调整。

（一）确定科技支出优先研究领域的主要类型

2001年1月，日本科技政策委员会在第二期“科学技术基本计划”中确定了四大优先研究领域①：生命科学、信息通信技术、纳米技术/材料和环境，并部署了四大待推进其他领域：能源、制造、社会基础设施和前沿领域（宇宙和海洋）。通过这些优先领域的确定，日本政府希望实现增强国家科学技术实力的政策目标，强化国内现有或潜在优势领域的产业竞争力，应对气候变化和能耗增加带来的挑战，解决日本在健康及安全方面的社会需求。

2006年开始的第三期“科学技术基本计划”延续“4+4”优先领域的框架，但侧重有所不同。优先领域中除纳米技术/材料领域投入有所增加外其他保持不变，待推进领域中前沿领域（宇宙和海洋）得到大幅升高，能源领域受到削减。更重要的一点在于，通过对此前基本计划内容与结果的全面评估，第三期与第四期“科学技术基本计划”中均提出了新的优先选择指标，积极关注社会待解决问题，细化研究目标，旨在完善优先领域选择机制并加强其有效性。

1. 第四期“科学技术基本计划”确定两大战略支柱与三项重要任务

2011年8月19日，日本发布第四期“科学技术基本计划”，确定在今后五年，将推进灾后复兴与重生，使国民过上安全、富裕、高质量的生活，致力于解决大规模全球性问题，以科技为立国之本，把科技上升为文化培育②。

---

①Stenberg L，Nagano H. 2009. Priority-setting in Japanese research and innovation policy. http://www. vinnova. se/upload/EPiStorePDF/va-09-23. pdf［2010-02-20］

②黄帅，杨荣斌，吴颖颖．2011. 努力以科技创新实现未来可持续增长和社会发展——关于日本“第四期科技基本计划”的解读．科技发展研究，21（273）：1-3

计划提出将以绿色技术创新和生命科学创新作为国家战略支柱，将环保、能源，医疗、护理、健康及灾后恢复与重建作为三项重要任务。借此建设环境、能源与健康大国；构筑可产生国家新优势的科技体制，推进基础研究，夯实产业发展的基础；培养各方面的科技创新人才，营造国际一流的研究环境，从根本上增强日本基础研究的实力。

同时，受福岛第一核电站事故影响，日本迅速将能源政策调整成为紧要任务，取消了震前草案中“快中子增殖反应堆循环利用”及推进“新一代轻水反应堆”商业化研发等相关内容，提出“要在国家能源政策与核能政策的方针基础上，实施核能开发”，并加强辐射监测和清除等领域的研发工作，推进核能等高技术领域发生事故时的国民安全保护等问题研究①。

此外，综合科学技术会议“2012 年科技预算行动计划与重点政策方案”的主题仍然是绿色技术创新和生命技术创新，总额度为 2359 亿日元，包括四个重点领域：灾后重建与灾害预警、绿色能源技术创新、生物技术与生命科学的创新、基础研究与人才培育。而 2013 年科技预算重点仍然主要集中在复兴与重建、绿色技术创新、生命科学创新，以及基础研究和人才培养等方面②。可见绿色创新与生命创新将是日本近几年持续关注的战略重点。

2. 界定五个最高优先政策问题

“科学技术基本计划”中的优先领域会随着所涉及条件的改变而产生变化，因此 CSTP 通过界定最高优先政策问题作为新层次的优先领域。它与战略科技优先领域有重叠的部分，同时也存在新的要素。在 2009 财年预算中，CSTP 确定了五个最高优先政策问题：变革性技术、低碳技术、科技外交、以科技促进区域发展、可促进社会回馈的探索项目。其中最后一项反映了颇受日本公众关注的问题，即把对科技的投资转化成为能够解决社会问题、创造经济增长的创新③。最高优先政策问题的提出，是 CSTP 在第三期“科学技术基本计划”期间改进优先领域选择的一种方式，为计划增加了额外的特性。

---

①于青．2011．日本科技基本计划出炉，核能研发将大幅倒退．http://japan.people.com.cn/35465/7574730.html［2011-11-10］

②胡智慧，张宏，张秋菊，等．2013．2012 年世界主要国家和组织科技与创新战略新进展//中国科学院．2013 科学发展报告．北京：科学出版社

③Stenberg L，Nagano H. 2009. Priority-setting in Japanese research and innovation policy. http://www.vinnova.se/upload/EPiStorePDF/va-09-23.pdf［2010-02-20］

（二）调整科技预算的编制过程

日本政府的科学技术支出预算每年编制一次，由首相所主持的经济与财政政策委员会发布预算要求的总方针，由 CSTP 基于“科学技术基本计划”与当前社会经济、政治和预算背景的变化，组织审议并决定。但由于政权更迭，首相更换频繁，日本年度预算机制进行了重新调整。2009 年 9 月，经济与财政政策委员会被撤销。2010 年，CSTP 成为科技政策战略总部。

目前，日本科技预算的编制已调整为以下流程：每年 6 月份，CSTP 对前一财年和当前财年的研发活动进行回顾，审议并发布下一年度科技预算的资源分配方针，指明日本政府下一年的科技工作重点。CSTP 通过各种渠道了解和掌握研究独立法人和国立大学的科技活动，利用“政府研发数据库”和“科技计划协调项目”避免研究内容重复，杜绝研究经费的重复分配与过度集中。日本各省厅依据资源分配方针来申请预算，由 CSTP 进行评估。新项目以 S、A、B 或 C 分别标记特别重要、重要、必要与比较必要四个优先级，正在进行中的项目则分为平稳进行、加速进行、减缓进行三类。该评估公布后 CSTP 将与各省厅进行协商，确定相关政策措施的优先顺序，向内阁提交最终预算提案，由国会审议通过并于下一年度实施①。

在 2009 财年，以政策任务为导向的研发预算将其 28% 的经费分配到了 62 个战略科技优先领域中，与 2006 财年相比增长了 10% 。而具体的战略科技优先领域在预算的规模和编制上则存在较大差别，其中一些项目未能获得有效预算。

（三）改变科研经费的分配方法

日本的科研经费主要来自于中央和地方政府，极少量来自民间与国外。国家财政科研经费的分配采取体制建设先行、政策法规护航的思路，主要根据 CSTP 的“科技预算资源分配指南”来实行。其中高达 98% 的经费用于国立研究机构、研究独立法人和特殊法人。由于传统的经费分配方式带来研究机构依赖性强、缺乏竞争意识，资金分散、利用效率低等弊端，近年来，日本政府逐步改善科研经费分配方式，呈现出重视竞争、向优秀牵头研究人员倾斜等趋势。

①王永春，王秀东 . 2010. 日本科技投入现状及其发展趋势 . 科技进步与对策，27（13）：21-23

1. 资金分配向竞争方向转变

日本的科研经费主要包括基础性经费与竞争性研发资金，前者每年直接以财政拨款的形式向机构下拨，多用于国立研究机构和研究独立法人的正常运营与一般性科研活动；后者分为补助金和委托费，补助金采用自下而上的方式，由机构根据自主研究兴趣通过竞争申请获得，委托费则由资金分配机构对特定研究课题进行公开招标。为增强研究机构的竞争意识，提供科研经费的利用效率，日本一方面实行削减运营费的方针，不断减少运营费拨款；另一方面，完善竞争性资金的使用机制，提高其在科研经费中的比例，从而促进资金分配模式积极地向竞争方向转变①。

2. 科研经费向“首席研究员”倾斜

由于日本的科研经费由多个部门掌握，资金的分配通常需要协调各部门之间的工作。CSTP 作为主要协调机构，致力于建立政府科技支出的优先选择机制并增强其使用效率，但其对于财政预算的直接影响力非常有限。因此，为大范围地集结国家资源，2009 年补充财政预算中提出相关措施，如建立“加强支持世界水平研究项目”。该项目五年预算总额为 2700 亿日元，可资助大约 30 个不同主题的研究，每项研究均由一个首席研究员牵头。研究范围从基础研究延伸至临近应用的研发，研究人员来自不同的机构与组织。日本学术振兴会因此成立了一个新的基金会管理预算分配，研发基金组织、大学、研究机构、企业和其他组织均可进行申请。该方案强调“最高优先度”将向“首席研究员”倾斜。从而改变过往以协调多部门经费为主的方式，尝试将大部分资金集中于少数的“首席研究员”身上，利用资助机构和研发机构的支持来组织大项目，提高经费使用效率②。

三、加强基础研究

在前所未有的经济危机时期，日本认为需着眼于长期提高日本的国际竞争力，通过强化基础研究，谋求开拓新领域并开展划时代的研究，创造并发展世界领先水平的科学技术。2008 年 4 名日本人同时获得诺贝尔奖的消息，大大鼓舞了日本创造出优秀基础研究成果的决心，日本政府希望借助对基础研究的强化，培养出更多优秀人才，提升日本在国际上的科技地位。

---

①刘娅，王玲. 2010. 日本公共科研体系经费机制研究. 科技进步与对策，27（4）：99-106

②Stenberg L，Nagano H. 2009. Priority-setting in japanese research and innovation policy. http://www. vinnova. se/upload/EPiStorePDF/va-09-23. pdf［2010-02-20］

为实现这一目标，2010 年 1 月，综合科学技术会议提出《强化基础研究应采取的长期策略》①，强调了基础研究的重要性，指出基础研究可创造出重大科技成绩，产生持续性的技术革新，是提高国际竞争力的基础。该报告重点论述了以下三个问题。

（一）确保基础研究经费

日本用于支撑基础研究的资金由基础性经费与竞争性资金构成，目前，日本由于推行行政改革法，正实行削减运营费的方针，一定程度上造成了基础研发费用的不足。为此，日本政府采取其他措施来加大对基础研究与独创研究的投入。

1. 增加科学研究费补助金，扩充竞争性资金

日本政府将努力以基础研究为中心有计划地增加科学研究补助金，并通过延长资助时间，提高遴选率，促使从事基础研究的人员能够专心工作。文部科学省考虑将各年龄层的遴选率增加到接近欧美标准的 30%，并考虑到研究员数量的增加，努力实现十年后补助金总额增至现在的两倍的目标，约为 3900 亿日元。

2. 引入首席研究员制度

该制度将青年研究人员分为首席研究员（PI）与研究组成员，由研究机构赋予团队带头人或独立研究人员 PI 身份，为其提供申请经费的特殊通道。除从运营费中提取研究费之外，帮助其从竞争性资金中取得研究费，以激励研究人员的积极性。

（二）培养基础研究人才

日本目前存在基础研究人员中年轻人比例不高，且在职业发展上缺乏信心的问题。公立研究机构如国立大学等的法人化减少了年轻研究人员的职位，削减了运营费及人事费，很大程度上造成了基础研究人员的就业不稳定。为改善以上问题，培养优秀的基础研究人员并促进其积极工作，报告提出以下措施。

1. 加强对青年研究人员的资助

为解决青年研究人员在资金、设备等各方面的困境，促进其在科研状态

---

①総合科学技術会議，基本政策专门调查会，强化基础研究长期策略研究工作组 . 2010. 基礎研究強化に向けて講ずべき長期的方策について—基礎研究を支えるシステムの改革—（案）. http://www8. cao. go. jp/cstp/project/kiso/siryo2-1. pdf［2010-03-25］

最佳的时期进行研究、产出结果，日本政府各省厅将加强对青年研究人员的资助；日本学术振兴会将提供启动经费、研究机会与实验室等设备；大学则通过有效使用间接经费与完善启动环境为青年研究人员提供帮助。

2. 建立新预备终身制

日本曾通过预备终身制来资助人才，有效地保障了优秀人才的就业。因此，日本政府将尝试推行适应当前环境的新预备终身制来为青年研究人员提供新的职业道路。日本将从国内外选拔优秀的青年研究人员，将其安排在已具有研究岗位的大学或机构，聘用为青年预备终身教师，在一定期限内向其提供经费从事研究，并帮助其在该机构中进入下一个稳定的职位。

3. 通过大学结构改革，确保青年研究人员职位

大学与科研机构将采取充分的财政措施留住优秀的青年研究人员，并通过对人事与工资制度的优化（如改革年龄与工资挂钩的体系，引进由绩效评估确定工资的模式等），确保并扩充青年研究人员的职位。

4. 扩充研究人才发展空间，保持流动性

国家将积极支持博士后等青年研究人员向产业界发展。雇佣博士后的大学等也将针对博士后出站后的职业发展提供咨询和指导。在确保青年研究人员职位的同时，也将积极利用高龄研究人员从事研究、教育指导及研究支撑等工作。

（三）形成研究与教育的中心

为了提高基础研究中的国际竞争力，应以形成拥有世界一流的研究人员、优秀的研究环境、高度研究水平的世界最高水平研究中心为目标，努力充实致力于系统改革的世界最高水平研究中心计划。为形成以广阔学科领域为对象的教育研究中心，除了数量有限的大规模大学之外，还需要按照地区或领域有所平衡，同时谋求教育研究中心的多样化。为提高研究水平，“世界顶级水平的研究中心计划”还应致力于有助于推动研究工作的体制改革。

四、发展绿色科技与转型低碳社会

在金融危机中，日本经济受到了重创。地理环境的影响与资源能源匮乏的巨大制约，使得日本一直致力于发展节能减排等技术。经济危机带来的严重后果再次触动日本政府探索新的经济模式。发展绿色科技，转型低碳社会成为日本缓解能源压力、促进可持续发展的重要选择。

（一）制定绿色经济与社会变革方案

2008 年 6 月，日本前首相福田康夫提出新的防止全球气候变暖对策，即“福田蓝图”，指出日本温室气体减排的长期目标是：至 2050 年日本温室气体排放量比 2008 年减少 60%～80%。2009 年 4 月，日本环境省公布了名为《绿色经济与社会变革》的政策草案。其目的是通过实行减少温室气体排放等措施，增强日本的低碳经济。该草案提出了实现低碳社会、实现与自然和谐共生的社会等中长期方针，要求采用折旧制度、补助金制度等多项财税优惠措施引导企业开发节能技术，使用节能设备。此外，草案还提议实施温室气体排放权交易制和征收环境税等。

（二）提出应对金融危机的绿色新政构想①

金融危机后，全球各主要国家纷纷出台以环境和新能源领域为重点的大型经济刺激方案。这些措施既着眼于全球气候变暖等中长期问题，又可振兴当前经济，被称为“绿色新政”。虽然各国财政状况紧张，但多数国家认为与单纯的土木建设等公共工程相比，向环境、新能源等具有增长潜力的领域集中投资对经济的刺激效果更大。因而，继美国总统奥巴马提出相关方案后，日本环境省也开始着手制定日本版“绿色新政”构想，计划五年内将环境领域市场规模扩大至 100 万亿日元，比 2006 年至少增加四成，新增相关产业 220 万个岗位。

该构想提倡创建有利于环境领域投资和环境保护的社会环境，在实现二氧化碳减排目标的同时，通过相关产业，促进环境经济市场发展。为实现以上目标，日本启动了 15 万亿日元刺激资金，其中 2.2 万亿日元作为“低碳革命”专项资金，用于对购买节能环保汽车、家电产品及安装太阳能设备进行补贴。同时政府实施了鼓励绿色产品消费、刺激经济复苏的各种配套政策措施②，如对购买节能家电和电动汽车提供补贴，促进节能型住宅普及，对环境领域投资实施免息贷款，为民间基金建设风力发电提供金融支持，推广拼车等。其中较为重要的是以下三项措施。

购买绿色汽车免税优惠政策。为拉动节能环保汽车消费，减少汽车废气排放总量，日本政府规定购买混合动力汽车免交购置税。同时出台出售旧车

---

①中华人民共和国驻日本国大使馆经济商务参赞处 . 2009. 全球各主要国家推出绿色新政借环保投资拉动经济 . http://jp. mofcom. gov. cn/aarticle/jmxw/200901/20090105997593. html［2011-11-10］

②科技部 . 2009. 日本政府打造日本版“绿色新政构想”变危机为契机 . http://www. most. gov. cn/gnwkjdt/200903/t20090304_67744. htm［2011-11-10］

返还现金政策，在居民购买节能环保汽车并同时卖掉使用年限超过13年的旧车时，给予最高25万日元的现金返还。

实行生态积分制度，推动碳排放可视化方案。日本环境省建立了一套积分系统，即消费者购买指定的节能环保产品时，可获得相应的“生态积分”，在其累积到一定标准后，可换取政府目录内的节能环保商品或服务。此外，日本政府从2009年开始实施“碳足迹”和“食物运送里程”项目来测定日常生活用品和服务从生产制造、运输、消费到最终废弃的整个生命周期中的碳排放，为消费者在选择产品时提供参考，实现低碳消费①。

提供政府补贴，促进太阳能开发与使用。日本政府计划到2020年，把太阳能产品应用量提高10倍，并将它们在全球市场的份额由目前的25%提高到33%，以增加11万个就业岗位，使经济增长10万亿日元。政府将因此向太阳能产品生产企业提供资助，并向用户发放1.07亿日元的能源补贴，其中6000万日元针对中小学，4700万日元针对居民与公共机构。

（三）以绿色创新为国家战略支柱

在2011年8月公布的第四期“科学技术基本计划”中，明确指出将绿色技术创新作为国家战略支柱，以建设环境大国与能源大国。针对这一目标，将展开一系列重要课题的研究，如表8-2所示。

表8-2　绿色创新计划主要课题与相关内容②

重要课题	课题相关内容
能源供给的低碳化	再生能源战略性推进（太阳光、生物能、风力水力发电、地热能、潮汐能等） 完善基础核心与分散型两用能源供给体系 基础核心能源供应的高效化与低碳化（碳气混合发电、碳回收与贮藏等）
能源利用的高效化与智能化	制造业领域内的节能技术 民生（家庭、商业）与交通运输领域内的节能技术 信息通信领域内的相关节能技术
社会系统结构的绿色改造	构建良好的都市环境，完善交通运输网络、电、气、下水道、污水处理等城市基本功能 再生能源技术的革新（稀有金属、稀土等代替材料） 强化地球观测、预测、整合解析技术，灵活运用观测数据和信息

①周馨怡．2010．日本：最尖端低碳社会的转型之路．http://finance.ifeng.com/news/hqcj/20100712/2396226.shtml［2011-11-10］

②黄帅，杨荣斌，吴颖颖．2011．努力以科技创新实现未来可持续增长和社会发展——关于日本“第四期科技基本计划”的解读．科技发展研究，21（273）：4

（四）重塑能源政策

受到福岛第一核电站事故影响，并响应发展绿色技术与转型低碳社会的要求，日本开始重新思考能源政策。2011 年，经济产业省发布《未来 25 年的节能技术开发战略报告》，提出将节约和提高能源利用效率置于能源发展的重要位置，包括构建世界最先进的能源供求结构、开展资源外交及加强能源与环境建设，并将在 2030 年把日本能源利用效率目标指数（单位 GDP 所消耗的最终能源）从 2003 年的 100 降至 70。具体措施包括：构筑节能技术战略，推出适应当前水平的行业效能标准，制定最先进的产业部门节能标准等①。

①汪凌勇，胡智慧，黄群，等 . 2012. 2011 年世界主要国家和组织科技与创新战略新进展//中国科学院 . 2012 科学发展报告 . 北京：科学出版社